A Revolution in Trust

The Rise of Bitcoin and Decentralized Digital Currencies

信任革命

比特币
及去中心化数字货币的兴起

王 薇 —— 著

中国社会科学出版社

图书在版编目(CIP)数据

信任革命：比特币及去中心化数字货币的兴起／王薇著．—北京：中国社会科学出版社，2020.6（2021.4 重印）

（中国社会科学博士论文文库）

ISBN 978–7–5203–6386–0

Ⅰ.①信⋯　Ⅱ.①王⋯　Ⅲ.①电子支付—研究　Ⅳ.①F713.361.3

中国版本图书馆 CIP 数据核字（2020）第 068229 号

出 版 人	赵剑英
责任编辑	王莎莎
责任校对	张爱华
责任印制	李寡寡

出　　版	中国社会科学出版社
社　　址	北京鼓楼西大街甲 158 号
邮　　编	100720
网　　址	http://www.csspw.cn
发 行 部	010–84083685
门 市 部	010–84029450
经　　销	新华书店及其他书店
印　　刷	北京明恒达印务有限公司
装　　订	廊坊市广阳区广增装订厂
版　　次	2020 年 6 月第 1 版
印　　次	2021 年 4 月第 2 次印刷
开　　本	710×1000　1/16
印　　张	14.25
插　　页	2
字　　数	258 千字
定　　价	68.00 元

凡购买中国社会科学出版社图书，如有质量问题请与本社营销中心联系调换
电话：010–84083683
版权所有　侵权必究

序

王薇博士所著《信任革命：比特币及中心化数字货币的兴起》，是中国国内第一本对比特币的社会信任机制展开系统性研究的社会学著作，极具开拓性和前沿性。作为人类历史上第一个"去中心化数字货币"，比特币的兴起，是对传统货币理论提出的一个巨大挑战。这种货币诞生于互联网，不具备任何物质形态，没有任何中央发行机构和国家背书，与传统货币相比具有鲜明的"分布式"特征。它如何在全世界范围内凝聚起众多人的信任，并持续地吸引人们自发地参与到围绕这种新型货币体系而形成的社会经济活动中去，已经成了一个各国政府都无法忽视的社会经济现象。

王薇的这本著作尝试打破学科边界，对比特币这一信息时代最为前沿的技术及经济现象进行社会学解读。任何时代的任何货币，都必须基于人们的普遍信任，才能持续发挥其社会经济功能。在一个正常运转的货币体系中，这似乎是一个不言自明的问题。然而，比特币的诞生，同时解构了人们对"货币"及"信任"的思维定式，单一的经济学视角已经完全不足以帮助我们理解这一革命性货币现象的真实面貌及其潜在的社会影响。正如马克思所言，"每一种'经济'现象同时也总是一种社会现象，特定类型的'经济'同时预设了特定类型社会的存在"①。在这个意义上，我们不能将比特币这类去中心化数字货币的兴起仅仅理解为是一种技术或经济现象，更是要将其作为理解信息时代新型社会关系及其运作机制的关键线索。

近年来，随着比特币及区块链技术影响力的不断增加，这种去中心化

---

① T. B. Bottomore, *Karl Marx, Early Writings*, New York: McGraw-Hill, 1964, pp. 120–121.

数字货币及其底层技术所暗含的信任问题已经逐渐成为一门显学。然而，绝大部分研究依然扎根于技术和经济学视角，将信任解释为一种可以通过现代信息技术和数学计算来制造的技术性产品。最典型的观点如《经济学人》杂志将区块链喻为一台"信任的机器"，并将比特币所展现出来的革命性的去中心化力量归功于区块链这一技术性成果。然而，信任真的是一种完全依靠技术手段就可以标准化生产的产品吗？如果区块链技术真的是可以制造信任的机器，为什么现在社会上这么多号称使用区块链技术的项目都难以获得人们的信任，甚至根本就是在骗取信任呢？当我们局限于技术及经济学视角来思考货币及信任问题时，就忽视了信任作为一种社会关系的本质，也就无法理解比特币这类新型数字货币究竟如何推动了一种新型信任关系的诞生，及其所需要具备的社会条件和社会基础。

本书作者试图将信息时代的货币与信任这两个宏大且错综复杂的问题，嵌入"制度—运行—文化"的社会学分析框架来考察，无疑是一个具有开拓性且艰巨的课题，在某种程度上可以看作是一次通往未知疆域的学术冒险。实际上，比特币现象的谜团，是信息时代社会整体发展特征的一个"切片"。通过分析比特币这种去中心化数字货币何以获得社会信任，以及比特币和传统货币背后社会信任模式的变迁，我们可以看到通过去中心化所带来的分布式力量，已经在技术、经济、政治、文化等人类社会生活的各个方面迅速体现出了其影响力，以及对未来产生更深远变革的可能性。那么，分布式的力量是如何从技术领域渗透到社会信任的领域，从而推动了一场信息时代的信任革命，正是作者希望借助比特币这一关键案例来考察的问题。

今天，我们已经不可避免地生活在由信息科技所开辟的"数字新大陆"中，我们必须以全新的视角考察这个世界及我们自身。在这个意义上，比特币这类去中心化数字货币的兴起就像是这片新大陆上一次千载难逢的社会实验，唯有真正具有开拓精神的研究者和读者才能一探究竟。王薇的这本著作正是一个有益的尝试。

李路路

2020 年 4 月 30 日

目 录

第一章 导论 "比特币"：信息时代的信任革命 …………………… (1)
  第一节 问题的提出 …………………………………………… (1)
  第二节 目的和意义 …………………………………………… (3)
  第三节 研究方法与资料 ……………………………………… (6)
    一 参与观察 ……………………………………………… (6)
    二 文本和文献研究 ……………………………………… (7)
    三 深度访谈 ……………………………………………… (7)
  第四节 章节安排 ……………………………………………… (9)

第二章 文献综述与分析框架 ……………………………………… (11)
  第一节 社会信任的研究 ……………………………………… (11)
    一 社会信任及相关概念的界定 ………………………… (11)
    二 社会信任的制度、运行及文化基础 ………………… (16)
    三 社会信任模式的变迁 ………………………………… (23)
  第二节 货币与信任的研究 …………………………………… (26)
    一 传统货币理论回顾 …………………………………… (26)
    二 货币作为一种社会信任 ……………………………… (32)
  第三节 比特币信任问题的相关研究 ………………………… (33)
    一 比特币：一种"去信任"的货币？ ………………… (34)
    二 区块链：一台生产"信任的机器"？ ……………… (36)
    三 比特币信任问题研究 ………………………………… (40)
    四 已有研究的贡献及其局限性 ………………………… (44)

第四节　理论视角与分析框架 …………………………（46）
　　一　货币社会学与社会信任理论的视角 ……………（46）
　　二　比特币信任革命的分析框架 ……………………（48）

第三章　信息时代的信任危机与比特币的信任革命 ………（53）
　第一节　社会时空拓展与信任危机 ……………………（53）
　　一　工业时代的科层制——"集中式信任" ………（53）
　　二　信息技术革命的双刃剑——"信息成本"vs.
　　　　"信任成本" ………………………………………（56）
　　三　风险全球化与系统信任危机 ……………………（59）
　第二节　信任革命：比特币的兴起 ……………………（62）
　　一　人类历史上第一个"去中心化数字货币" ……（62）
　　二　"分布式账本"：基于区块链的信息技术 ……（65）
　　三　"分布式信任"：从信息技术到信任模式 ……（68）

第四章　比特币信任革命的制度创新 ………………………（74）
　第一节　比特币的制度架构 ……………………………（75）
　　一　比特币的制度基础："代码即法律" …………（75）
　　二　比特币的制度原则："开放源代码" …………（79）
　　三　比特币的制度结构："分布式网络" …………（83）
　第二节　比特币的分布式共识 …………………………（85）
　　一　算法权威：凝聚共识的新基础 …………………（86）
　　二　比特币的共识机制："工作量证明" …………（88）
　第三节　比特币的激励机制 ……………………………（92）
　　一　利益分配原则：比特币的发币机制 ……………（92）
　　二　公开的自由竞争："自利"创造"信任" ……（94）
　第四节　小结：从技术创新到制度创新 ………………（96）

第五章　比特币信任革命的运行模式 ………………………（97）
　第一节　比特币分布式信任的功能基础 ………………（97）
　　一　安全性：基于分布式管理的"全球
　　　　交易账本" ………………………………………（98）

二　真实性：基于区块链的"单一事实来源" …………… (102)
　　　三　流通性：基于网络效应的"标准化
　　　　　交易平台" ……………………………………………… (105)
　第二节　比特币分布式信任的运行机制 ……………………… (108)
　　　一　人机协作："自动化系统"的信任机制 …………… (108)
　　　二　开放协议："自组织网络"的治理机制 …………… (112)
　　　三　网络协同："自发性群体"的互动机制 …………… (117)
　第三节　比特币分布式信任的运作原理 ……………………… (120)
　　　一　信息时代社会秩序的"数字化" …………………… (120)
　　　二　源于反思性合作的"持续优化" …………………… (124)
　　　三　网络空间社会资源的"货币化" …………………… (127)
　第四节　小结：从分布式运行到分布式信任 ………………… (131)

第六章　比特币信任革命的文化土壤 ………………………… (133)
　第一节　比特币的文化环境 …………………………………… (133)
　　　一　技术文化：从"科技"到"文化" ………………… (134)
　　　二　反主流文化：从"嬉皮士"到"密码朋克" ……… (137)
　　　三　虚拟文化：从"虚拟符号"到"客观价值" ……… (142)
　　　四　匿名文化：从"匿名交易"到"分布式信任" …… (145)
　第二节　比特币的意义体系 …………………………………… (149)
　　　一　信息主义："信息就是金钱" ……………………… (150)
　　　二　自由主义："技术赋权"与"信任的解放" ……… (153)
　　　三　世界主义：超越国界的普遍信任 ………………… (156)
　第三节　比特币的社会共同体 ………………………………… (160)
　　　一　基于"抗拒性认同"的"网络共同体" …………… (160)
　　　二　基于"分布式通信系统"的"分布式社区" ……… (163)
　　　三　基于"网络经济"的"社会资本" ………………… (166)
　第四节　小结：从分布式信任到"数字进托邦" …………… (169)

第七章　分布式信任模式的实践与局限 ……………………… (171)
　第一节　分布式信任模式的作用及实践 ……………………… (171)
　　　一　降低社会信任成本："去中心自动化" …………… (171)

二　分布式信任的应用场景 …………………………（174）
第二节　分布式信任的局限性 ……………………………（178）
　　一　制度层面："分布式与集中式"制度的对抗及
　　　　衔接问题 …………………………………………（179）
　　二　运行层面："信息与贸易"系统的耦合及成本
　　　　问题 …………………………………………………（182）
　　三　文化层面："精英与大众"文化的区隔及不平
　　　　等问题 ………………………………………………（185）
第三节　小结：分布式信任的历史机遇与挑战 …………（189）

第八章　结论与展望 ……………………………………………（191）
第一节　分布式信任模式的影响及意义 …………………（191）
　　一　分布式的力量：从技术到信任 ………………（191）
　　二　信息时代的"数字化生存共同体" ……………（192）
第二节　社会信任系统的多维度发展 ……………………（194）
第三节　研究的贡献及不足 ………………………………（195）

参考文献 ………………………………………………………………（198）

索　引 …………………………………………………………………（214）

后　记 …………………………………………………………………（217）

第一章

导论 "比特币"：信息时代的信任革命

第一节 问题的提出

2008年11月，当美国次贷危机所引起的全球金融海啸正以其无坚不摧的力量席卷全球时，一种全新的"货币"——"比特币"（Bitcoin）悄然诞生于这个世界上。作为人类历史上第一个"去中心化数字货币"（decentralized digital currency），比特币是迄今为止最成功、最具影响力，也最受争议的数字货币。随着世界金融体系迈入了一个极为动荡不安的年代，比特币以极为大胆的奇思妙想向人们关于货币的传统思维定式发出了挑战，并激发着人们对一种全新的金融、经济乃至社会形态的无限遐想。比特币的兴起，让人们认识到现代科学技术不仅仅深刻地改变着"外在于"我们的物理世界，还能够彻底改造"货币"这一人类社会生活及社会—经济体系的核心组织元素。尽管比特币是一种诞生于互联网的、历史上从未出现过的货币形态，但它同任何时代、任何社会中的货币一样，都不能够独立于人们的社会关系和环境而存在。实际上，当我们拨开比特币那一层层以现代科技包装的外衣，尝试探明这种新型货币的本质，并思考其对现代社会经济更为普遍的影响和意义时，就会意识到，比特币所蕴含的远远不止是一场"技术革命"抑或"货币革命"，更是一场寓意深远的"信任革命"。

无论在什么社会环境中，一种货币若想发挥其应有的社会—经济功能，都必须获得人们对它的信任。然而"比特币"形成、建立和维系信任的基础和方式与以往任何货币都截然不同。相比人类历史早期的货币形态，从牛、羊、贝壳，到后来的贵金属等"商品货币"（commodity money），它们之所以可以成为货币，首先都具备一定的物质形态，并且其价值通常由商品本身的使用价值作为保障。发展到现代社会的"法定货币"（fiat money），虽然摆脱了商品货币的物质形态，但直接由国家权威和法律为其价值及合法性背书。相比之下的比特币，没有任何物质形态，也不隶属于任何国家或机构，仅仅是存在于计算机软件和互联网中的一串串"虚拟数字"。仿佛一个横空出世的"四不像"，比特币似乎不具备成为一种"真实货币"的信任基础，因此也时常被称为"虚拟货币"（virtual currency），并从创立之初就一直经受着无数质疑的眼光。

但现实往往比虚构还要奇幻。经过短短几年的发展，比特币已经从最初的一文不值，到 2017 年 12 月一个比特币最高能够兑换约 20000 美元，总市值超过了 3000 亿美元。[①] 一方面，已经有越来越多的商家开始愿意接受比特币作为付款方式，人们可以用比特币买车、买房、买飞机票、买咖啡等各类生活用品，并围绕其形成了一个日益成熟的全球金融服务生态系统。另一方面，比特币也频繁出现在社会负面事件中，从网上黑市、洗钱、全球网络勒索病毒，到基于数字货币的"首次代币发行"（ICO）被中国政府定性为"非法融资"，都使比特币作为一种数字货币的合法性饱受争议。支持者们称比特币为信息时代的"电子黄金"，而反对者们则将其视为一个不折不扣的"庞氏骗局"，双方的争论总是一波未平、一波又起。然而这些戏剧化的发展似乎并没有阻碍比特币的野蛮生长，反而在各种事件的推动下成了一个家喻户晓的全球热点。与此同时，比特币的核心技术"区块链"（Blockchain）也广泛地吸引了人们的注意，时常被誉为是 21 世纪继互联网之后最具颠覆性的创新技术，成了全球各大政府、机构、科技精英，以及市场投资者们争先追捧及研究的对象。以"区块链"为主题的政府科研部门、行业联盟、区域性峰会、创业公司、社会团体都不断涌现，构成了金融科技领域乃至全球数字经济前沿的一道独特风景线。2019 年 6 月，Facebook 宣布联合支付业、电信业、风投业等行业巨头成立"Libra 协会"，旨在打造一个"新的去中心化区块链"，"使命是建立一套简单的、无国界的货币和为数十

[①] 数据来源：https://www.coindesk.com/price/。

亿人服务的金融基础设施"，① 再度掀起了一场全球数字货币热潮。

比特币作为这一系列革命性现象的开端，无论其最终能否成为一种称职的"货币"，不可否认的是，这种诞生于互联网的、虚拟的、陌生的、仿佛是无中生有的"数字货币"，正在通过一种前所未有的方式吸取着人们的信任，从而表征了人类历史上一次"信任革命"。我们至今还很难预知这场革命究竟意味着什么，将会带来多么深远的社会影响。但可以肯定的是，作为一场全球性的社会前沿现象，比特币的意义绝不限于技术和货币领域，而是揭示了一种新型社会信任模式在现代科技影响下的形成和发展。正是在这个更为普遍的意义上，比特币作为一个关键性案例，为我们理解信息时代的社会信任及其变迁提供了一次千载难逢的社会实验。

本书所关注的核心问题，即人们对以比特币为代表的"去中心化数字货币"的信任是如何形成的？这场信任革命的社会条件和基础是什么？其新型信任模式背后的制度基础、运行模式，以及文化土壤与传统货币的信任模式有何不同？这场信任革命如何揭示了人类社会在信息时代所面临的新型社会关系、新的机遇，以及新的挑战？

第二节　目的和意义

所有崭新的事物起初都是令人十分诧异且迷惑的，但往往在我们还来不及理解它们的时候就已经变得稀松平常了。比特币于 2008 年年底在一篇网络论文中问世，仅仅用了几年的时间，就从一个信息科技领域鲜为人知的概念，发展成为一个频繁出现在大众媒体上的"热词"。与此同时，由比特币开创的区块链更是成了信息科技领域的"独角兽"，几乎被神化为一种可以"包治百病"的颠覆性技术。虽然在全球范围内获得了越来越多的关注，但比特币及区块链技术的核心究竟是什么？众说纷纭。

现代信息科技的坚定拥护者们称比特币为印刷术、因特网后人类社会最伟大的发明之一②，并从各种技术角度对数字货币及区块链的发展进行研

---

① 协会成员包括 MasterCard、Visa、PayPal、eBay、Uber 等著名跨国企业。参见《Libra 白皮书》（https：//libra.org/zh-CN/wp-content/uploads/sites/17/2019/06/LibraWhitePaper_zh_CN.pdf）。

② Andreas Antonopoulos, *Bitcoin Cryptocurrency, Crash Course with Andreas Antonopoulos*, 2015.4.22, Youtube（https：//www.youtube.com/watch? v = GdOi5al8tAU）。

究；经济学家们则从一种货币的功能视角出发，对比特币是否具备货币属性各抒己见，并通过建立经济模型的方式来分析其价格规律及参与者的经济动机；政治家与法学家则从比特币是否合法，政府应如何监管，是否应该纳税等角度展开探讨。[①] 在由大众媒体、政府、机构，以及学术研究共同汇聚而成的比特币信息洪流中，充溢着各种奇谈怪论和真知灼见。然而遗憾的是，在关注、讨论、分析和研究的浪潮中，社会学视角的学术研究却寥寥无几，对于比特币背后的信任模式革命做系统性考察的更是鲜有涉及。

  本书尝试从社会学的信任理论出发，对比特币所掀起的信任模式革命这一相对空白的研究领域进行一次初步却极为有益的尝试。这是因为，比特币虽然是一种诞生于信息时代的货币现象，但是若要它在现代社会—经济系统中发挥作用，就仍然要和传统货币一样获得人们对它的普遍信任。其革命性意义在于，比特币能够通过一种截然不同的信任模式，超越地域和国家边界在全球范围内吸取着人们的信任。通过对比特币及其新型信任模式进行考察，我们在某种程度上就能够理解，人类社会是如何在一个崭新的、充满未知的"数字世界"中，以一种全新的方式建立并维系着社会成员之间的普遍信任，从而为新型社会组织及社会秩序的形成提供必要的社会基础。

  本书的核心目的，就是考察比特币是如何在信息及网络技术的基础上，通过一种全新的制度、运行，以及文化体系，解构并重构着人类社会在信息时代的社会信任关系及信任结构。本书将指出，比特币最重要的创新及价值其实并不在于技术领域或是经济领域，而是在一个"分布式通信系统"（distributed communication system）的基础上重塑了人与人、人与技术、人与组织之间纵横交错的信任关系，从而体现了信息时代的一种新型社会信任模式，并扩展着人们在数字世界中进行互动及构建社会组织的可能性。因此，在技术变革和货币变革的表象下，比特币所蕴含的社会信任变革，才是一种更为深远、更为广泛，且更为根本的变革。新式信任的诞生，意味着新式互动、新式群体及新式社会秩序正在形成。在这个意义上，"信任"正是帮助我们理解比特币的本质及其背后社会变革的关键

---

① Brett Scott, *Peer-to-Peer Review: The State of Academic Bitcoin Research* 2015, 2016.1.12, The Heretic's Guide to Global Finance: Hacking the Future of Money (http://suitpossum.blogspot.co.uk/2016/01/bitcoin-research-2015.html? m = 1).

线索。然而，我们对于比特币及其信任模式的理解，实际上还处在一个极为含糊和混沌的阶段。社会学视角的缺场，不但局限了我们对于比特币及区块链技术的理解和应用，同时也掩盖了其更为深层的社会影响和意义，及其在信息时代为社会发展所带来的机遇和挑战。

本书旨在说明，比特币作为有史以来第一个"去中心化数字货币"，实际上揭示了社会信任从工业时代科层制模式的"集中式信任"，向信息时代网络化模式的"分布式信任"的结构性转型。随着人类社会不断迈入现代信息科技所开辟的"数字新大陆"，比特币的兴起，意味着这种分布式信任模式能够突破集中式信任模式的结构性和地域性限制，使分散于全世界各地的陌生人不需要依赖传统的"权威"和"中心"，就可以在这个日益膨胀的数字世界中建立并维系人们对于一个货币系统的普遍信任，从而以一种前所未有的方式扩展着人类社会信任关系的疆域。分布式信任模式的诞生，意味着人类能够通过自身的创造力积极地改变社会信任的性质和结构，并在一个分布式网络的基础上构建一种新型社会共同体。这种新型共同体能够更有效地在这个"数字新大陆"中激发人们进行探索及创新，同时为人们在信息时代的社会交往提供更丰富的可能性以及更广阔的社会空间。与此同时，比特币所掀起的信任革命，也会在冲击传统社会信任模式的同时制造新的矛盾和混乱，并为社会整合及社会秩序带来新的风险及挑战。正是在这种混乱与秩序的张力中，比特币向我们揭示了"新""旧"社会信任模式在适应现代社会发展过程中的冲突和蜕变，并凸显着现代性在信息时代的进一步扩张。

就如马歇尔·麦克卢汉（Marshall Mcluhan）在20世纪60年代深刻洞悉的那样，所有媒介和技术的发展从本质上而言都是"人的延伸"，并"对整个心理的和社会的复合体都产生了影响"[1]。同理，"比特币"作为一种基于现代信息及网络技术而形成的"货币媒介"，从本质上而言就是"信任的延伸"。理解它是如何在现代科技的基础上通过一种全新的制度、运行及文化体系实现了这种信任的延伸，也就是尝试理解现代社会——无论是虚拟的还是现实的——在信息时代作为一个整体的延伸。

因为，改变信任就意味着改变社会本身。

---

[1] [加] 马歇尔·麦克卢汉：《理解媒介：论人的延伸》，何道宽译，译林出版社2011年版，第4页。

第三节　研究方法与资料

笔者从 2013 年开始关注比特币现象，鉴于自身的教育及工作背景都集中在经济学及金融领域，初次接触比特币就对其极具颠覆性的概念及深远的社会效应产生了强烈的好奇心。这些貌似"无中生有"的数字信息居然能够成为"货币"这一人类社会经济系统中最普遍的价值代表，并在全球范围内获得人们的信任，深深地激发了笔者探索其社会本质及意义的研究志趣。作为一个崭新的，且仍在快速发展的社会经济现象，比特币的信任革命是一个极具前沿性的问题。因此，本书采取了社会学的定性研究方法，基于参与观察、文本分析，以及深度访谈，对比特币的信任问题进行了探索性的研究。通过考察比特币在形成及演变过程中的社会基础及意涵，理解这种新型货币现象背后一种新型社会信任模式的形成，从而揭示社会信任模式在信息时代的变迁及其影响和意义。

一　参与观察

比特币不仅仅代表一种新型货币，更是一个由具备各种不同背景、动机、思想观念及资源禀赋的社会行动者共同构成的社会领域。为了理解人们如何在这个全新的社会领域中展开交往及互动，参与观察往往是一个最佳的出发点。自 2013 年开始，笔者曾在波士顿、纽约、温哥华、北京及深圳生活工作，并接触了当地各类比特币社区及团体，参加了多种不同形式的比特币活动。主要包括：

大学社团：美国麻省理工学院（MIT）及加拿大英属哥伦比亚大学（UBC）比特币俱乐部的定期研讨及交流活动；

大型产业会议：如 2014 年在纽约举办的"走进比特币（Inside Bitcoin）"国际峰会、2016 年在北京举办的"中国区块链产业大会"，以及 2017 年在深圳举办的"首届粤港澳大湾区区块链峰会"等；

"线下"集会：纽约、波士顿、温哥华及北京的当地比特币爱好者定期组织的小范围集会，通常在举办者家中、咖啡厅或小型工作室等地；

"线上"网络社区：如美国最大社交新闻网站红迪网（Reddit

的比特币论坛（r/Bitcoin）、中国的巴比特论坛、微信平台上的"ChainB铅笔Consensus""暴走区块链技术讨论群"等。

通过这些实地研究，笔者不但获得了大量的第一手经验材料，同时得以从参与者及观察者的角度进入这一极具前沿性的社会经济领域，并在实践中感受、思考比特币是如何基于一种信息时代特有的制度、运行及文化模式，在众多参与者之间建立并维系一种新型信任关系及信任结构。

二 文本和文献研究

对于比特币而言，文本分析是一种极为重要的研究手段。首先，比特币的概念本身就诞生于一篇被称为"比特币白皮书"（Bitcoin whitepaper）的网络论文。其次，作为一种基于数字信息而存在、流通并发展壮大的新型货币及社会现象，各类文本信息的流动构成了比特币社区成员互动的核心媒介及载体。因此，为了尽可能地加强对比特币及其发展状况的理解，笔者长期搜集并研读了国内外各类相关文本信息。必须指出的是，比特币作为一个极为前沿且多面的社会现象，其信息来源也十分繁杂且缺乏系统性。本书所采用的资料主要包括网络文章、学术期刊、研究报告、会议记录、书籍、新闻报道、社交媒体等。鉴于比特币的信任问题仍是一个崭新的研究课题，笔者着重筛选了目前相关领域中最具权威性、专业性及影响力的书本文献作为重点分析对象。在学习借鉴不同领域研究成果的同时，本书以社会学的理论视角、分析框架及经验材料对比特币的信任革命进行一次探索性的考察。

三 深度访谈

作为一种基于现代信息及网络技术而诞生的数字货币，比特币最先于技术领域获得了人们的信任，随后逐渐扩散到更广泛的社会群体及社会领域中。为了理解这种基于网络的新型信任模式的初始形成过程，以及人们之所以能够信任这种新型货币的动机、行为及信念等重要因素，笔者着重选取了11位数字货币领域的从业人员、研究者及爱好者，并与他们进行了多方面的深度访谈。其中，笔者与四位比特币社区中较为典型的访谈对象进行了多次访谈并通过电子邮件及微信等渠道维持了长期的对话及沟通①，以求深入理解他们在实践过程中对于比特币及其信任问题的认知、感受及行动逻辑。同时，由于比特币是一个全球性现象，本研究的访谈地点也分布于中国、美国及加拿大。通过与不同国家及地区的行动者进行对话，笔者旨在理解这种新型货币系统是如何跨越了传统的地域及社会边界，在全球范围内吸收着人们的信任。

需要指出的是，作为一次针对社会前沿现象的探索性研究，本书的目的是考察比特币背后一种新型信任模式得以诞生的社会起源和基础，而不是全面解释社会各类人群是否能够或应该信任这种新型货币。因此，本书的访谈对象主要是那些来自计算机及金融背景的，对比特币的制度、运行及文化基础有着较为深入的认知、行动及体验的参与者（见表1-1），以帮助我们理解这种信息时代特有的数字货币是如何在由技术塑造的社会环境中推动了一场信任革命。

表1-1　　　　　　　主要访谈人员列表

访谈对象	背景	职位	地点	时间
B	数学、计算机软件及密码学	中国首批区块链技术研究者、创业者	北京	2017年7月至2018年2月
G	数学、大数据、计算机算法及统计学	博士后、知名金融科技公司首席数据官	深圳、北京	2017年8月至12月
F	经济学、证券及资产管理	博士、知名区块链基金创始人	上海	2017年8月
S	数字货币、区块链技术研发	博士、知名数字货币创始人、区块链极客	深圳	2017年8月
W	比特币矿机软件研发	程序员、创业者、比特币爱好者	北京	2017年4月
Q	证券交易所	区块链研究小组负责人	深圳	2017年8月
A	计算机、会计	加籍自由职业者、投资者、比特币爱好者	温哥华	2016年5月至2017年2月

① 分别是访谈对象B、G、A、T。

续表

访谈对象	背景	职位	地点	时间
H	计算机、演算系统	马来西亚裔学生、知名大学比特币俱乐部主席	温哥华	2017年2月
E	学术出版、区块链产业研究	英籍自由职业者、比特币爱好者	温哥华	2017年2月
T	计算机、会计、比特币金融服务软件开发	程序员、比特币爱好者	温哥华	2016年5月至2017年2月
C	比特币ATM开发	哥伦比亚籍创业者、比特币爱好者	纽约	2015年6月

第四节 章节安排

本书分为八章，围绕比特币这一全新的货币现象，对一种诞生于信息时代的新型信任模式及其社会基础进行了剖析。

第一章导论部分提出了本书的研究对象及核心问题——即比特币的信任问题。通过将"信任"视为理解比特币现象及其本质的核心线索，本书试图揭示这种新型货币是如何在现代科学技术的基础上，推动了信息时代的信任革命。章节介绍了研究方法的选择及主要访谈对象的状况。

第二章是文献综述和分析框架，主要针对社会信任、货币理论，以及比特币信任问题的已有研究进行了回顾，并对本书的研究对象及分析层次进行了界定。同时，基于货币社会学及信任理论的视角，围绕"制度—运行—文化"三个维度形成了本书对于比特币信任革命的分析框架。

第三章从信息时代的社会背景出发，对信息化及全球化进程中的社会信任危机、比特币的兴起所揭示的信任革命，以及一种基于现代信息技术的分布式信任模式的诞生进行了阐述。

第四章从制度维度出发，指出了比特币是如何通过一系列全新的制度架构，建立了一种与传统货币截然不同的共识系统及激励机制，从而通过分析比特币的制度创新来理解人们"为什么信任比特币"的问题。

第五章从运行维度出发，考察了比特币系统是如何在行动者的实际交换及互动中制造并维系着人们的信任，并从其功能基础、运行机制及运作原理这三个层面分析了人们"如何信任比特币"的问题。

第六章从文化维度出发，对比特币这种新型货币背后的文化环境及意义体系进行了考察，以求理解比特币系统的参与者主要是基于什么样的文化土壤、意义体系，以及社会认同来思考"是否应该信任比特币"的问题。

第七章探讨了比特币及其分布式信任模式在信息时代的作用及实践，并延续制度、运行和文化的分析框架，剖析了这种新型信任模式的局限性，及其为现代社会的整体发展所带来的机遇与挑战。

第八章是结论与展望，阐述了比特币如何揭示了社会信任模式从工业时代的"集中式模式"向信息时代"分布式模式"的革命性转型，并意味着一种"数字化生存共同体"的形成。本书指出，现代信息及网络技术正在通过重塑社会制度、运行及文化维度，深刻改变着人们的社会信任关系及信任结构。比特币的兴起，意味着人们能够通过技术背后的自主创新力量来构建"新的信任"及"新的社会"。与此同时，社会信任系统也需要实现多维度发展，才能够推动人类社会在信息时代作为一个整体的扩张。最后，笔者也指出了研究的主要贡献及不足。

第二章

文献综述与分析框架

本书研究的重点,是以比特币这种"去中心化数字货币"的兴起为例,考察信息科技的发展如何推动了社会信任模式从"集中式"向"分布式"的变革。因此,本章将首先对"社会信任"的相关概念、基础及其变迁的社会学理论进行回顾。接下来,通过简要回顾经济学的主要货币理论,指出为什么单一的经济学视角无法帮助我们准确理解比特币这种货币现象及其背后的社会变革。然后,本书将从社会学视角指明"货币"与"信任"这两个概念之间相互依存、互为表里的内在联系,从而为以比特币现象研究社会信任问题提供理论基础。最后,对关于比特币信任问题的主要资料及文献进行梳理,指出其贡献和不足,并在货币社会学和社会信任理论的基础上引出本书基于"制度—运行—文化"维度的分析框架。

第一节 社会信任的研究

一 社会信任及相关概念的界定

（一）社会信任的概念

"信任"是一个内涵丰富,维度众多且涉及多种研究领域的概念。虽然所有信任问题的研究者都强调它对人类个体及社会生活的重要性,但学界从来无法对"究竟是什么信任？"给予一个标准的答案。一般认为,社会学对信任问题的关注,起源于齐美尔在1900年出版的《货币哲学》,在卢曼于1968年发表的《信任与权力》一书中初次形成体系,后于20世纪80年代引发了大批社会学者的研究和关注。介于本书的研究目的,我们将从齐美尔在《货币哲学》中对于信任的分析作为起点,并对我们要研究的社会信任问题进行界定。

齐美尔指出,"如果没有人们之间的一般信任,社会本身将会瓦解,因为很少有关系是建立在对他人的确定性认知上,并且如果信任不是同理性证据或者个人经验一样强,甚至更强,很少有关系可以持续"[1]。在齐美尔看来,信任不等同于确定性认知,而是介于"无知与全知之间"——因为一个一无所知的人根本无法信任,而一个全知全觉的人则无须信任。[2] 因此除了"确定性认知"和"个人经验"之外,信任还普遍包含着一种"额外的因素",就如同宗教中的"信念"(faith)一样难以把握或表述。这种"信念"的成分"表达了一种感觉,即我们对于一种存在的观念和这种存在本身之间有一种确切的联结及整合,在我们对它的概念中有一种特定的一致性,在自我对于这个概念的顺服中有一种确信和无抵抗,这有可能建立在一些特定的原因上,但却无法被这些原因所解释"[3]。

卢曼作为第一个对信任问题展开系统研究的社会学家,认为最广义的信任是指"对某人期望的信心,它是社会生活的基本事实"[4]。因为无论是对于个体的日常生活,还是社会系统的形成与发展,如果不是预先对外部世界形成了某种期望并对其抱有信心,人们将会被世界的极度复杂性和内在的恐惧感所淹没。[5] 卢曼进而从功能主义的角度出发,将信任定义为"一个社会复杂性的简化机制",因为信任可以使一个人或系统"用内在的确定性代替外在的确定性,因而提升它对外部关系中不确定性的耐受性",从而使人们得以构建一个稳定的生活世界并推动社会作为一个整体的持续扩展。因此,"信任"是一个涉及"内在"与"外在",即人与外部世界关系的概念。这也是卢曼对于社会学信任研究的一个极为重要的贡献,那就是强调"在任何情况下,信任都是一种社会关系,社会关系本身从属于特殊的规则系统。信任在互动框架中产生,互动既受心理影响,

---

[1] Georg Simmel, *The Philosophy of Money*, London: Routledge, 2004, p.191.
[2] Ibid..
[3] Ibid..
[4] 卢曼所言的"某人"在这里指信任者,"信任"意味着信任者对自身所持有的期望的信心。
[5] Georg Simmel, *The Philosophy of Money*, London: Routledge, 2004, p.3.

也受社会系统影响,而且不可能排他地与任何单方面相联系"①。

本书所研究的"社会信任"正是沿承了齐美尔对于"一般信任"(general trust)的思考,并吸取了卢曼将信任视为一种"社会复杂性简化机制"的定义。本书将"社会信任"视为是一种多维度的社会关系,是基于社会成员的认知、经验和信念的共同作用而形成的对社会生活"期望的信心",它维系着人们之间一种普遍的"联结及整合",并能够有效地简化社会复杂性,促进社会经济活动及社会系统的扩张。

(二)社会信任的研究层次

不同于心理学,社会学对于信任问题研究的出发点,是将其视为一种主体间的社会关系,只能存在于如团体、社区、国家等"集体性单位"(collective units)中。因此,社会学普遍强调信任不能被局限于个体的层次,而是在一个社会系统中通过主体间互动而建构的"多维度的社会事实"②。

卢曼首次明确地区分了"人格信任"与"系统信任"这两个概念,强调了后者在现代社会发展进程中所起到的重大作用,并对这两种信任形式及其社会环境进行了剖析。当我们形容一个人具有某种"人格",意味着这个人作为一个行动者被视为是"一个有序的、而不是任意的行动系统的中心"③,从而使其行为能够被归因为一种"人格的表达"。正是由于每个人都具有行动的自由,并且人们普遍意识到他人的行动有可能导致对自己不利的后果,所以才需要信任来建立稳定的期待。因此,在以日常接触中的"人际关系"作为主要互动内容及形式的社会领域,"人格信任"就成为了最主要的信任生产及维系机制。然而,随着现代社会发展成为一个高度分化的、陌生的社会领域,社会系统中的复杂性是无法通过人格信任机制来简化的,而是需要基于"泛化的交往媒介"而建立的"系统信任"来不断增加人们处理社会复杂性的能力。这种系统信任的典型代表如"货币""真理""权力"等社会系统,都是通过由"符号泛化的选择

---

① [德]尼克拉斯·卢曼:《信任:一个社会复杂性的简化机制》,瞿铁鹏、李强译,上海人民出版社2005年版,第7页。

② J. David Lewis and Andrew Weigert, "Trust as a Social Reality", *Social Forces*, Vol. 63, No. 4, June 1985, pp. 967–985.

③ [德]尼克拉斯·卢曼:《信任:一个社会复杂性的简化机制》,瞿铁鹏、李强译,上海人民出版社2005年版,第50页。

代码"在主体间形成"期待的结构和动机模式"来建立并维系一种普遍信任,从而使"主体间传递选择行为成为可能"。[1]

本书对比特币信任问题的研究,就是在系统信任的层次上,考察"社会信任"作为区别于"私人信任"的一种超越具体人际关系的信任模式[2]。着重对社会信任的研究,并不是因为私人信任将逐渐被社会信任取代或变得不再重要。正如卢曼指出的,人们对人格信任的需求"现在和过去一样强烈",并在"重复接触发生的社会生活所有领域中"都发挥着极为关键的作用。[3] 之所以从社会信任的研究层次出发,是因为我们将"比特币"所揭示的信任革命视为是现代科技及社会整体发展的结果,而不是源于任何特殊的、具体的个人因素。[4]

随着社会信息化、全球化及文明化程度的不断加深,若要在一个日益分化、复杂且日益扩张的社会时空中扩展人类活动及交往的范围,就必须通过构建一种更具"抽象性"及"普遍性"的社会信任模式才能够实现。本书希望考察的正是信息及网络技术的发展是如何通过"重塑"社会系统的制度、运行及文化体系,从整体上推动了社会信任模式的变迁,并分析其对于社会整体发展的影响和意义。根据语境的不同,本书会交替使用"社会信任"及"信任"的概念,但在研究层次上,本书所关注的只是社会系统及其结构层面的信任问题,而不从个体及人格层面进行过多讨论。

(三) 社会信任的对象

如何界定"信任的对象",在社会信任理论的发展过程中也一直是个充满争议的问题。较为狭义的观点认为,只有拥有意图、动机和自由意志等特征的"道德人"(moral agent)才能成为信任的对象。[5] 而相对广义的观点是,只要是能够和人们发生"社会关系",因而具有一种"社会性

---

[1] [德] 尼克拉斯·卢曼:《信任:一个社会复杂性的简化机制》,瞿铁鹏、李强译,上海人民出版社 2005 年版,第 63 页。

[2] 本书采用"社会信任"而非"系统信任"的概念,旨在强调社会关系及其结构作为一种普遍信任的社会基础。

[3] [德] 尼克拉斯·卢曼:《信任:一个社会复杂性的简化机制》,瞿铁鹏、李强译,上海人民出版社 2005 年版,第 61 页。

[4] 虽然个体因素对于"一个人"是否会信任比特币具有关键的解释力,因为每个人对于比特币的信任程度都取决于其特殊的经历、知识,以及性格等众多因素的集合,但这种"特殊信任"并不是本书所研究的对象。

[5] Robert C. Solomon and Fernando Flores, *Building Trust: In Business, Politics, Relationships, and Life*, New York: Oxford University Press, 2001.

存在"（social presence）的事物，都可以成为信任的对象。[①] 在这个意义上，信任对象定义的延伸，也从根本上反映了社会信任的形式及范围的扩展。

信任关系作为一种"主体间"关系，是信任的委托方与信任的受托方在交互过程中形成的某种具有双向作用的社会关系。举例而言，如果一个人说"我信任明天不会下雨"，听起来会很奇怪。因为在我与"明天不会下雨"这件事之间，并不存在任何主体间的社会关系，明天下雨也许会影响我的出行计划，但无论我对这件事抱有什么样的期待和态度，都无法影响其发生的可能性。相比之下，"我信任中央电视台，央视天气预报说'明天不会下雨'，因此我认为明天不用带伞"，这个说法就显得较为合理一些。"中央电视台"之所以能成为我赋予信任的对象，因为它作为一个"社会公共机构"代表了一种"社会性存在"，能够对我的期待及行为产生影响，同时我作为一个社会成员对其信任或不信任的态度，也有可能间接影响中央电视台的权威性及其社会影响力。在这个意义上，信任对象的扩展，实际上意味着我们如何限定所谓"社会性存在"的范围，以及如何看待我们与这种社会性存在之间的关系。

随着现代科学技术的飞速发展，人类正以旷古烁今的技术手段不断改造着这个世界。同时，"技术"通过形塑人们在这个人造世界中的认知、感受及行动方式，日益作为一种"社会性存在"成了人们体验生活并与外部世界建立联系的中介。在这个意义上，不但"人与人"之间的交往越来越依赖于技术媒介才能够展开，"人与技术"之间也越来越构成了一种"伙伴关系"，即只有通过形成并维系良好的"人机互动"，现代社会才能不断扩张并发展下去。实际上，已经有越来越多的学者通过在实验室以及真实社会环境中的实证研究，指出了人与不同程度的"自动化技术"之间也存在信任关系，并将这种人与机器之间的信任视为"人机交互"（Human-computer Interaction）领域的重要课题[②]。在这个意义上，电脑、电视、新媒体等"技术媒介"已经不能被视为某种完全被动的"物体"，而是作为可以与人们形成社会关系的"社会行动者"（social actor），并在

[①] Cynthia L. Corritore, Beverly Kracher and Susan Wiedenbeck, "On-line Trust: Concepts, Evolving Themes, a Model", *Human-Computer Studies*, Vol. 58, No. 6, June 2003, pp. 737–758.

[②] Muir & Moray, 1996; Zuboff, 1988; Lewandowsky, Mundy & Tan, 2000; Lee & See, 2004; Hoff & Bashir, 2015.

人们的社会生活中发挥着越来越积极且重要的作用。①

正如吉登斯将信任定义为"对一个人或一个系统之可依赖性所持有的信心,在一系列给定的后果或事件中,这种信心表达了对诚实或他人的爱的信念,或者,对抽象原则(技术性知识)之正确性的信念"②。从这个定义出发,"信任"代表了人们对于某个外部对象的一种特定的"期待"和"信念",这个对象既可以是个体,也可以是社会系统及其抽象原则。本书也采用了这种较为广义的观点,因为如果我们将信任的对象仅仅局限于"道德人",那社会将不可能突破狭小的人际范围,在更广泛的时空领域中形成可持续发展的信任机制。在不同的社会场景中,信任的对象可以拥有完全不同的形式,这个对象可以是一个具体的人、一个机构、一种技术、一组观念、一套系统,或者任何能够通过某种社会关系对人们自身的态度及行为产生影响的社会性存在。以比特币为例,当我们询问一个人:"你是否信任比特币?"时,这个问题就可能包含了很多种不同层面的信任对象。"比特币"可以暗指一种新型计算机及密码学技术、一种电子支付手段、一种去中心化或无政府主义的理念,也有可能是比特币社区中的各方行动者。无论"比特币"所暗指的信任对象是什么,它都依托于一种主体间形成的信任关系。

本书所考察的重点,不是比特币的某种具体特征、功能或其背后的观念如何能够成为人们信任的对象,而是作为一种"去中心化数字货币",它如何凝聚了众多不同层面的社会信任,并推动了一种"分布式信任模式"的诞生。我们将从信息时代的社会发展背景出发,来考察比特币的信任系统是如何通过一种新的制度架构、运行模式及文化体系,解构并重构了工业时代的社会信任模式,从而以一种前所未有的方式延伸并扩大着社会信任的规模及范围。

二 社会信任的制度、运行及文化基础

学界对于社会信任基础的研究,也包含了极为多样化的层次和角度,再次凸显了"信任"作为一种"多维度社会事实",能够跨越并渗透到人

---

① Byron Reeves and Clifford Nass, *The Media Equation: How People Treat Computers, Television, and the New Media Like Real People and Places*, Stanford: Cambridge University Press, 1996.

② [英]安东尼·吉登斯:《现代性的后果》,田禾译,译林出版社2011年版,第30页。

类社会各个层面的基本特征。简单来说，社会信任既形成于人们基于个体认知、行为及情感因素而产生的"社会性经验"中，也存在于社会系统基于制度、运行及文化体系而构建的"社会抽象结构"中。介于本书的研究目的，我们将重点回顾以往研究者对于社会信任结构性基础的代表性研究。

(一) 社会信任的制度基础

"制度"(institution)本身也是一个维度众多的概念，具有非常丰富的社会含义。从较为狭义的角度出发，制度可以被定义为"一个社会的博弈规则，或者更规范地说，它们是一些人为设计的、形塑人们互动关系的约束"[1]。而比较广义的定义则像迪尔凯姆所言，认为"制度"作为一种"社会事实"是一种存在于人们自身之外的，并且"不以每个单独的个人的意志为转移的行为方式和判断方式"，因此应当把"一切由集体所确定的信仰和行为方式称为'institution'"，并指出社会学本身就是"关于制度及其产生与功能的科学"[2]。在这个意义上，所有超出个体范围而存在的社会系统都必须建立在一系列制度原则的基础上。

林恩·朱克尔(Lynne Zucker)从"制度化"的角度对社会信任生产机制的形成及变迁进行了深度剖析。在其一篇经典论文《信任的生产：经济结构的制度性来源》中，朱克尔考察了1840—1920年间美国社会的发展对于社会信任机制的解构及重构。[3] 她指出，随着社会范围的不断扩张，社会信任机制若想超越个别交换中的人际关系及地区的限制，就必须在更广泛的社会领域中重建社会成员之间对于"外部世界的共识"，并使社会信任机制得到普遍的"制度化"，才能适用于更广泛的社会—经济交换领域。

在朱克尔看来，"信任"主要有两个组成部分：即"背景期待"和"构成期待"。"背景期待"(background expectation)指的是人们对于"共同了解的世界"理所当然且不言自明的一种期待。背景期待是一个社群

---

[1] [美]道格拉斯·C.诺斯：《制度、制度变迁与经济绩效》，杭行译，格致出版社、上海三联书店、上海人民出版社2014年版，第3页。

[2] [法]埃米尔·迪尔凯姆：《社会学方法的准则》，狄玉明译，商务印书馆2009年版，第19页。

[3] Lynne G. Zucker, "Production of Trust: Institutional Sources of Economic Structure, 1840 to 1920", *Research in Organizational Behavior*, Vol. 8, 1986.

成员主体间，通过共享的规范化的符号系统而形成的统一的"解释框架"，隐含于人们对外部世界的认识中，并作为普遍存在的"既定社会事实"构成日常生活中行动的前提。与之相对，"构成期待"（constitutive expectation）指的是一组明晰的，需要成员间相互认可的，并且作用于具体社会场景的规则。由于这些规则是人们有意建构的，因此可以被"制度化"，从而在更广泛的社会领域中形成人们对某种"客观的外部世界"的共同认识，使信任可以超越具体交换的限制，通过标准化的制度框架被不断生产出来。

在1840—1920年间的美国，随着移民、城市化和社会流动性的不断提高，造成美国共同文化系统中的"文化异质性"（cultural heterogeneity）大幅增加，从而破坏了人们原本"共同了解的世界"，因而瓦解了"背景期待"的存在基础。同时，传统农业经济中的规则体系也难以应用于日益扩大的全国市场，打破了人们原本基于共同认知而维系的"构成期待"。因此，美国社会的传统信任机制遭到了破坏，导致市场迈入了一个长期不稳定的阶段。与此同时，原有社会信任机制的崩塌也促使美国出现了以重建信任为目的韦伯式"科层制"组织（如银行、保险、地产、政府、法律机构等）。这些机构通过确立一系列正式的、标准化的制度框架来重建"构成期待"，逐渐使"信任"成了一种"可销售的商品"。[1] 朱克尔还指出，"科层制"结构之所以被企业、政府等社会组织广泛采用，并不仅仅出于对经济效率的考虑，更是由于拥有一个科层制管理体系逐渐被视为一个"现代组织"应有的象征标志。作为一种被普遍接受的制度框架及组织结构，"科层制"在更广泛的社会领域中通过建立组织间的"相似性"，转变成了一种新的"背景期待"，构成了人们对社会机构信任的基础，从而加强了其社会组织的合法性。[2]

在朱克尔看来，社会信任机制就是随着社会环境的演变，"背景期待"和"构成期待"不断被打破和重建的过程，并成为推动社会经济组织发展的基础。当原有社会经济结构中的信任机制遭到破坏，新的信任生产机制必须通过制度化的手段被创造出来。这些新型机制最初看上去都像

---

[1] Lynne G. Zucker, "Production of Trust: Institutional Sources of Economic Structure, 1840 to 1920", *Research in Organizational Behavior*, Vol. 8, 1986, pp. 53 – 111.

[2] Ibid..

是"信任"的某种不完美替代品，如各种强制性法律及防范失信行为的保险措施，以便在信任缺失的环境下保障交易的顺利展开。当这些制度化手段可以通过社会实践重建人们的"构成期待"和"背景期待"时，就能够发挥其作为社会信任机制的作用。

由此可见，随着社会时空领域的扩张，社会组织需要通过更具标准化的制度框架及规则体系来重建社会成员对于"外部世界的共识"，通过这种主体间共识来建立并维系某种统一的构成期待，进而转化为暗含于日常社会活动中的背景期待，并扩大着社会信任关系的范围。在这个意义上，"制度化"作为一种结构性因素，是推动社会信任变革的主要动力之一。本书也将通过考察比特币是如何通过一系列制度创新，在"数字世界"中重构了人们对于外部世界及社会交往的共识，从而在信息时代推动了一种新型信任模式的诞生。

（二）社会信任的运行基础

社会信任作为一种人们在与外部世界进行交互时所形成的社会关系，不能仅仅存在于某种制度框架中，还需要实现其社会功能——保障社会成员之间的互动能够安全且有序地展开。因此，一种社会信任模式能否延续下去，还取决于该系统能否在运行过程中满足人们对于促进社会交换及合作的功能性需求。卢曼从新功能主义的视角出发，强调信任作为一种"风险投资"，最主要的功能就是简化"社会复杂性"。[1] 因此，"社会风险"和"社会复杂性"是两个帮助我们从功能性视角理解社会信任的关键概念。

卢曼认为，"信任"和"风险"是一对诞生于现代社会的、相互交织且密切相关的概念。与"危险"不同，"风险"是一种"内生于"社会系统中的因素。所谓"风险"，意味着人们意识到那些未来可能会发生的负面事件，是人们自身决定和行为的结果，而不是源于宇宙中某种神秘或不可知的力量。[2] 因此，同由外界环境造成的"危险"相比，"风险"带有"人为的"含义，与人们自身的选择和行为密切相关。"风险"概念的广泛应用意味着，人们普遍意识到他们所面临的不确定性及突发性事件，

---

[1] ［德］尼克拉斯·卢曼：《信任：一个社会复杂性的简化机制》，瞿铁鹏、李强译，上海人民出版社 2005 年版，第 30 页。

[2] Niklas Luhmann, "Familiarity, Confidence, Trust: Problems and Alternatives", *Trust: Making and Breaking Cooperative Relations*, Oxford: University of Oxford, 2000, pp. 94–107.

越来越多的含有一种"人为的"而不是"自然的"性质。因此,"人"作为引起并感知"风险"的主体,也必须面对自身行动的后果,并承担起控制风险的责任。而"信任"正是人们应对社会系统中不断增加的风险的手段。①

在卢曼看来,人们对风险的认识与现代社会日益增加的"复杂性"密切相关。卢曼将"社会复杂性"定义为一种高度抽象的概念,指出它既来源于心理系统,也来源于社会系统。从心理系统来看,人类是唯一能够"意识到世界的复杂性,因而意识到选择其环境的可能性,因而提出自我保存的基本问题"的物种。并且由于人类具有感受和理解他人的"类我性",因此其他人的存在以及他们有可能采取的行为,就意味着一个更加难以预测并控制的"复杂性维度"。② 从社会系统来看,不断分化的社会系统和社会秩序也是复杂性不断增加的重要来源。在一个低度分化的社会中,信任主要源于人们在过去的人际交往经验中,通过"熟悉"而维系一种"不证自明"的方式有效简化着社会复杂性。然而在一个高度分化的社会中,传统社会这种"自明性"就被打破了。③ 若要在更大范围内使"陌生人"能够有效传递信息并进行互动,就意味着社会信任机制必须超越"人格信任"向更为抽象的"系统信任"转化,通过一种"有意识的冒险"来扩展信任并增加人们处理社会复杂性的能力。④

卢曼认为系统信任与人格信任的最大区别,在于系统信任不是来源于任何具体的对象,而是建立在某种"泛化的交往媒介"(如真理、权力和货币等)能够持续"发生功能"的基础上。⑤ 卢曼指出,系统信任通过用"功能互动"取代了"人格信任"的内部保证,让人们只需通过连续使用的经验就可以学会该如何信任一个系统,从而使信任的"习得"变得越来越方便,同时能够在更大的范围中"扩散"。然而,由于系统运作脱离

---

① Niklas Luhmann, "Familiarity, Confidence, Trust: Problems and Alternatives", *Trust: Making and Breaking Cooperative Relations*, Oxford: University of Oxford, 2000, pp. 94 – 107.
② [德] 尼克拉斯·卢曼:《信任:一个社会复杂性的简化机制》,瞿铁鹏、李强译,上海人民出版社2005年版,第8页。
③ 同上书,第25页。
④ 同上书,第29页。
⑤ 同上书,第63—65页。

了任何个体的影响，也使人们对系统信任的控制变得更加困难。[①] 卢曼指出，人类社会信任模式向系统信任的过渡是一种伟大的"文明化过程"，因为它能够赋予人们对于这个充满偶然性及复杂性的世界持有一种稳定的态度，从而为人们在更宽广的社会领域中提供了行动的基础。[②]

因此，为了理解比特币作为一种新型"泛化交往媒介"所掀起的信任革命，我们也将从比特币系统的运行模式出发，尝试理解比特币是如何通过一种分布式模式处理信息时代社会交往行为系统中的风险及复杂性问题。正是在系统持续发生功能的基础上，比特币为人们在数字世界的社会经济活动提供了一种新秩序，并构成了其分布式信任系统的运行基础。

（三）社会信任的文化基础

在所有探究文化及其社会影响的著作中，韦伯的《新教伦理与资本主义精神》可谓是一座历久弥新的丰碑。韦伯认为，现代资本主义的社会经济结构之所以能够在西方世界形成，来源于一种新教徒所特有的"社会精神气质"，并作为一种西方文明中普遍存在的文化现象，推动了资本主义社会的整体发展。[③] 韦伯还进一步区分了"特殊主义信任"和"普遍主义信任"，指出新教徒正是通过突破氏族和血缘关系，在"天职观"的驱动下形成一种成员之间普遍的且"同为教外人所分享的信任"，[④] 才能使商业关系走出狭小的人际范围，并推动现代资本主义社会的发展。虽然韦伯的信任理论表现出某种程度上的"西方中心论"而受到后人的批评，但是韦伯对于特定的文化能够深刻且广泛地影响社会信任关系结构这一观点，即使在瞬息万变的信息时代，依然具有强大的生命力和解释力。

因此，除了制度框架及运行机制，社会信任模式的变迁还需要在特定的文化土壤中才能够生根发芽，通过影响行动者的意义体系及社会认同而构建一种文化共同体，其成员之间的某种普遍信任才得以形成并扩散。正如弗朗西斯·福山（Francis Fukuyama）在《信任：社会美德与创造经济

[①] ［德］尼克拉斯·卢曼：《信任：一个社会复杂性的简化机制》，瞿铁鹏、李强译，上海人民出版社2005年版，第76页。

[②] 同上书，第79页。

[③] ［德］马克斯·韦伯：《新教伦理与资本主义精神》，于晓等译，生活·读书·新知三联书店1987年版，第16页。

[④] ［德］马克斯·韦伯：《中国的宗教：儒教与道教》，康乐等译，广西师范大学出版社2010年版，第308页。

繁荣》一书中所指出的,"最有效的组织都是建立在拥有共同的道德价值观的群体之上的。这些群体不需要具体周密的契约和规范其关系的立法制度,因为道德上的默契为群体成员的相互信任打下了坚实的基础"①。正是在这个意义上,福山将"信任"视为一种"社会资本",认为其只能存在并成长于一个社会的文化土壤中。

"社会资本"近年来得到了社会学尤其是新经济社会学领域的广泛关注。同信任一样,社会资本也是个十分模糊的概念。社会学中第一个对社会资本展开系统讨论的是皮埃尔·布迪厄(Pierre Bourdieu)。布迪厄将"社会资本"定义为一个社会团体成员通过"拥有或多或少制度化的、相互熟悉和承认关系的持久网络"而获得的"现实的和潜在的资源之总和"。② 詹姆斯·科尔曼(James Coleman)和罗伯特·帕特南(Robert Putnam)等学者延续了对社会资本的探讨,也使得社会资本的概念从社会成员所拥有资源的个体层次,逐渐延伸到一个团体、城市,甚至国家拥有的某种"公民精神"的集体层次。③ 这种向"集体社会资本"的转向在帕特南那里尤为突出。他指出,"信任"作为社会资本的最关键因素,与其他形式的社会资本(如互惠规范和社会网络)会产生相互作用并相互加强,从而解决"集体行动中的困境",成为使民主社会运转起来的关键因素。④

福山则在文化层面融合了"社会资本"和"信任"的概念,并将一个国家内的"普遍信任"程度与社会美德和经济繁荣联系在一起。福山认为,新古典经济学关于人们"理性地追求功利最大化"的理论前提,并不能完全解释现代社会经济体制的发展,而是必须将"信任"及其文化背景视为影响社会经济组织结构的关键因素,才能理解不同国家的社会经济发展趋势。福山从两个层面定义"文化",一方面文化是某种"意义、象征、价值观和观念,也包含宗教、意识形态等现象";另一方面也

---

① [美]弗朗西斯·福山:《信任:社会美德与创造经济繁荣》,彭志华译,海南出版社2001年版,第31页。

② [法]皮埃尔·布迪厄:《资本的类型》,载马克·格兰诺维特等《经济生活中的社会学》,上海人民出版社2014年版,第111页。

③ Alejandro Portes, "Social Capital: Its Origins and Applications in Modern Sociology", *Annual Review of Sociology* 24, 1998, pp. 1 - 24.

④ [英]罗伯特·帕特南:《使民主运转起来:现代意大利的公民传统》,王列等译,中国人民大学出版社2015年版。

反映了"具体的社会组织，例如家庭、氏族、法律制度或国家等"。因此，文化就包含了"抽象的观念"和"具体社会关系"的双重内涵。福山认为，一个社会群体所拥有的道德规范、伦理制度等"文化因素"是其社群成员之间产生信任的根本来源。他也延续了韦伯对于信任源于宗教习惯等文化因素的看法，认为信任和个体的理性计算没什么关系。[①] 一个国家人民之间的信任程度不来源于个体因素，而是由社会系统中长年累积的宗教、传统、习俗、价值观等文化因素决定的。正是因为一个群体共享某种道德价值观及行为规范，其成员间的"普遍信任"才能不断滋生。在这个基础上，福山通过研究各国的工业结构，指出具备高度信任的社会为大规模企业的发展提供了必要的文化土壤，从而在整体上提升了一个国家的国际竞争力。

因此，文化土壤无疑是一种社会信任模式得以形成并发展的重要根基。然而目前人们对于比特币及区块链信任问题的探讨大多还集中在技术、功能及制度方面。本书意在揭示，比特币及其背后的信任革命，从根本上沿承了一种信息时代特有的文化基因，并为其生长及发展提供了必要的养分及方向。

三 社会信任模式的变迁

"信任"绝不是一个静态的概念，而是会随着社会发展及社会时空的延伸而不断演变。每一种信任关系都有其特定的社会基础和界限。在不同的历史时空条件下，随着社会环境、技术手段及社会组织因素的变迁，社会信任也会具备不同的形式及内涵，并进化出不同的信任机制和模式。可以说，"信任"成为一个被普遍关注的社会问题，本身就是社会现代化程度不断加深、社会流动及社会转型持续加速的产物。[②] 因此，从社会发展的角度来看，任何信任模式的形成和维系都无法达到某种一劳永逸的状态，而是在社会各方面因素的相互作用中不断经历着一个形成、扩展、崩塌，以及重构的过程，并不断扩张着人类社会信任关系的疆域。

在吉登斯关于现代性的理论中，社会信任变迁就是个极为重要的课

---

① ［美］弗朗西斯·福山：《信任：社会美德与创造经济繁荣》，彭志华译，海南出版社2001年版，第36页。

② Barbara A. Misztal, *Trust in Modern Societies*, Cambridge: Blackwell Publishers Inc., 1988, p. 62.

题，并与现代社会制度及行为模式的整体发展密切相关。吉登斯认为，现代性的发展动力主要有三个来源，即"时间与空间的分离""脱域机制的发展"，以及"知识的反思性运用"，这三种力量在相互作用中共同推动着人们的生活世界及现代社会制度的发展。[1] 社会信任机制的变迁，也与这三种发展动力紧密相关。

首先，社会信任的变迁根植于现代社会的"时—空分离"及其转化中。吉登斯认为，"时间和空间的分离和它们在形式上的重新组合"，是使现代社会区别于前现代社会的一种根本性发展动力，并不断导致了社会关系从传统的地域性关联中"脱域"，即"社会关系'摆脱'本土情境的过程以及社会关系在无限的时空轨迹中'再形成'的过程"[2]。现代性制度主要是通过两种"抽象体系"——"象征符号"和"专家系统"——作为适应社会时空延伸的"脱域机制"，从而不断扩大人类社会关系的广度和深度。在吉登斯看来，"所有的脱域机制都依赖于信任"，因为"信任"从本质上与人们在"时间和空间中的缺场"有关。[3] 只有通过建立人们对于抽象体系的信任机制，才能够"重新转移或构造已脱域的社会关系，以便使这些关系（无论是局部性的或暂时性的）与地域性的时空条件相契合"，从而实现社会关系的"再嵌入"。[4]

除了时空分离和脱域机制之外，吉登斯还强调了"知识的反思性运用"对于现代性扩张及信任机制变迁的重要性。吉登斯认为现代人对于自身的生活及行为表现出一种"持续监测"的过程，使得"社会实践总是不断地受到关于这些实践本身的新认识的检验和改造，从而在结构上不断改变着自己的特征"。[5] 正是这种"反思性"，推动现代社会成了持续变革的场所，使"不稳定性"成了现代社会的本质特征之一。吉登斯强调这种不稳定性不仅仅是因为"没有一个稳定的社会世界让我们去认识，而在于对这个世界的认识本身，就存在着不稳定性和多变性"[6]。

---

[1] ［英］安东尼·吉登斯：《现代性的后果》，田禾译，译林出版社2011年版，第46页。
[2] ［英］安东尼·吉登斯：《现代性与自我认同》，夏璐译，中国人民大学出版社2016年版，第17页。
[3] ［英］安东尼·吉登斯：《现代性的后果》，田禾译，译林出版社2011年版，第23、29、73页。
[4] 同上书，第29页。
[5] 同上书，第34页。
[6] 同上书，第39页。

"现代性的反思性"对于我们考察社会信任机制及其变迁极为重要。这是因为,在传统社会中,"信任"更接近一种"不言自明"的东西存在于人们生活的背景中,在大多情况下,人们不需要主动思考是否信任或者应该如何信任的问题,通过人际的熟悉感以及周而复始的社会生活所形成的信任机制是相对稳定的,并隐含于人们的行动中。而现代社会中的"信任"越来越成了一种需要人们通过持续的监控和反思来建立、维系,并时常要推翻并重构的社会关系。由于"知识的反思性运用",信任机制既要作为行动的前提,又在受到持续监控的过程中成了被行动改造并重塑的结果。在个体层面上,自我认同与建立人际信任都已经"成了直接与现代性的反思性相关联的'项目'"。而在系统层面上,基于抽象体系的信任也直接受到反思性"流动性质"的影响,持续"受到尊重与怀疑、满意与担忧的特属复杂心理的支配"[①]。正是基于反思性的不断加深,"信任"越来越失去了"不证自明"的特征,成了现代人持续关注的社会议题。

比特币作为一种极具革命性的货币现象,从根本上代表了一种全新的"象征符号"和"专家系统"在信息时代的形成,并体现了人类货币发展史上一次"信任革命"。从来没有任何一种货币,可以像比特币这样,使分散于全世界任何地方的陌生人,都可以使用同一种货币进行交换,并且不依赖于任何特定的"中心"或者"第三方",而是通过一个分布式网络中的自愿参与者来集体建立并维系人们对其货币系统的信任。理论上,比特币背后这种新型信任模式所能达到的范围可以覆盖互联网所及的任何地方,包括来自各种背景、互不相识,甚至是作为自动化技术而存在的"社会行动者",这无疑意味着社会信任模式在历史上的一次极为根本且重大的变革。

为了理解这种"去中心化数字货币"所掀起的信任革命,我们将首先回顾传统的货币理论及其背后的信任基础,考察比特币的出现是如何同时解构并重构了"货币"和"信任"这两个现代社会的核心概念,并推动了现代性在信息时代的进一步扩张。

[①] [英]安东尼·吉登斯:《现代性的后果》,田禾译,译林出版社 2011 年版,第 76、78、107 页。

第二节 货币与信任的研究

"货币"无疑是系统信任最具代表性的社会媒介之一。同信任一样,货币也是人们在日常生活中最熟悉且最常提及的概念。作为一种"无须言明"的,同时也是最难以被准确定义的基本社会元素,"货币"和"信任"就如同空气一般构成了人们现代社会生活的根本前提。然而,随着人类社会迈入信息时代,现代科技在飞速改变人类生存方式及社会环境的同时,也不断挑战着人们在旧环境中所形成的思维定式。那些原本"远在天边"的可以变得"近在咫尺",而原本十分"熟悉"的事物反而会变得极为"陌生"。比特币的到来,同时为货币和信任这两个概念赋予了全新的形式及内涵。

作为一个货币发展史上的"新物种",比特币既延续了传统货币的一些基本属性,同时也在其"基因结构"上发生了某种根本性的突变和重组。面对这个新物种,既有的经济学货币理论难以为我们理解比特币提供一个恰当的解释框架,更无法帮助我们理解其所暗含的信任变革。为了理解比特币对于"货币"概念所带来的挑战,我们将首先回顾经济学的三大传统货币理论,指出为何经济学的单一视域无法帮助我们理解比特币现象及其本质。然后再从社会学视角出发,将货币视为一种社会信任,来揭示比特币这种"新式货币"和其背后"新式信任"的内在联系。

一 传统货币理论回顾

究竟什么是货币?自古就是一个极为深奥且复杂的问题。从英国古典哲学家休谟、经济学鼻祖亚当·斯密,到李嘉图、马克思,直至宏观经济学奠基人凯恩斯,以及当代货币主义经济学家弗里德曼和奥地利学派的哈耶克等,都对货币问题有过深刻的探讨。几乎可以说,理解什么是货币,懂得其在经济发展和市场中的作用,也就大致理解了主流经济学所关注的基本问题,以及是什么催生了经济学发展史中各路流派的思想体系。[①] 对于货币及其信任基础的考察,我们将重点回

[①] 韦森:《货币、货币哲学与货币数量论》,《中国社会科学》2004年第4期,第61—67页。

顾新古典学派的"商品货币理论"、德国历史学派的"国家货币理论"以及后凯恩斯学派的"信用货币理论",并讨论这三种理论为何难以解释比特币现象。

(一) 商品货币理论

新古典学派的货币观,以卡尔·门格尔的著作《货币的起源》为代表,将货币的发展过程视为一种"自发秩序理论"的典型案例。在门格尔看来,货币的本质是一种商品,所以有关货币理论的探讨必须从商品的"可销售性"这个前提出发。[①] 由于以物易物过程中"双重需求耦合"(double coincidence of wants) 的困难,人们都更倾向将自己手中的商品兑换成在更大时空范围内益于销售的商品,从而增加自己与别人交易的机会,同时降低交易成本。货币的起源则被理解为是由分散的个体通过理性选择,寻求更易售商品这一过程的"无意识后果",是市场自发的行为而非人为设计的结果。由于贵重金属的各种特性(易携带、易储存、易分割、需求远高于产量等),使其成为最不受外在因素限制,且最易售的商品,从而逐渐扮演起货币的角色。[②] 门格尔的货币起源理论认为,任何货币都应是商品(或代表商品),因为货币的价值源于商品自身的价值,同时通过个体不断交换的过程而形成一个时期及地域的具体货币形态。在这个过程中,人为设计的因素甚至国家机构最多都只能起到辅助的作用。通过政府的认可及监管措施,或许可以改善货币适应其商业环境的能力,但货币的起源一定是一种自发的社会过程。

因此,从商品货币理论的视角出发,人们对于货币的信任,只能是建立在人们对其作为一种商品本身的属性及其内在价值的信任上。这种强调以商品货币作为交换媒介的货币起源理论,以个体理性选择为逻辑起点,以降低交易成本为目的,视货币为表示商品之间兑换比例的功能性符号,是个体通过理性计算实现利益最大化的"中性工具"。在这种视角下,经济学也日益聚焦于"物与物"及"人与物"的关系,而对"人与人"的关系避而不谈。[③] 货币被视为一个真实经济生活的"副现象",是实体经济外的一层"面纱",并不能从实质上影响人们的经济生活。在商品货币

[①] Carl Menger, *On the Origin of Money*, Auburn: Ludwig Von Mises Institute, 2009, p. 21.
[②] Ibid., p. 47.
[③] Geoffrey Ingham, "On the Underdevelopment of the Sociology of Money", *Acta Sociologica*, Vol. 41, No. 1, 1998, pp. 3–18.

理论的影响下，新古典经济学理论中出现了货币与实体经济的"两分法"，即分析货币问题的"总量理论"（如弗里德曼的现代货币数量论），与解释商品交换相对价格问题的"价值理论"（如瓦尔拉斯的一般均衡理论），从而将经济问题分割为"货币面"和"实物面"并彼此独立，切断了货币与经济实体之间相互影响的分析渠道。① 通过坚持货币作为一种中性工具的立场，新古典经济学摆脱了历史及社会因素对货币及经济体系的影响，仅仅视货币为个体在克服以物易物带来的困难及降低交易成本的手段。

这种看似简洁的货币理论虽然颇受经济学者们的青睐，但在现实中却在很多地方立不住脚。其批评者指出它主要有以下三个相互关联的缺陷。

第一，商品货币理论不能解释货币是如何发展成为一个统一的抽象价值体系的，而只有当货币成为一种抽象计算体系时，现代经济才能够突破个体之间的特殊交换关系。正如凯恩斯所指出的，"仅仅把一样东西当作一种便利的交换媒介有可能会催生货币，然而如果这就是货币的全部，我们将很难从易货贸易的阶段脱离出来"②。

第二，从16—18世纪开始，货币日益开始摆脱其物质形态，向着"信用货币"发展。政府及银行的"付款承诺"成了人们主要的支付手段，其价值也逐渐脱离了真实的商品，开始完全建立在发行方信用上。随着政府和银行系统的成熟，"付款承诺"摆脱了人与人之间个别的借贷关系，而成了一种随时可以转给第三方的、受法律保护及承认的债务。这时，银行的角色也远远超出了存款人与贷款人之间的中介，而是通过发行贷款积极参与到货币制造的过程中。③ 此时，"货币面"与"实物面"的两分法已经无法解释信用货币作为一种"信贷关系"是如何影响着人们的社会经济活动的。

第三，由于门格尔的货币起源理论强调货币是市场自发生成的秩序，理性的经济人和自发调节的市场是其核心概念，对于国家在货币系统中的作用只给予极少的关注。然而历史证明，经济发展一直是嵌入在

---

① 王璐：《经济思想史中的货币理论及其争论》，《经济评论》2007年第5期，第141—150页。

② Geoffrey Ingham, "On the Underdevelopment of the Sociology of Money", *Acta Sociologica*, Vol. 41, No. 1, 1998, pp. 3–18.

③ Ibid..

社会的整体发展中的，同时国家在货币的发展史中扮演了极为重要的角色。①

虽然比特币的很多特点在设计理念上都接近商品货币，如其总量绝对有限（比特币算法规定最高发行量为 2100 万枚），没有任何中央机构，新币的发行机制（通过计算机运算进行"挖矿"来发行新币）等，都是在尝试模拟贵金属等商品货币的一些基本特征，因此也经常被称为"数字黄金"。然而比特币从根本上缺乏任何物质形态及内在价值，因此其社会信任基础与商品货币也截然不同。在这个意义上，比特币更类似于同样缺乏任何商品基础的法定货币（简称法币），因为二者都是基于某种抽象的社会规则体系而存在的。因此，我们需要回顾"国家货币理论"来思考"法币"获得人们普遍信任的基础。

（二）国家货币理论

相对于门格尔的商品货币理论，属于非主流的德国历史学派货币观认为，国家权威才是货币起源的关键因素。以克纳普在 1905 年发表的《国家货币论》为代表，提出货币是法律的产物。"法定货币"（fiat money）作为抽象的价值单位体系，正是国家对支付手段进行标准化及法律化的结果。② 在这种观点下，国家对于货币拥有定义权，并且货币的价值并非源于其作为一种商品的内在价值，而是通过国家确立其为税收及财务责任的法定支付手段而赋予的。政府作为维持社会秩序的权威机构，确立了货币的合法性及其市场需求。③ 在这种视角下，人们是否会信任某种货币的基础来源于其背后国家权威机构的背书，货币就是国家指定它为货币的东西。

国家货币理论虽然弥补了主流经济学忽视历史及社会因素的不足，但却陷入了另一个极端。正如韦伯在批判克纳普的《国家货币论》时所指出，货币的效用以及它被普遍接受的原因不可能仅仅来源于国家赋予的"形式有效性"（formal validity），还需同时拥有"实质有效性"（substantive validity）。也就是说，人们不仅仅需要信任国家通过制定法律赋予货

---

① Charles A. E. Goodhart, "The Two Concepts of Money: Implications for the Analysis of Optimal Currency Areas", *European Journal of Political Economy*, Vol. 14, No. 3, 1998, pp. 407 – 432.

② Georg Friedrich Knapp, *The State Theory of Money*, London: Macmillan, 1924.

③ Charles A. E. Goodhart, "The Two Concepts of Money: Implications for the Analysis of Optimal Currency Areas", *European Journal of Political Economy*, Vol. 14, No. 3, 1998, pp. 407 – 432.

币形式上的合法性，还需要信任货币能在未来一定时期内保有实质性的交换价值，并且只能通过自治经济单元之间的市场斗争来确立货币的购买力。① 在韦伯看来，资本主义市场就是个体间进行利益斗争的战场，货币既是斗争的武器，也是链接人与人之间的纽带，最终的市场价格则是利益冲突和妥协的结果，也是权力较量的产物。② 国家的法律制度可以为货币提供一种规范性基础，然而国家却不能够独自建立货币秩序，并维持人们对于货币的普遍信任。

比特币虽然也是建立在一系列"规章制度"而不是某种具体的商品的基础上，然而作为历史上第一个"去中心化数字货币"，比特币的一个根本目标就是去除所有中心化机构（包括国家政府）在货币系统中所具有的权威性及垄断性地位。实际上，不只是比特币这类极为理想化及革命性的数字货币，人们现今在日常生活中所使用的货币大多也已经不是由国家的某个中央机构直接管理并发行，而是通过商业银行系统发放贷款而不断制造出来，并流入到民间市场中。"信用货币理论"正是在银行业及信贷系统不断发展壮大的过程中形成的。

（三）信用货币理论

作为经济学中非常重要的一个非主流学派，后凯恩斯经济学的学者们普遍认为，债务和信用关系是货币的本质所在。因此，所有的货币都是"信用货币"（credit money），是用来结算和支付债务的手段。随着信用货币体系的不断演化，资本主义的金融体系以及私有产权关系也已经发展到了更高级的信用货币环境中，各种金融机构发放的存款证明（银行的负债）成了主要的交易媒介，商品货币和法定货币也逐渐演化为了信用货币。③

英格兰银行（Bank of England）在其2014年发表的《现代经济中的货币导言》报告指出，现代经济中的货币主要有两种形式存在，一种是国家法币（包括纸钞以及银行系统中的中央银行储备金），一种是

---

① Geoffrey Ingham, "On the Underdevelopment of the Sociology of Money", *Acta Sociologica*, Vol. 41, No. 1, 1998, pp. 3–18.

② 李英东：《马克斯·韦伯的货币理论评述》，《当代经济》2016年3月第7卷，第107—109页。

③ 马国旺：《后凯恩斯信用货币理论述评》，《当代经济研究》2006年第2期，第21—26页。

银行存款（指私有部门在银行电子账户中的存款），其中后者已经占据发达经济体中货币构成的 97% 以上。[1] 银行存款依存于国家法币然而又不同于法币，它实际上是银行作为债务人发行的负债，代表了私有部门与银行之间的借贷关系，其价值则建立在债务人（银行）可以随时以法币兑现其债务（银行存款）的信用上，因而被称为信用货币。信用货币本身没有任何物质形态，仅作为数字被记录在银行的"账本"里，通过银行发放贷款时被创造出来，当人们偿还贷款时便消失。在现代经济体中，除了人们手中的少数现金外，国家法币仅仅被用于清算各大银行之间的未结余额，银行对于人们的存款也只需要留有极少部分的储备金。所以，信用货币体系的发展直接推动了现代金融体系的"部分储备金银行制度"（fractional reserve banking），导致银行系统直接担当了发行货币的职能，并使信用货币成了最主要的货币形式及支付手段。

同信用货币一样，比特币的存在也是基于一套记录人们交易状态的"数字账本"。根本性的不同在于，信用货币实际上是国家法币的衍生品，银行系统只有通过国家授权才能发行信用货币，而比特币则不需要依赖于任何特定的国家及银行等机构，而是拥有一套独立于国家主权的制度架构及发行系统。另一方面，在传统的信用货币体系中，当银行通过向人们发放贷款创造货币，这笔钱实际上是作为这个银行与某个债务人之间的一种需要定期偿还的、"具体的"债务关系而发放的。相比之下，比特币系统在创造货币时并不基于任何特殊的债务关系或贷款合同。在这个意义上，持有比特币就好似持有黄金，代表了持有者与整个社区之间的一种"普遍的"债务关系。

由此可见，目前经济学中三种主要货币理论都无法恰当解释比特币这种新型货币形态。它既带着一些以往货币的影子，同时又是那么与众不同，所以比特币被戏称为是"没有黄金的商品货币、没有国家的法币，以及没有债务的信用货币"[2]。那么人们对比特币这种"三无货币"的信任究竟是如何得以建立并维系的？若要理解比特币在全球范围内的兴起，

---

[1] Michael McLeay, Amar Radia and Ryland Thomas, "Money in the Modern Economy: an Introduction", *Bank of England Quarterly Bulletin* Q1, 2014.

[2] Ole Bjerg, "How is Bitcoin Money?" *Theory, Culture & Society*, Vol. 33, No. 1, 2016, pp. 53–72.

及其更深远的社会影响和意义，我们必须把"货币"与"信任"作为比特币这一新兴社会经济现象的两个不同侧面来考察。

二 货币作为一种社会信任

"货币"与"信任"的关系是如此难解难分，以至于它们在那些富有洞察力的社会学家眼里几乎成了同一种东西。马克思指出，"正是由于对生产社会性质的信任，才使得产品的货币形式表现为某种转瞬即逝和观念的东西，表现为单纯想象的东西"①。在马克思看来，货币代表了人与人之间关系的异化，同时也体现了信任的异化，所以建立在剥削和私有制之上的资本主义社会中根本不存在真正的信任。②齐美尔指出，"货币的占有所给予个人的安全感是对社会—政治组织和秩序的信任的最集中和直接的形式和体现"③。熊彼特则直接言明，"信用是货币的创造者"④。中国当代学者郑也夫也在其《信任论》中指出，"货币是一种普遍主义的信任结构"⑤。虽然看待货币问题的角度和态度不同，但对于货币和信任之间那种相生相成、互为表里的关系，他们的见解如出一辙。

正如马克思所言，"每一种'经济'现象同时也总是一种社会现象，特定类型的'经济'同时预设了特定类型社会的存在"⑥。同理，特定类型的"货币"也必然预设了特定类型"信任"的存在。齐美尔在《货币哲学》中，正是通过融合社会、历史，以及文化的视角，对"货币"这一经济学概念背后的"一般信任"进行了哲学性思考。虽然以"货币"作为主要的研究对象，但齐美尔所关注的核心问题从始至终都是现代性文化及其社会根源。在齐美尔看来，货币的意义绝不仅仅在其经济功能，更是作为一种现代精神的集中代表，为我们理解现代社会的整体结构及运作

---

① [德] 马克思：《资本论》，中共中央马克思恩格斯列宁斯大林著作编译局译，人民出版社 2004 年版。
② Barbara A. Misztal, *Trust in Modern Societies*, Cambridge: Blackwell Publishers Inc., 1988, p. 31.
③ Georg Simmel, *The Philosophy of Money*, London: Routledge, 2004, p. 192.
④ [美] 约瑟夫·熊彼特：《经济分析史（第一卷）》，朱泱等译，商务印书馆 1996 年版。
⑤ 郑也夫：《信任论》，中信出版集团 2015 年版，第 183 页。
⑥ 转引自 [英] 安东尼·吉登斯《资本主义与现代社会理论》，郭忠华等译，上海译文出版社 2013 年版，第 15 页。

机理提供了关键线索。通过考察货币现象，齐美尔透析了人们在现代性语境下的社会生活、文化基础和精神世界的整体性变迁，揭示了货币与现代文明发展之间千丝万缕、难解难分的关系。基于他对货币作为一种社会现象及其社会意义的深刻剖析，齐美尔被视为是现代性理论及经济社会学的主要奠基者之一。[1]

比特币作为一种诞生于信息时代的新型货币系统，正是现代性在全球深入发展的一个突出案例，并被视为是国际货币体系演变中的一个标志性事件。[2] 实际上，目前经济学界对于比特币的货币属性仍然充满了争论。需要强调的是，本书的核心并不是要考察比特币最终能否成为一种称职的"货币"，而是希望借助这种新兴货币现象来透视现代社会信任体系的变革，以及现代科技对信息时代人类信任关系、社会组织及互动行为的革命性影响。只有从社会学视角出发，我们才能真正理解比特币的划时代意义，并揭示其背后更为深层的社会变革。

第三节　比特币信任问题的相关研究

比特币的兴起，无疑是对传统货币理论及信任理论的双重挑战。人们时常将比特币称为一种"去信任的货币"（trustless currency），指出它是一种不需要基于信任的货币系统。然而，人们又把比特币的区块链技术称为一台"信任的机器"，认为它可以在毫无信任关系的陌生人之间创造信任，更有学者称区块链能够创造一种"不需要信任的信任"[3]。这种表述上的矛盾也揭示了比特币和区块链技术极大地挑战着人们对于信任问题的理解，同时也意味着一场信任革命正在悄然发生。在这一节，我们将回顾最初的比特币白皮书和有关比特币信任问题的重要研究，在吸收前人成果的基础上，指出他们的贡献及局限。

---

[1] Bryan S. Turner, "Simmel, Rationalisation and the Sociology of Money", *Sociological Review*, Vol. 34, No. 1, 1986, pp. 93 – 114.

[2] 贾丽平：《比特币的理论、实践与影响》，《国际金融研究》2013 年 12 月，第 14—25 页。

[3] Kevin Werbach, "Trust, But Verify: Why the Blockchain Needs the Law", *Berkeley Technology Law Journal*, Vol. 33, No. 2, October 2016, pp. 487 – 550.

一　比特币：一种"去信任"的货币？

> 我们非常需要这样一种电子支付系统，它基于密码学原理而不基于信任。①
>
> ——中本聪

每种货币都有其诞生地，正如贝壳诞生于海洋，黄金诞生于岩层，法币诞生于国家中央银行，"比特币"则诞生于一篇通过电子邮件在互联网中匿名发表的论文。

2008年11月1日，一个化名为"中本聪"的人（或机构），向一个密码学邮件组（cryptography mailing list）的成员们发出了一封电子邮件，邮件中的第一句话是："我一直在研究一种新型电子现金系统，它是完全点对点的，没有任何可信的第三方"②，邮件附件中是一篇名为《比特币：一个点对点电子现金系统》的论文，该文也被普遍称为"比特币白皮书"（Bitcoin whitepaper）。作为比特币的诞生地，其正文第一段就言明了中本聪对于货币和信任问题的思考从一开始就深深地根植于比特币的设计中：

> 互联网上的贸易，几乎只能够依靠金融机构作为可信的第三方（trusted third party）来处理电子支付信息。虽然这个系统对于绝大多数交易而言都运作良好，但是它仍然受制于这种基于信任的模式（trust based model）的内生性弱点。③

由此可见，中本聪创造比特币的初衷，直接源于对目前的电子货币及互联网贸易所依赖的、基于第三方的信任模式产生的质疑。他的目的，就是建立一种可以"取代"既有电子货币的信任模式，同时又能够满足互联网贸易需求的新型电子货币系统。

---

① Satoshi Nakamoto, *Bitcoin: A Peer-to-peer Electronic Cash System*, 2008（https://bitcoin.org/bitcoin.pdf）.

② Ibid..

③ Ibid..

在比特币诞生以前，全球网络贸易所使用的电子货币（E-money），实际上就是各国法币的数字化形式，目的是通过数字化手段在互联网环境中实现基于法币结算的交易。然而，电子支付不同于真实在场的面对面支付，当具备物质形态的货币（黄金或纸钞）从付款人转移到收款人手中时，付款人就很难擅自逆转这笔交易，或者把同一张纸钞付给两个人。在互联网环境中，货币的交换及所有权都没有任何物质基础，仅仅是"信息的流动"及"数字的变化"，因而完全是"可逆的"。一个不诚实的人可以通过复制或者修改信息来重复支付同一笔钱，这也就是所有电子现金系统都必须解决的"双重支付问题"（double spending problem）。因此，在传统的电子货币系统中，只有通过国家政府及其授权的银行等权威机构作为人们"共同信任"的第三方，来集中管理一个"中心化账本"，并负责记录、检验，并管理人们的每一笔交易信息，才有可能克服电子现金作为一种信息的可复制性及可逆性，从而保证有效的电子支付的安全性、可靠性，以及不可更改性。[①]

然而中本聪认为，这种基于"可信的第三方"来实现货币数字化的模式有其不可克服的"内生性弱点"：

> 传统货币的最根本问题在于它必须基于信任才能够运作。中央银行必须让人信任它不会使货币贬值，但法币的历史中充斥着对这种信任的破坏。银行必须让人信任来持有我们的货币并使其以电子形式流通，但是它们却在几乎没有储备金的情况下通过一波波的贷款制造信贷泡沫。我们必须信任它们能够保护我们的隐私，信任它们不会让窃取我们身份信息的人掏空我们的账户。它们的巨额管理费用使微支付成了不可能的事情。[②]

因此，"信任"被视为是传统货币系统的症结所在，人们必须要信任政府和银行才有可能展开经济交换，同时不得不承受由于这些第三方机构的失信而造成的种种损失。在中本聪看来，这种基于第三方的信任模式完

---

① Satoshi Nakamoto, *Bitcoin: A Peer-to-peer Electronic Cash System*, 2008（https://bitcoin.org/bitcoin.pdf）.

② Satoshi Nakamoto, *Bitcoin Open Source Implementation of P2P Currency*, 2009（http://satoshi.nakamotoinstitute.org/posts/p2pfoundation/1/）.

全可以用密码学和计算机技术取而代之:

> 我们需要一个基于密码学原理而不是基于信任的电子支付系统，使得任何达成一致的双方能够直接进行交易，而不需要一个可信的第三方。通过计算机运算来阻止回滚交易的可能性，就可以保护卖家不被欺诈，同时可以通过实施第三方担保机制来轻松地保护买家。[①]

中本聪认为传统货币的"信任模式"是一切问题的根源，是一种由于缺乏更优解决方案不得已而为之的权宜之计。因此，他创造比特币的最根本目的，就是以密码学原理及一套预先设定的计算机算法来"取代"人们对于银行、金融机构，以及政府等第三方权威机构的信任，实现一种完全基于"技术"而非"信任"的电子现金系统。正是基于这个出发点，比特币也常常被称为一种"去信任"（trustless）的货币。

因此，传统货币的信任问题作为中本聪设计理念的初衷和基石，早在比特币白皮书中就已经被明确提出。然而，在其发展过程中，人们更多关注的是其技术、经济、监管等问题，"信任"则作为一种背景因素没有被过多的讨论。真正将这种新型货币的信任问题置于聚光灯之下的，并不是比特币本身，而是其底层技术——"区块链"。

二 区块链：一台生产"信任的机器"？

"区块链"（Blockchain）源于比特币，是一个人们从中本聪关于比特币的设计中提炼出来的底层技术概念。在2008年发表的比特币白皮书中，"区块链"也并不是一个单独存在的词语，而是由"区块"（block）和"链"（chain）两个单字组成的，介绍比特币技术原理的描述性词语。随着比特币的影响力不断扩大，人们才开始将目光投向其底层技术，尝试理解究竟是什么支撑着这种与众不同的新型货币。

至2015年，"区块链"作为一个技术概念逐渐被赋予了独立的内涵及生命力。同年10月，《经济学人》杂志发表了名为《区块链的承诺：信任的机器——比特币背后的技术有可能改变经济运作的方式》的封面

[①] Satoshi Nakamoto, *Bitcoin: A Peer-to-peer Electronic Cash System*, 2008（https://bitcoin.org/bitcoin.pdf）。

文章，更是将这个原本默默无名的概念推到了风口浪尖之上。文章指出"比特币""比特币的区块链"，以及"区块链技术"这三个概念经常被相互混淆，但实际上必须将其视为三个独立的概念来思考。文章进一步强调了区块链技术的巨大潜力，甚至将其视为一种可以跟"复式记账法"和"股份制公司"相提并论的革命性技术方案。这是因为区块链能够使缺乏信任的陌生人，在没有中央权威介入的情况下也能进行可靠的交换，从而有潜力改变人们进行协作的方式，并为整个经济社会的发展带来极为深远的影响。简言之，区块链就是一台可以"制造信任"的机器[①]。与此同时，随着比特币频繁涉及各类非法事件，并日益被笼罩在"监管阴云"之下，导致"区块链"的追捧者也越来越希望能够摆脱比特币的标签，以至于整个社区出现了"币圈"和"链圈"尝试划清界限、井水不犯河水的现象。

虽然包含了计算机科学领域长年以来复杂的研究成果，但区块链的基本功能其实很简单——建立一个分布式的、由集体维护并验证的数据储存结构，使人们对其所含信息的时序性、统一性及不可更改性在全球范围内达成共识。验证比特币系统中的数字货币所有权及交易信息，正是区块链的第一个，也是最具代表性的应用。然而人们很快发现，区块链的适用范围其实远远不止金融领域，而是几乎囊括了互联网环境中所有需要通过验证信息来建立信任关系的社会场景。目前已经在区块链上开发的应用如：学历证明、数字版权、股权登记、电子医疗记录、钻石供应链证明等。在这些应用中，人们信任系统中的数据信息并不一定是出于信任提供这些信息的人、机构，或国家，而是因为这些信息被公开的、永久的，且不可篡改地记录在区块链上。

由于通过验证信息来建立信任的需求无所不在，区块链已经从一个计算机科学的技术概念，迅速转变成了一个全球关注的社会现象。人们认为，区块链的"分布式账本技术"（具体分析见第三章第二节）及其所暗含的新型信任模式有可能从根本上影响现代经济组织的发展模式。

2016年，沃顿商学院的法学及商业伦理教授，凯文·韦尔巴赫（Kevin Werbach）首次针对区块链的信任问题进行了比较系统的研究。他认为区块链创造了一种"新型信任结构"，即"没有信任的信任"（trustless trust）。

---

① The Economist, *The Promise of the Blockchain: The Trust Machine*, 2015.10.31.

韦尔巴赫认为这种新型信任结构介于以中央权威为核心的"利维坦式信任"和建立在特殊人际关系之上的"点对点信任"这两种传统结构之间。类似于利维坦式信任，区块链也是通过一个"非人格化"的机制提供信心，但它在结构上又是一种去中心化的、点对点的信任模式。在韦尔巴赫看来，区块链的信任结构和现实社会中的法律系统之间存在紧密关系，"没有信任的信任"可以在不同程度上增强、补充，甚至替代已有的法律系统，从众多方面给经济—社会运行带来极为深远的影响。①

自 2016 年以来，"区块链"概念在中国也获得了井喷式的关注，并在社会各界引起了巨大的反响。根据笔者 2019 年 6 月在中国知网（CNKI）上的检索结果来看，以"区块链"为检索词的中文发文量在 2015 年仅为 15 篇，于 2016 年增至 544 篇，到 2017 年达到 1257 篇，2018 年则激增至 3096 篇。其中，绝大部分文章仍集中在计算机技术和金融等领域，社会学视角仍处于缺场状态（图 2-1）。

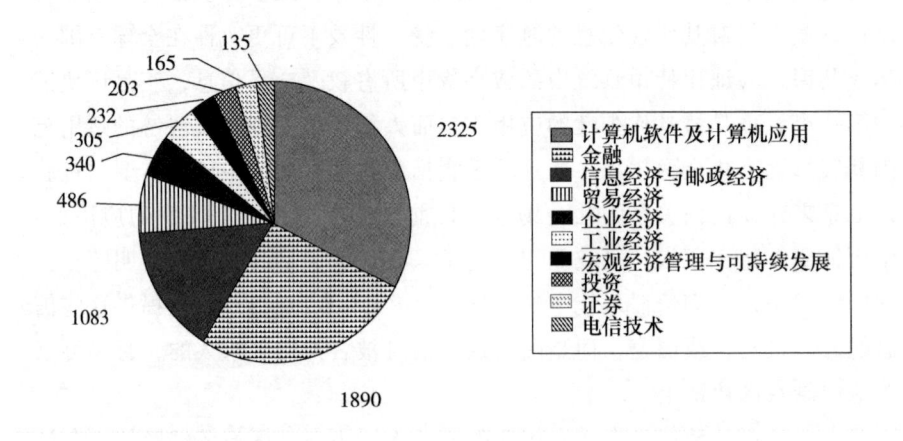

图 2-1 中国知网检索词"区块链"相关文章的学科分布

图片来源：中国知网，检索时间 2018 年 3 月 13 日（http：//kns.cnki.net/kns/brief/Default_Result.aspx? code = CIDX&kw = % E5% 8C% BA% E5% 9D% 97% E9% 93% BE&korder = &sel = 1）。

王发明和朱美娟对区块链相关研究的"关键词"进行了分析（表 2-1），显示了学界对区块链的关注从"基础研究"到"应用研究"

---

① Kevin Werbach, *Trustless Trust*, Auguest 2016, SSRN（http：//ssrn.com/abstract = 2844409）.

领域的扩展。① 他们的统计指出,"信任机制"已经成为人们研究区块链技术时的一个关键问题。

表 2 – 1   2015—2017 年度区块链高频突显关键词表

年份	突显关键词（频次≥4）
2015	去中心化　区块链
2016	物联网　金融机构　金融科技　底层技术　比特币　密码学　智能合约　支付系统　科技金融　支付结算　信任机制
2017	信息化规划　数字资产　前沿技术　应用前景

表格来源：王发明、朱美娟：《国内区块链研究热点的文献计量分析》,《情报杂志》2017 年第 12 期。

然而,学界对于区块链"信任机制"的研究主要集中在信息科技、经济、金融及管理学等领域,大多延续了《经济学人》视区块链为"信任的机器"的观点,并着重从技术角度解读区块链背后的新型信任机制。② 林小驰和胡叶倩雯将区块链技术定义为"一种去中心化、去信任的集体维护数据库技术",指出它可以用数学的方法解决信任问题③。德勤（Deloitte）的中国区块链发起人秦谊也在《区块链重塑信任》一文中将区块链技术视为一种不需要依靠中介就能"制造信用的机器"④。

然而,笼统地将区块链技术称为"信任的机器"或是一种"不需要信任"的信任机制,所带来的问题比能回答的还要多。"信任"是一种可以通过某种技术进行标准化生产的产品吗？是否只要使用"区块链技术"就可以在任何社会场景中建立一种新型信任机制呢？它与传统的信任机制有何不同？使其得以形成并维系的社会基础又是什么？事实证明,区块链技术不仅可以被用来"生产"信任,同时还能够"骗取"信任。随着区

---

① 王发明、朱美娟：《国内区块链研究热点的文献计量分析》,《情报杂志》2017 年第 12 期。

② 郭彬、于飞、陈劲：《区块链技术与信任世界的构建》,《企业管理》2016 年第 11 期,第 110—113 页。

③ 林小驰、胡叶倩雯：《关于区块链技术的研究综述》,《投融资与交易》2016 年第 45 卷,第 97—109 页。

④ 秦谊：《区块链重塑信任》,《新经济》2016 年第 19 期。

块链作为一个独立于比特币的概念风生水起,一波又一波打着"区块链"旗号的创业项目蜂拥而起,"区块链"也成了近年来互联网科技领域最具吸金能力的热门标签。然而,在所有这些所谓的区块链项目中,绝大多数只是为了获得融资巧立名目,甚至包含了不少纯属诈骗的非法集资行为。到目前为止,真正能够持续吸引社会资源并"生产信任"的区块链项目依然寥寥无几。

本书意在指出,如果我们要称区块链技术为一台"信任的机器",那就必须同时认识到,这台机器目前所生产的大多是伪劣,甚至根本就是虚假产品,而其最具代表性、价值最高、最受市场认可的"信任产品"依旧还是比特币。比特币作为一种基于区块链技术的数字货币,是有史以来经受住了最长的时间检验,沉淀了最多的社会资源,因而也是聚集了最多社会信任的区块链项目。作为人类历史上第一个"去中心化数字货币",比特币在吸取信任方面的突出特性并不仅仅是一种历史巧合,也不能完全通过某种技术特征来解释,更是因为"货币"本身就是社会信任的一种最根本,也是最直接的表现形式。在很大程度上,正是以货币作为载体,区块链技术才能够"生产"信任并使其在更广泛的社会范围中流通并扩散。

本研究的核心目的之一,就是指出比特币的兴起,同时意味着信息时代一种"新式货币"及"新式信任"的兴起。作为一种受到社会多方面力量影响及形塑的新式货币,比特币所聚集的社会信任也不可能仅仅通过一系列"技术手段"就能够"生产"出来,而是需要通过更深层的社会制度、运行及文化因素的综合作用才能够形成并得以维系。在这个意义上,比特币绝不是"不需要信任",而是"需要一种不同的信任"。接下来,我们将对已有的针对比特币新式信任的研究进行简要回顾。

三 比特币信任问题研究

莫勒(Bill Maurer)等人首次从符号学的角度,对比特币所包含的文化意涵及其信任问题进行了考察。他们指出,比特币实际上代表了一种"实践唯物主义"(practical materialism)的意识形态,并包含着一种"数字金属主义"(digital metallism)的思想观念。之所以称其为数字金属主义,是因为比特币本身虽然仅仅是一串串虚拟数字,但无论是比特币的

"无中心"理念,还是比特币的实际运行机制,都是在尝试以现代信息技术来"模拟"贵金属货币的特性及生产方式。比特币系统通过代码及算法限定了其绝对总量来模拟贵金属的稀缺性,并且通过计算机程序模拟贵金属的挖矿过程作为其生产机制。之所以采取这样的设计,就是尝试使数字货币也能够具备类似贵金属那种基于"客观因素"的存在基础,而不是一种从属于"借贷关系"的主观社会性产物。莫氏指出,比特币虽然尝试通过技术手段消除货币系统中错综复杂的社会性,并以一种基于计算机代码的决定性机制(deterministic mechanics)取而代之,然而,比特币实际上正是"货币社会性"的最突出体现。比特币并没有去除人们对于货币的信任,而是将信任深深地嵌入了比特币的代码系统之中。莫氏认为,比特币的真正创新之处及其最具革命性的社会意义,也在于其用人们对代码的信任取代了人们对个体、机构及政府的信任。因此,比特币的这种"数字金属主义"无疑是对已有的货币系统提出了一种意识形态上的挑战。[1]

卡尔斯托姆(Henrick Karlstrøm)首次以经济社会学"嵌入性"的理论框架对比特币展开了研究,同时对其暗含的"物质性"(materiality)及是否需要信任的问题进行了探讨。卡尔斯托姆认为,我们不仅需要考察比特币是如何嵌入在"社会背景"(social context)中,同时也应当更具针对性的分析比特币的"物质嵌入性"(material embeddedness)。他从三个方面对比特币与其社会环境中的物质性联系展开讨论,即"程序物质性"(procedural materiality)、"制度物质性"(institutional materiality)及"社会物质性"(social materiality),并分别对比特币作为一种信息技术的历史发展过程、比特币作为一种经济制度的发展,以及比特币在已有的社会结构及监管体系中的发展进行了分析。文章指出,虽然比特币以一种革命性货币的面貌诞生,但它不可能独立于现实社会中的社会联系及制度结构并将其取代。卡尔斯托姆强调,虽然比特币在最初设计时的目的是成为一种"不需要信任的货币",然而实际上比特币还是建立在社会信任关系的基础上的,只是将对人及机构的信任转化为对"计算机代码的绝对可

---

[1] Bill Maurer, Taylor C. Nelms and Lana Swartz, "'When Perhaps the Real Problem is Money Itself!': the Practical Materiality of Bitcoin", *Social Semiotics*, Vol. 23, No. 2, 2013, pp. 261 – 277.

靠性"的信任。①

美国史瓦兹摩尔学院的一篇学士学位论文,题为"比特币和分布式信任的政治学",从社会学及人类学的角度对比特币的信任问题进行了探讨。作者巴顿(Pravin Barton)基于民族志的方法研究了比特币的一个网络社区,对人们如何使用"密码系统"(password system)作为一种"信任技术"展开了初步分析。文章指出,比特币系统实际上难以为人们提供一种理想的、基于数学原理的确定性,并且包含着激进的政治倾向。比特币尝试用一种匿名的分布式协议来取代国家等可信第三方,实际上也会引发新的信任问题及信任危机。②

多德(Nigel Dodd)将"货币是一种社会关系"的理念引入了对于比特币问题的分析中。在"比特币的社会生活"一文中,多德指出,比特币的设计者希望可以借助纯粹的技术手段,将货币系统与银行及政府系统隔离,从而使其具备一种超越了政治及社会因素的独立性。实际上,比特币根本无法去除货币系统政治因素。相反,"比特币作为一个社会空间,体现出这种货币具有很多其意识形态奋力排斥的特征,如社会组织、政治层级,甚至信任"③。在多德看来,比特币希望可以通过"代码"取代"信任"的尝试,完全是一种幻想,因为所有货币都必须建立在社会关系和信任的基础上。因此,比特币作为一种货币若想取得成功,就意味着其作为一种意识形态必将失败。

这些研究都指出,当从社会学视角来考察比特币及其信任问题时就会发现,无论中本聪创造比特币的初衷是不是彻底取消电子现金系统中所需要的信任因素,货币从根本上作为一种社会关系的载体,仍然必须要建立在人们对它的信任之上。比特币所实现的,实际上是"信任的转移",而不是"信任的去除"。比特币作为一种诞生于信息时代的新型货币形态,仍然是一种社会信任的基本体现,只是它的信任模式建立在一种全然不同的社会基础之上。

---

① Henrik Karlstrøm, "Do Libertarians Dream of Electric Coins? The Material and Social Embeddedness of Bitcoin", *Distinktion*: *Journal of Social Theory*, Vol. 15, No. 1, 2014, pp. 23 - 36.

② Pravin Barton, *Bitcoin and the Politics of Distributed Trust*, Senior Thesis, Swarthmore College, 2015. 5. 11.

③ Nigel Dodd, "The Social Life of Bitcoin", *Theory, Culture & Society*, Vol. 35, No. 3, 2017, pp. 35 - 56.

安德里亚斯·安东诺普洛斯（Andreas M. Antonopoulos），作为比特币领域中最具盛名的技术专家、创业者及演讲人之一，从技术及安全的角度对比特币及其所揭示的信任的转移进行了探讨。在《比特币安全模式：基于计算的信任——从信任人到信任数学》一文中，安氏指出，在传统的货币系统中，电子账本的安全性是通过严格控制系统的"访问权"来实现的，因此人们必须信任那些被赋予系统访问及控制权的个体或机构。而比特币系统的安全性则建立在一种全然不同的信任模式之上。

这种基于计算的新型信任模式最重要的影响在于：没有一个行动者是被信任的，也没有任何一个人需要被信任。在这个分布式的共识网络中，没有中央权威或可信第三方。这个事实向我们展示了一种全新的网络模式，因为这个网络不再需要是封闭的、受访问权控制的，或加密的。信任不需要建立在排除作弊者之上，因为作弊者不能够再"伪造"信任。他们不能够伪装成"被信任的一方"，因为根本没有；他们不能够窃取"中央控制权"，因为根本没有；他们不能够在系统中心拉动掌控系统的操纵杆，因为根本就没有系统中心，也没有操纵杆。①

安氏从信息安全的技术角度出发，指出比特币的安全模式是建立在电脑计算的可靠性之上的，并通过一个公开透明的系统，使所有的参与者通过提供代表其计算能力的"工作量证明"，来共同建立对于电子账本信息的共识（具体分析见本书第四章）。因此，人们对比特币的信任已经脱离了任何一个中央权威及具体的货币发行者，而是以新的技术手段为基础，通过整个比特币网络的运行集体建立并维护的。

随着学界对比特币的讨论不断深入，研究者们开始尝试以技术之外的视角来对其信任问题加以考察。柯丽娜·萨斯（Corina Sas）等人从"人

---

① 引文由笔者译：Andreas Antonopoulos, *Bitcoin Security Model: Trust by Computation: A Shift from Trusting People to Trusting Math*（http://radar.oreilly.com/2014/02/bitcoin-security-model-trust-by-computation.html）。

机交互"（Human-computer Interaction）的领域进行了研究。[①] 人机交互的研究视角一般从两个角度定义信任，首先是人与技术之间的信任，其次是人与人之间通过技术进行交互时的信任。从这个起点出发，萨斯等人将比特币的信任问题分为三个维度，即技术信任（人们对比特币技术的信任）、社会信任（比特币利益相关者之间的信任），以及制度信任（人们对比特币治理机制的信任）。同时，他们强调了"用户"（users）对于研究比特币信任模式的重要性，社会信任维度中的用户包括比特币持有者、矿工、商户以及交易所，而制度信任维度中的用户则是政府。萨斯等人指出，我们不应仅仅以"算法"及"代码"的角度来研究比特币的信任问题，而是需要"以用户为中心"（user centric），来考察在比特币系统中，不同身份、具有不同利益的使用者如何通过技术信任、社会信任及制度信任这三个不同的维度，在比特币系统中建立信任，及它们在这个过程中所面临的挑战。通过展开定性调查并从使用者的动机和经验出发，萨斯等人的研究指出，比特币的"去中心化""去监管""专业性""名声""交易的透明性""低成本"，以及"易用性"等特征，都是影响用户是否能够信任比特币的重要因素。

四　已有研究的贡献及其局限性

应该说，随着比特币现象的持续升温，以及人们关于比特币及其本质的思考进一步深入，比特币的信任问题已经逐渐成为一种显学。这些研究对于我们理解比特币及其社会内涵作出了重要的贡献，它们都指明了比特币作为一种新型货币形态，并不是不再需要信任，而是揭示了一种新型社会信任模式的诞生及发展。同时，人们也愈加强调从技术之外的视角来考察比特币，并试图理解其社会存在基础及更广泛的社会影响和意义。这些研究的重要性在于揭示，现代科学技术水平的进步，不可能独立于其社会因素及结构而发挥作用。相反，所有复杂的技术系统，都需要依赖更丰富的社会基础作为支撑才有可能得到长足的发展。这是由于，技术本身就是

[①] Corina Sas and Irni Eliana Khairuddin, *Exploring Trust in Bitcoin Technology: A Framework for HCI Research*, Proceedings OZCHI Conference 2015, Mebourne, December 2015; Corina Sas and Irni Eliana Khairuddin, *Design for Trust: An Exploration of the Challenges and Opportunities of Bitcoin Users*, Proceedings of the 2017 CHI Conference on Human Factors in Computing Systems, Denver, 2017, pp. 6499 – 6510.

一种社会性产物，一种人为构建的系统，无论其"自动化"程度发展到什么阶段，若要真正的在人们复杂多变的社会生活中发挥持续性作用，高度进化的技术系统往往都需要依赖更多，而不是更少的社会组织能力来支撑。

在这个意义上，这些针对比特币信任问题的开创性研究，为我们提供了十分新颖的视角及方向。然而，由于比特币仍属于一个快速发展的社会前沿现象，且社会信任本身也是一个非常复杂的社会问题，因此社会学的相关研究仍处于极为初级的阶段并存在众多局限性。

首先，已有研究对于比特币信任模式的分析，大多局限于比特币及区块链的技术性特性及其经济功能的层面。这种视角更多地从比特币所具备的技术及功能出发，对于其如何有可能在陌生人之间取代传统金融系统中的可信第三方，以一种新型电子现金系统实现数字化交易进行了阐述。然而，人们对这种新型信任模式的社会基础及结构的思考仍然十分匮乏。如果我们对于比特币信任问题的理解仅仅停留在技术及功能的层面，就不可能从本质上理解这种新型货币形态的社会根基及其更广泛的社会意义。因此，本书将以社会学的信任理论为基础，对比特币的新型信任模式进行更为一般性的探讨研究，从而对于比特币的信任问题及其所揭示的信任模式变迁进行考察。

其次，已有的研究更多的将"信任"视为比特币系统的"产物"，即可以通过某种技术性方案被批量制造的东西，而不是将其视为比特币系统自身得以存在并发展的"基础"。虽然比特币的系统设计及其区块链技术的确对于社会信任的发展起到了某种推动性作用，但如果只从这种单向的思维角度出发，将信任视为比特币及其区块链技术特有的"产品"，也难免过于片面。毕竟，信任是一个社会中更为基础，也更为广泛的一般性组织因素，某一种货币形态及其背后信任模式的变迁，也不可能是某一种创新性技术自身的产物，而是需要通过一个社会所具备的制度架构、运行模式及文化体系的整体发展，来考察这种数字货币所暗含的新型社会信任模式。因此，本书尝试从技术与社会整体发展的互构关系中，深入考察比特币信任模式在"制度—运行—文化"层面的结构性基础，并将其视为是现代性进一步扩张的社会性产物，而不仅仅是现代科技进步的技术性成果。

最后，由于关于比特币信任问题的研究才刚刚起步，更多的讨论还是来自计算机科学、经济学等与比特币这一新兴现象直接相关的研究领域，因此缺乏一种社会发展的整体性视角。然而，如果我们不将比特币现象嵌入于信息时代的社会背景中，来考察它是如何在互联网所开辟的新型社会时空中解决人类互动所面临的特有的信任问题时，就无法从更一般性的层面理解这种新型信任模式的社会基础及意义。因此，本书希望从社会学视角出发，在信息化、全球化及社会时空延伸的时代背景中考察比特币的信任问题及其所揭示的信任革命，从而理解一种新型信任模式是如何影响并重塑着人们在信息时代进行互动及构建社会共同体的方式。

必须指出的是，对于比特币作为一种新型货币形态与其背后信任模式的思考，是一个十分复杂且难度颇大的问题。本书着重从社会学视角考察比特币现象，并尝试揭示其背后的社会信任模式变迁，并不是要忽视比特币作为一种革命性创新在政治、经济、技术发展等领域的重大作用及意义，而是更侧重于解析比特币之所以能够在信息时代快速兴起、并获得广泛信任的一般性社会基础，以求在这个极为重要却鲜有人知的研究方向中做一个初步尝试。

第四节　理论视角与分析框架

一　货币社会学与社会信任理论的视角

如前所述，本书研究的主要对象是作为货币现象的比特币，是以这一信息时代的数字货币入手，通过分析比特币的制度、运行和文化基础，透视社会信任模式的变迁，透视现代科学技术发展，特别是信息技术的发展给社会信任带来的革命性影响。因此，货币社会学及社会信任理论构成了本书的主要理论视角。

对社会学而言，"货币"是一个时常出现却较为边缘性的话题。随着工业革命带来的巨变以及以国家为单位的大规模市场开始快速发展与整合，古典社会学家如马克思、韦伯以及齐美尔，都对货币作为社会变迁的媒介所带来的影响产生过极大兴趣。然而在社会学后来的发展中货币问题逐渐被边缘化，并在很大程度上将其视为专属于经济学的问题。自19世纪末，在经济学与社会学的共同努力下，社会学中的一个重要分支——"经济社会学"日益发展并丰满起来。马克·格兰诺维特于1985年发表的《经济行动与社会结构：嵌入性问题》，更是成了新经济社会学的标杆，并引入了如"嵌入性"及"经济制度的社会结构"等理论概念，使得人们可以从社会学视角重新审视经济学核心领域的现象及问题。[①]

在过去的几十年里，货币作为一个主要研究对象不断进入社会学研究者的视野，如帕森斯（Parsons, 1967）、贝克（Baker, 1987）、齐莉泽（Zelizer, 1989）、科尔曼（Coleman, 1990）、吉登斯（Giddens, 1990）、英厄姆（Ingham, 1996）、莱申及思里夫特（Leyshon & Thrift, 1997）、赫莱纳（Helleiner, 2003）、多德（Dodd, 2014）等，都从社会学角度对货币的本质及意义进行过阐述。"货币社会学"也逐渐发展为了一个相对独立的研究领域。

贝克和吉姆森将货币社会学从两个主要维度进行了分类[②]。

第一个维度分为结构性或是文化性研究。这两种不同的研究视角又可分别细分为微观角度及宏观层面。结构性路径的研究从社会关系及社会角色的结构性特征出发，在微观层面上将货币视为人与人之间进行沟通及交换的产物；在宏观层面上则主要针对货币交换的结构性背景，如法律及政府机制等。文化路径则侧重于货币在人们认知过程中所起的作用及其所蕴涵的意义系统，在微观层面体现为个体的价值观如何影响人们有关金钱的态度及行为，在宏观层面则更多涉及社会中的信仰及意义系统与金钱的关系。

第二个维度是将货币视为一个自变量或因变量。在这个问题上，社会学的立场介于经济学与人类学之间。经济学对于货币的分析往往独立于社会及文化等因素的影响，因此只能作为一个引起社会变化的自变量。人类学则视经济与社会因素同属一个整体，完全密不可分，因此货币现象只能作为因变量而存在。社会学则采取一种较为中立的态度，即可将其视为受其他社会因素影响及形塑的因变量，也可视其为一个推动社会变迁的自变量。

无论采取什么视角，货币社会学都否认货币是一个独立自主的体系，而是受到社会制度结构及文化系统等多方面因素的影响，因此必须将其嵌入到更广泛的社会环境中来考察，并探究其更为普遍的影响和意义。正如

[①] [美] 马克·格兰诺维特、[瑞典] 理查德·斯威德伯格：《经济生活中的社会学》，瞿铁鹏、姜志辉译，上海人民出版社2014年版，第7页。

[②] Wayne E. Baker and Jason B. Jimerson, "The Sociology of Money", *American Behavioral Scientist*, Vol. 35, No. 6, July 1992, pp. 678–693.

齐美尔所揭示的，货币绝不是一种外在于人的社会关系及活动的东西。相反，货币从无数个体与他们构成的社会之间不断变化的关系中成长并反射出来，进而影响并推动着这些关系及社会整体的变迁。[①] 在这个意义上，"货币"作为一种社会现象，所指向的实际上是社会生活中各方面人、物以及事件之间"相互依赖的关系"，因此代表了现代社会的核心结构及象征。[②] 在这个视角下，比特币作为人类历史上第一个"去中心化数字货币"，也正是人类社会这种"相互依赖的关系"在信息时代的全新体现。

对于比特币这种货币现象的社会学考察，可以从众多不同的角度和层次展开。本书所关注的核心，是比特币及其"货币变革"所揭示的"社会信任变革"，即比特币如何在信息时代推动了一种"新式货币"和"新式信任"的同时诞生。因此，社会信任理论为本书提供了聚焦点。

正如笔者在文献综述部分所指出的，货币从根本上而言就是社会信任的一种具体表现，任何一种货币都与其所属时代的社会信任结构有着密不可分的关系。本书的研究重点，就是将比特币这一货币现象嵌入于信息时代的社会信任结构及文化背景中，考察比特币是基于什么样的制度创新、运行模式及文化土壤，才能在全球范围内普遍获得人们的认可，并推动社会信任在信息时代的延伸和扩张。从社会信任理论的视角考察比特币，也凸显了其同时作为一种"因变量"和"自变量"的社会学特征。本书将指出，比特币及其新型信任模式的兴起，既是受到社会时空变迁及社会信任危机等多方面因素形塑的产物，同时也意味着人们能够通过基于反思性的自主创新，推动一场具有广泛意义及影响力的社会信任革命。

二 比特币信任革命的分析框架

本书将以比特币为对象，以货币社会学的视角为基础，以社会信任理论为核心，以揭示比特币所带来的社会信任模式变革为目的，建立本书的分析框架。这个分析框架的核心，是从制度、运行和文化三个维度考察比特币作为一种"新式货币"和"新式信任"在信息时代的兴起。必须强调的是，这三个维度只是在理论层面才能被分隔开来，为分析比特币及其

[①] Sally Herbert Frankel, *Two Philosophies of Money: The Conflict of Trust and Authority*, New York: St. Martin's Press, 1978, p. 12.

[②] Mathieu Deflem, "The Sociology of the Sociology of Money", *Journal of Classical Sociology*, Vol. 3, No. 1, March 2001, pp. 67–96.

信任革命提供了相应的概念工具。在实际的社会生活中,它们实则是相互交织、相互构建的。因此,不但要从概念上分别考察每个维度对于建立分布式信任的作用及机制,也不能忽略比特币的兴起是在社会各方面力量相互作用下的综合性结果。

(一) 制度维度

本书前面曾回顾了朱克尔关于社会信任如何通过"制度化"超越具体的个人关系,并通过在更广泛的领域中重建人们对于"外部世界的共识",从而促进了社会成员之间的普遍信任。现代"货币制度"作为社会经济制度体系的核心,也是通过对一种货币的形式、单位、发行及流通程序等一系列要素不断进行制度化,并形成人们对其价值及合法性的共识,才能够普遍获得人们的信任。

现代国际货币制度在其诞生及发展过程中,已经出现了多次重大的制度性变革。最具代表性的事件莫属1944年"布雷顿森林国际货币体系"的诞生,它代替了长久以来的"金本位制度",推行了各国货币与美元维持固定汇率,美元则与黄金挂钩的"金汇兑本位制"。20世纪70年代,随着美国放弃承担稳定汇率的责任,布雷顿森林货币体系也于1971年解体,并标志着国际货币制度进入了基于浮动汇率的"后"布雷顿森林时代。无论是哪种货币制度,在本质上都必须能够广泛地建立人们对于该制度体系的普遍信任,才有可能超越具体交易双方的特殊性,推动社会经济交换活动在日益扩张的时空范围内顺利展开。一个国家的法币是否能够获得人们的信任,直接取决于其背后的货币制度,即国家法律确立的关于一国货币的"流通结构和组织形式"[1]。举例而言,同样是法币,"美金"就比"津巴布韦元"要值得信任得多,因为美国联邦储备局通过一系列稳定的货币制度在全球范围内建立并维系人们对美金价值及合法性的共识,从而构成了人们之所以能够信任美金的制度基础。

任何一个时代及地区的货币制度都是社会经济环境中各种特有的社会因素综合作用产生的结果,其演化过程的多面性和复杂性都远远超出了本书的分析范围。我们在这里着重探讨的,是比特币如何在"技术创新"的基础上推动了一次国际货币体系的"制度创新",并以信息时代特有的

---

[1] 孔祥毅等:《百年金融制度变迁与金融协调》,中国社会科学出版社2002年版,第222页。

技术及原则，在数字世界中建立并维系了人们对其价值及合法性的"共识"，从而为一种分布式信任的诞生提供了制度性基础。

（二）运行维度

齐美尔认为，"货币"实际上就是人类交换行为的具体表现，而人类生存的最主要目的，就是通过交换来释放生活中的潜在价值。[①] 韦伯也曾指出，行动主体的市场竞争及交换行为才是构成货币"实质有效性"的基础，从而使货币在不断的流动中具有了真实的购买力。因此，对于任何一种货币而言，如果不能够促进社会成员之间的交换行为，就失去了其"实质有效性"，也就不能够成为社会信任关系的载体。

卡麦拉（Camera）等人通过实验从"行为维度"对于货币及其信任问题进行了研究。实验结果证明，当熟人组成的小型团体转变为以陌生人为主的大型团体时，团体成员的合作程度会明显下降。然而当研究者向实验组中引入了一种没有任何内在价值的"代币"（token），这种代币则自然而然地获得了货币的特性：人们在提供帮助时会要求对方以代币为交换，同时相信陌生人会因为收取了代币而向自己提供帮助。在这个意义上，代币之所以能够成为货币，是因为人们相信接受代币的陌生人会以相应的行为作为交换。这里，互不信任的陌生人是将信任共同转移到了一种"象征性物体"上，它可以通过交换这种行为模式在社会团体中流通。因此，正是陌生人之间的"交换行为"促进了社会信任从具体的人际关系向"象征性物体"转移。在社会进化的过程中，团体变得越来越大，人们的行为也变得越来越多样，只有当足够的社会成员愿意使用"代币"进行交换时，"合作"才能够在大型团体中成为一种稳定的行为模式。[②]

在由现代信息及网络技术构建的"数字时空"中，由于人类展开社会交换的技术手段、组织特征及互动模式都发生了巨大的变化，社会信任的基础和机制也发生了巨大转变。传统的运行模式由于其自身的结构性限制，已经无法为人们提供一个有效的互动及组织平台，也就难以在数字世界中生产并维系一种普遍化的信任。比特币实际上正是作为一种"象征符号"，在信息时代为人们基于互联网的社会—经济交换活动提供了一种

[①] Georg Simmel, *The Philosophy of Money*, London: Routledge, 2004, p. 316.

[②] Gabriele Camera, Marco Casari and Maria Bigonid, "Money and Trust among Strangers", *PNAS*, Vol. 110, No. 37, September 10, 2013, pp. 14889-14893.

完全不同的行为框架及系统运行模式；它通过有效扩大人类交换、合作行为的范围及可能性，建立并维持着人们对它的信任。同时，研究者也指出比特币及其货币虚拟化及符号化的趋势，意味着新的风险正在基于网络的交往及互动中形成。①

作为一种诞生于互联网的新型货币系统，比特币能否通过一种不同于传统货币的运行模式，在数字世界中来实现货币所必需的功能，进而能够通过使用比特币，使网络空间中互不信任的陌生人形成并维系一种促进交换及合作的社会运行系统，是决定该货币系统能否持续创造社会信任的关键因素。因此，本书将从比特币系统的功能基础、运行机制及其背后的运作原理，来考察比特币是如何通过一种全新的运行系统推动了一场信任革命。

（三）文化维度

本书在讨论社会信任的文化基础时已经指出，一个社会成员之间的普遍信任与他们所属的文化环境有着根深蒂固的关系。对于货币系统的信任也是如此，新的货币实际上就意味着新的"意义交流体系"，使人们能够通过使用同一种"货币符号"来构建并从属于某种共同体和社区。② 因此，必须从文化的维度来考察比特币所掀起的信任革命。

从货币发展史上来看，国家货币在全球各地普遍诞生的年代，也正是一种"民族国家情感"普遍扩散的年代。在19世纪，一种"国家认同"及"集体归属感"让一个地域中的社会成员感到他们属于同一个"想象中的共同体"，同时也使国家货币成了增强这种民族情绪的符号。③ 在这个意义上，国家货币如同一种标准化的、全国通用的"经济语言"，并通过形成一种能够跨越时间的稳定的"价值标准"，将生活在这个国家中的人民通过一种共同的"过去"和"未来"联结起来，从而成为一个民族国家的象征。④ 因此，人们对国家货币的信任，也直接源于民族国家背后

---

① 肖葛根：《网络背景下符号风险的形成和治理——基于比特币现象的研究》，硕士学位论文，吉林大学，2015年。

② Emily Gilbert and Eric Helleiner, *Nation-States and Money: the Past, Present and Future of National Currencies*, Routledge, 1999, pp. 16–17.

③ Eric Helleiner, *The Making of National Money: Territorial Currencies in Historic Perspective*, Ithaca: Cornell University, 2003, pp. 100–112.

④ Emily Gilbert and Eric Helleiner, *Nation-States and Money: the Past, Present and Future of National Currencies*, Routledge, 1999, pp. 7–8.

的集体情感及共享价值观。

　　随着现代信息技术如同空气一般成为人们社会生活中最平常的必需品，作为某种不经思索的既定事实构成了人们社会生活的前提，信息及网络技术也日益作为一种"共同语言"，广泛且深刻地影响着人们体验及感受这个世界的方式，并重塑着人们的思维观念及其社会行为的意义框架。正是这种全新的文化土壤，推动并滋养了比特币这种新型货币的诞生，构成了人们之所以能够信任比特币的深层情感及道德基础。本书将通过比特币的文化环境、意义系统及围绕其产生的社会认同，来理解比特币信任革命的文化基础，及其对于一种新型社会共同体在信息时代形成及发展的影响和意义。

第三章

信息时代的信任危机与
比特币的信任革命

第一节 社会时空拓展与信任危机

> 信任的产生是以普遍弥漫的焦虑感为背景的,而控制住这种焦虑感则是人的行为最普遍的动机源泉。①
>
> ——吉登斯

吉登斯认为,现代性发展的动力机制主要来源于"时间和空间的分离和他们在形式上的重新组合",并不断导致社会关系从地域性关联中的"脱域"。而信任,正是与人们在"时间和空间中的缺场"有关。② 因此,社会时空环境的扩展和变迁会直接影响社会信任模式的形成和变迁。我们必须将社会信任嵌入于其特定的时代背景中,才能理解在不同的社会时空条件下,不同社会信任模式的形成基础及其结构特征。

在这一节,我们将从工业时代的集中式信任模式出发,指出信息技术革命对于传统信任模式带来的冲击,以及系统信任危机在全球范围内的蔓延,来探究比特币是如何以一种"普遍弥漫的焦虑感为背景",掀起了一场信息时代的信任革命。

一 工业时代的科层制——"集中式信任"

18 世纪 60 年代起,现代社会在工业技术革命的大潮下突破了传统农

---

① [英]安东尼·吉登斯:《社会的构成:结构化理论大纲》,李康等译,生活·读书·新知三联书店 1998 年版,第 124 页。
② [英]安东尼·吉登斯:《现代性的后果》,田禾译,译林出版社 2011 年版,第 14 页。

业社会的生产方式,并为现代人开辟了崭新的社会空间及更为丰富的社会交往方式。自工业革命之后,全球人口总数仅增长了 6 倍,而城市人口则递增了 60 倍。[①] 城市的飞速扩张,人口密度的不断增加,都使现代社会成了一个"陌生人的社会"。大型城市的发展意味着越来越多的"人与物"被聚集在相对邻近的时空环境中,形成了繁复多样的社会关系及角色,以及日益分化、复杂且庞大的社会系统及社会网络,因而远远超出了人们基于日常接触可以维系的范围。在这个高度复杂的社会系统中,社会经济秩序的维系必须通过越来越细化的社会分工,以及合乎期待的角色扮演才能够实现,因此在无数陌生人之间建立并维持某种程度的"互信"成了所有现代城市生活的基础。然而,在这个新的社会时空环境中,信任关系的基础和性质都发生了根本性的转变,以至于传统熟人社会的信任机制难以发挥作用。在这个意义上,如何将社会信任从狭小的熟人领域延伸扩展到更广泛的陌生人社会中,就是社会信任模式在工业化及城市规模扩张的过程中所面临的一个根本问题。

那么"陌生人"之间如何才能建立信任呢?早在 17 世纪中叶,霍布斯在思考"社会秩序何以可能?"这一问题时,就指出人的天性就是追逐私利及自我保全,因此在单纯的"自然状态"下,会导致"每一个人对每一个人的战争状态",任何秩序都将不复存在,社会也会因此而瓦解。所以人们只能通过"契约"来进行权利的相互转让,并通过限制个体自由来实现集体和平。如果契约的签订和履行之间存在一定的时间间隔,就被称为"信约"。这意味着需要履行契约的一方必须被"信任",如果到期履行就被视为是"践约或守信",反之则是"失信"。然而,在霍布斯看来,依靠"言辞"而签订的契约是没有任何约束力的,"因为最容易破坏的莫过于人们的言辞"。因此,"只要出现任何合理的怀疑,这契约就成为无效"。霍布斯的解决方案就是将"强制履行契约的充分权利与力量"交给一个凌驾于所有个体之上的权威机构,通过集中性的强制力量及人们的畏惧心理来对个体进行约束和控制。[②] 当这些权威机构能够通过集中化管理来遏制个体失信的行为,也就同时降低了契约双方建立信任的成本。

[①] 石强、孙曾田(导演):《互联网时代》(纪录片),2014 年。
[②] [英]霍布斯:《利维坦》,黎思复等译,商务印书馆 2009 年版,第 100—104 页。

霍布斯通过限制个体自由来建立社会秩序的解决方案，实际上依赖于一种凌驾于个体之上的集中性信任结构的形成，代表了人们对垄断性权威机构本身的信任。[①] 这些权威机构作为一种"共同权力"的代表者和执行者，通过合法的拥有垄断性控制权，使陌生人在合作过程中可以通过权威机构的背书对契约的合法性及他人行动的后果形成一种稳定的期待。在工业化的大潮下，随着人类社会经济活动的范围及规模不断扩大，韦伯所谓的"法理型"组织逐渐成了凌驾于个体之上的权威机构，其由上而下的"科层制"管理模式也构成了这些权威机构的基本组织特征。

韦伯认为"科层制"是推动资本主义快速发展的关键因素。由于科层制管理在"精确性、稳固性、纪律性、严谨性和可信性上，以及在对一切对象的可计算性上，都可以达到技术上完善的程度"，因此获得了广泛的社会认可。[②] 通过形成一个相对稳定和封闭的控制系统，科层制减少了工业化进程中由于不断扩展的社会生产活动和交换领域而产生的不确定性和复杂性，为陌生人之间的分工及合作提供了必要的信任基础。作为建立并维持社会经济秩序的最主要组织形式，基于科层制组织模式的权威机构也成了社会信任的主要"代理人"。

在这个意义上，"集中式信任"作为一种社会信任模式迎合了工业时代社会发展的普遍需求，将社会信任关系从具体的、分散的、独立的个体之间，转移到了以权威机构为"信任代理人"的科层制组织结构中。只有通过这种"集中代理"的模式实现信任的转移，才有可能在更广泛的社会时空领域中建立并维持个体在互动过程中对于不确定因素的稳定性预期，从而为工业社会的扩张提供了必要的社会信任基础。

然而随着信息时代的来临，社会的构成及组织因素都发生了根本性转变，在全球化及信息化的影响趋势下，新的社会空间不断被创造出来，数字技术的飞速发展正在以全新的方式改造并重塑着人们的个体社会经验及集体互动模式，而社会信任作为一种基于社会互动而产生的社会关系，其形成及维系机制也必然要发生改变。在由现代信息及网络技术所构建的"数字时空"中，以传统权威机构为核心的"集中式信任"也面临着前所

[①] Barbara A. Misztal, *Trust in Modern Societies*, Cambridge: Blackwell Publishers Inc., 1988, p. 26.

[②] 杨榴红：《韦伯的理解社会学》，载贾春增《外国社会学史》，中国人民大学出版社 2008 年版，第 99 页。

未有的挑战和危机。

二 信息技术革命的双刃剑——"信息成本"vs."信任成本"

自20世纪70年代开始,人类社会进入了一个信息极速膨胀的时代。信息已经越来越主导着我们的生活,构成了现代经济—社会组织运作赖以生存的基础,同时推动着人类社会进入了一个快速转型、变幻莫测的时期。

随着电子信息技术的不断发展,信息的生成、储存、计算及传播能力都在迅速发展,并大幅提升了人类的沟通、生产及组织效率。同时,信息也代表着巨大的资源和权力——谁能够管理并控制有效信息,谁就拥有了组织社会的能力。因此,丹尼尔·贝尔(Daniel Bell)在20世纪70年代就已指出,工业社会是一个以"能源"为核心的商品生产社会,而"后工业社会是一个信息社会"。[①] 卡斯特也在其网络社会理论中指出,"作为一种历史趋势,信息时代的支配性功能与过程日益以网络组织起来。网络建构了我们社会的新社会形态,而网络化逻辑的扩散实质地改变了生产、经验、权力与文化过程中的操作和结果"。[②] 随着"信息技术革命"在全世界的发展和蔓延,人与人、人与物,以及物与物之间已经逐渐形成了一个基于信息交互的全球性网络。《经济学人》杂志宣称,信息及数据已经取代了石油,成了现代社会最宝贵的资源。信息日益通过其无所不及的触角渗透到了人类生活的方方面面,深刻地改变着我们生存的环境和我们自身。

一般认为,"信息技术革命"是于20世纪70年代开始在美国形成的一种"新型技术范式"(new technological paradigm)。[③] 虽然以电子学为基础的信息技术,如电话、无线电等技术早在19世纪就已经出现,然而现代信息技术的标志性突破源于20世纪中期两项关键技术的诞生:第一台具备方程式运算能力的"电子计算机",以及由美国国防部先进研究计划局(ARPA)率先开发的"互联网技术"。计算机和互联网的诞生,是创

[①] [美] 丹尼尔·贝尔:《后工业社会的来临——对社会预测的一项探索》,商务印书馆1984年版,第516页。

[②] [美] 曼纽尔·卡斯特:《网络社会的崛起》,夏铸九等译,社会科学文献出版社2001年版,第569页。

[③] 同上书,第46页。

新性文化、国家制度，以及市场因素等多种社会力量相互作用的结果，并使 20 世纪 70 年代的美国成了这种新型技术范式的起源地。随着苹果、微软、IBM 等私有企业在计算机硬件和软件方面的不断突破，现代信息科技的发展也日益脱离了国家和大型学术机构的控制，通过市场渗入了每个普通现代人的生活中，成了人类组织现代社会生活的基本手段。

同 18 世纪的工业技术革命一样，20 世纪的信息技术革命也标志着人类社会发展的重大转折，并造成了某种现代社会与传统社会的"断裂"。工业技术革命通过引进新能源大幅提高了人类改造并控制物质世界的能力，而信息技术革命则通过信息的生产、处理及沟通技术大幅提高了人类社会的沟通及组织能力。两种技术革命都意味着某种具有普遍性的力量正在重构着人类的社会时空环境，并从根本上改变着社会的生产、交换及其组织方式。① 因此，"技术"不仅仅改变着人类生活的外在物质世界，同时也从内在影响并重塑着人们的社会经验及社会关系的基础。正如麦克卢汉在 20 世纪 60 年代所指出的，技术从本质上是一种"人的延伸"，为人类提供了"感知环境本身的媒介"。他强调，技术的影响不仅仅体现在人们的认知层面，更是从根本上改变着人类的"感官比率和感知模式"，从而为个体及社会生活开辟了一种"新的尺度"。② 如果说机械时代的工业革命实现了人类身体在空间中的延伸，那么信息时代的信息技术革命就意味着人类开始能够通过技术来"模拟意识"。如今，随着互联网和电子移动设备的广泛普及，人们的生活越来越以一种信息化的形态被感知并构建出来，愈加印证了电子信息技术实际上代表了人类"意识的技术延伸"③。

在这个意义上，信息技术革命的力量贯穿了个体与社会、感知与认知、文化与制度等众多维度，对人类的社会生活造成了全面、深刻且普遍的影响。随着互联网、电子邮件、电子论坛、网络社交媒体等信息化应用普遍深入到人们的日常生活中，并打破了地理的边界从而形成了一个全球性的信息交流平台。在信息的流动和交互中，新的互动方式及社会关系也不断被构建出来，人们似乎发现了一片"新大陆"，不断借助科技的力量

---

① ［美］曼纽尔·卡斯特：《网络社会的崛起》，夏铸九等译，社会科学文献出版社 2001 年版。
② ［加］马歇尔·麦克卢汉：《理解媒介：论人的延伸》，何道宽译，译林出版社 2011 年版，第 12、18、30 页。
③ 同上书，第 77 页。

重塑着"虚拟"和"现实"的边界。与此同时,在这个充满了异质性、虚拟性和不确定性的数字新大陆中,信任作为一种受到社会经验及环境共同形塑的社会关系,在信息技术革命的浪潮下,首当其冲地面临着解构及重构的挑战。人们不得不重新思考维持社会信任的一般性社会基础是什么?如何解释信息技术革命对社会信任带来的冲击和影响,成了一个十分急迫的社会问题。

卡斯特引用了弗里曼的说法,认为一种"新型技术范式"的主要体现是变革了社会生产过程中的"相对成本结构",并使某种相对成本的下降成了一种普遍可及的现象,从而渗透到人类社会活动的所有领域中。[①]如果说工业技术革命带来了能源利用成本的普遍下降,那么信息技术革命的最突出成果则是"信息成本"的普遍下降。作为现代社会经济活动的基础组织元素,信息的快速生产、流动及交互也成了推动全球经济一体化的根本动力之一。然而,信息不存在于社会真空中,而是必须嵌入在各种社会关系及场域中才能够发挥应有的作用,信息成本也只是社会整体生产及交易成本中的一部分。随着社会时空领域的不断扩张,人类社会经济活动中的"相对成本结构"也面临一个动态演变的过程。如今,越来越严重的信任问题已经逐渐成了阻碍社会发展的新的"瓶颈"。这正是由于,互联网技术虽然极大地降低了人们获取及交换信息的成本,却同时增加了信任的成本。我们可以从两个层面来考察"信息成本"与"信任成本"的相对结构变化。

首先,全知全觉的人是不需要信任的,因此信任的一个内在前提就是人们"缺乏完整的信息"[②]。正是由于个体能够获取并处理的信息十分有限,以至于在行动过程中处处布满了"缺乏完整信息"的黑洞,因而意味着无法预料的后果,所以人们才需要通过建立信任来计划并指导行动。随着信息成本的大幅下降,信息的交换对象及数量都在急剧增加,但是正如贝尔所言,"更多的信息并不是完全的信息,它却只是使信息越来越不完全"[③]。因此,在这个信息泛滥的互联网时代,人们对信任的需求及构

[①] [美] 曼纽尔·卡斯特:《网络社会的崛起》,夏铸九等译,社会科学文献出版社2001年版,第82页。

[②] [英] 安东尼·吉登斯:《现代性的后果》,田禾译,译林出版社2011年版,第29页。

[③] [美] 丹尼尔·贝尔:《后工业社会的来临——对社会预测的一项探索》,商务印书馆1984年版,第516页。

建信任的难度也越来越大。

其次，如卢曼所指出的，信任最主要的社会功能就是降低社会系统的"复杂性"，使人们能够反应并处理这些复杂性，从而使集体互动有序展开。卢曼进而得出一个公式——在社会复杂性不断增加的前提下，一个社会能够也必须发展出更为有效的复杂性简化机制。[①] 随着信息技术革命推动全球市场规模不断扩大，以及各市场间相互依存的程度不断提高，全球经济已经成了一个无法分割的整体，而基于区域性制度的集中式模式也难以建立一套全世界通用的规则和标准，导致信息的管理及验证过程都变得越来越复杂。如何简化这种日益增加的复杂性，则对社会信任机制提出了全新的挑战。

在由现代信息及网络技术构建的数字时空中，吉登斯所谓的"脱域"现象得到了最突出的体现。随着社会关系不断从传统社会的时空领域中脱离出来，"缺乏完整信息"及"复杂性"问题也在呈指数增加。当信息化及全球化的浪潮不断冲击着传统信任关系的根基，又难以在互联网所构建的数字世界中形成新的基点，就导致在这个全球互联、信息爆炸、充满了不确定性、复杂性和流动性的社会时空环境中，信任越来越成了一种成本高昂的稀缺资源，并逐渐发酵演变成了一场广泛且普遍的系统信任危机。

三 风险全球化与系统信任危机

"信任"和"风险"是一对相辅相成、交织出现的概念。信任作为人们应对风险的手段，使人们在感知到外部风险存在的前提下，依然能够恰当地展开行动并对参与社会生活抱有信心。必须强调的是，"风险"不仅仅属于个人行动的范畴，而是作为一种"风险环境"影响着人类社会中的所有行动者。[②] 在信息化和全球化不断深入的信息时代，社会风险的广度和深度都大幅增加了。在吉登斯看来，造成现代社会风险全球化的因素既有客观层面也有主观层面[③]：客观层面的风险如核战争对于人类生存的威胁、频发的突发性事件、社会化自然的风险、制度化风险环境的发展等。而主观层面的风险扩张主要来源于，"风险意识"本身就构成了一种

[①] [德] 尼克拉斯·卢曼：《信任：一个社会复杂性的简化机制》，瞿铁鹏、李强译，上海人民出版社2005年版，第7页。
[②] [英] 安东尼·吉登斯：《现代性的后果》，田禾译，译林出版社2011年版，第31页。
[③] 同上书，第110页。

新的风险，这种"风险无处不在"的意识已经全面渗透到社会大众的日常生活中，并且人们愈发认识到没有任何人或机构能对这些全球性风险负责。

随着风险问题在客观和主观层面的同时扩张，"信任"问题也越来越成了社会关注的焦点。这是因为人们普遍意识到在这个风险全球化的世界中，社会合作、社会团结，以及社会共识的基础都遭到了侵蚀，导致人们不得不重新寻找新的基础来实现社会整合。① 在这个意义上，"系统信任危机"正是风险全球化及集中式信任模式整合失灵的直接后果，并成了社会信任变革的导火索。哈贝马斯（Jürgen Habermas）认为，在社会科学领域中，"危机"概念指的是"当社会系统结构所能容许解决问题的可能性低于该系统继续生存所必需的限度时，就会产生危机"。换言之，"危机就是系统整合的持续失调"②。在"风险全球化"的趋势下，当以政府、银行、企业、公共媒体等传统"权威机构"为核心的集中式信任模式不断面临着整合失灵的问题，直接导致了人们对于这些机构背后的制度、运行及文化基础的普遍质疑，系统信任危机就诞生了。

OECD 在其 2017 年发布的《信任和政府政策：如何通过更好的治理来重建公共信任》报告中指出，自 2008 年的全球性金融危机以后，人们对各国政府的信任度出现了普遍和显著的下滑。OECD 认为人们对政府的不信任主要来源于三个方面：(1) 持续的经济低迷导致的低收入、失业、贫富差距增大等不良经济后果；(2) 频发的腐败、逃税等破坏法律权威性的事件；(3) 政府对于应对全球性风险和压力的无能，如气候变暖、恐怖主义、大规模移民等事件。随着人们对政府的可靠性、响应度、诚信度、公平性和开放程度普遍产生了质疑，政府作为现代社会的核心权力机构越来越难以获得人们的信任，同时这种信任的缺乏也使社会治理变得愈加困难。③

---

① Barbara A. Misztal, *Trust in Modern Societies*, Cambridge: Blackwell Publishers Inc., 1988, p. 3.

② [德] 尤尔根·哈贝马斯:《合法化危机》，刘北成等译，上海人民出版社2009年版，第4页。

③ OECD, "Trust and Public Policy: How Better Governance Can Help Rebuild Public Trust", *OECD Public Governance Reviews*, Paris: OECD Public Governance Reviews, 2017.

2017 年的 Edelman 全球信任调查进一步指出，不只是政府，各大公共机构也面临着普遍且深度的信任危机。在对 28 个国家中超过 33000 个被访者进行调查的结果显示，人们对政府、企业、媒体，以及非营利组织这四大类公共机构的信任都出现了前所未有的大幅下滑。人们对媒体的信任在 17 个国家里都达到了有史以来的最低水平，政府在超过一半的国家里都被认为是最不受信任的机构，非营利组织的可信度在 21 个国家中出现了下滑。同时，人们对公共机构领导者的信任度也越来越低，国家首脑被视为是所有领导者中最不可信的，企业 CEO 的可信度也在全球范围内下落到了史上最低水平。在所有的受访者里，超过一半的人（53%）认为目前的社会系统是运作失败的——认为现有系统从根本上是不公平的，并且对其未来的改善不抱什么希望。①

信任危机不仅仅存在于在人们的意识形态层面上，还会通过影响人们的行动而转化为对既有社会系统的破坏性作用，从而进一步扰乱现代社会秩序。在当今的西方世界，随着恐怖袭击、难民潮，以及金融危机等事件频繁且持续地扰乱着人们的生活，导致人们对维持社会秩序的社会公共机构及其制度体系都不断失去信心，并普遍出现了抵制全球化进程的社会运动和民族主义复兴。2016 年西方世界的两个重大政治事件，即英国公投脱离欧盟及作为"政界局外人"的特朗普当选美国总统，实际上都反映了人们对于既有政治体系的普遍不信任及渴望变革的心态。在中国，系统信任危机更是一个呼之欲出的社会问题。人们对于政府的公正性和执政能力也存在着严重的信任问题，全国每年都会发生几万起群众事件，实际上就是由于权力部门缺乏公信力的结果。②

"金融"作为最直接受到信息化及全球化冲击的领域，突出体现了风险全球化及系统信任危机的普遍蔓延。应该说，随着 2008 年的美国次贷危机从一个区域性现象，迅速演变为一个席卷全球的金融海啸，其最严重的后果之一，就是导致了人们对由国家及银行系统所主导的货币制度的普遍质疑，并推动全球金融体系进入了一个极为动荡不安的时

---

① Edelman，2017 *Executive Summary*：*Edelman Trust Barometer*，Edelman Inc.．
② 李银河：《中国为什么会出现信任危机》，2013 年 1 月 24 日（http：//blog. sina. com. cn/s/blog_473d53360102etus. html）。

代。系统信任危机在全世界的广泛出现，是风险全球化及区域性信任系统失灵的一个必然结果，危机背后的原因已经不是传统社会信任模式中的某一个问题，而是其制度架构、运行机制，以及文化模式在社会高速发展进程中所爆发出的一个系统性整合失灵的问题。这些现象表明，以科层制结构为基础的权威机构及其"集中式信任"越来越无法应对在快速扩张的社会时空领域中出现的"缺乏完整信息""社会复杂性"和"风险全球化"等问题，并对社会信任在信息时代的形成和维系提出了严峻的挑战。

有挑战就会有应战，比特币作为一种极具革命性的货币现象横空出世，在很大程度上正是这场信任危机的一个直接后果。

第二节 信任革命：比特币的兴起

作为一种诞生于信息时代的"新式货币"，比特币的出现，不仅仅意味着全球货币体系中又多了一个新成员，更是作为一个"新物种"，以一种全然不同的制度架构、运行机制及文化模式为现代货币体系的发展开辟了一条陌生且崭新的道路。作为人类历史上第一个成功的"去中心化数字货币"，比特币的诞生直接源于对国家主导的货币及金融体系的质疑。比特币的根本性创新，就是利用区块链的"分布式账本技术"，在一个基于分布式信息网络的货币系统中实现了信任的去中心化，从而推动了社会信任模式从"集中式"向"分布式"的革命性转型。

一 人类历史上第一个"去中心化数字货币"

我认为互联网将会是削弱政府作用的重要力量之一。现在缺乏的，但很快就会被开发出来的一样东西，就是一种可靠的电子现金，借此使 A 在不认识 B、B 也不认识 A 的情况下依然可以通过互联网来转账。就像我把一张 20 美元的钞票递给你，但是并没有这张钞票是从哪儿来的记录，你可能在不知道我是谁的情况下得到它。这样的东西会在互联网中出现，同时使互联网更加易于人们使用。当然，它也有负面的影响，这意味着匪徒和从事非法交易的人也会拥有一种更易

第三章 信息时代的信任危机与比特币的信任革命

于他们进行非法活动的工具。①

——米尔顿·弗里德曼

"比特币"诞生于2008年年底,可谓是现代社会进入21世纪以来全球金融体系中出现的最奇特、最闪耀、也最受争议的现象之一,代表了世界货币发展史上的一个重大里程碑。然而早在20世纪末,弗里德曼(Milton Friedman)作为利伯维尔场经济阵营最坚定的代表人物之一,就指出了互联网对于政府垄断性权力的冲击,以及人们对一种更具匿名性的"电子现金"的需求。在弗里德曼发表这次"预言"的十年之后,"比特币"悄然诞生。

作为人类历史上第一个"去中心化数字货币",比特币最具革命性的创新在于,它不仅将货币从国家和银行的控制中解放出来,同时使其不需要依赖于任何特定中心,而是完全基于一个分布式网络运作,从而真正实现了电子货币系统的"去中心化"。由于比特币没有任何控制中心,甚至没有人知道其创始人"中本聪"到底是一个人还是一个组织,导致各国政府根本找不到任何特定的监管对象,也使比特币在野蛮生长中快速发展成了一个全球性现象。

自比特币诞生以来,不乏上千种效仿或号称能够改进比特币功能及技术的数字货币相继问世,到了2019年6月,市值高于100万美金的币种达到了1200种以上,整个数字货币市场的市值约为3260亿美金。② 人们似乎摒弃了只有国家才能发行货币的思维定式,尝试基于各种理念和技术手段来"创造"新的货币,并形成了一个日益丰富且成熟的"加密货币生态系统"(cryptocurrency ecosystem)。在这个鱼龙混杂的生态系统中,大多都如蜉蝣一般朝生暮死,只有能够持续得到市场认可及信任的数字货币才有可能存活下来。比特币则一直维持着龙头老大的位置,目前市值约为第二名"以太币"(Eether)的6倍。

经过短短几年的时间,比特币已经从一个极客圈自娱自乐的小型项

---

① 1999年,美国经济学家和诺贝尔经济学奖得主米尔顿·弗里德曼在接受NTU/F访谈时就提出了类似于比特币的电子货币理念(引文的访谈视频连接: https://m.youtube.com/watch?v=6MnQJFEVY7s)。

② 数据来源:CoinMarketCap,检索时间2019年6月23日(https://coinmarketcap.com/all/views/all/)。

目，演化为一个由世界各地众多参与者共同构建并维护的庞大系统，并出现了越来越细化的社会分工。目前，整个数字货币产业大致可以分为五个关键部门（见表3-1）。同时，在各种不同层面的行动者及利益相关者的实践及互动中形成了一个日益活跃的全球性产业（见表3-2）[①]。

表3-1　　　　　　　　数字货币产业关键部门

关键部门	主要功能
开发	建设并维护系统软件
挖矿	保障系统安全性及可靠性
交易所	数字货币的买卖
钱包	数字货币的储存
支付	用数字货币进行支付

表3-2　　　　　　　数字货币产业主要利益相关者

参与者	参与方式
技术人员	通过开源社区参与比特币系统研发
产业人员	挖矿、硬件及软件制造、交易平台、金融服务、咨询及法律服务、初创企业
商家	接受比特币等数字货币作为支付方式
用户	拥有/使用比特币进行交易或支付
学术研究	学术讨论、开展大学课程、成立研究室
风投家/投资机构	投资初创企业、买卖比特币套利
传统银行/金融业	成立区块链技术的行业联盟、研究小组
政府/监管者/执法机构	监管、控制、研究相关法律及行业规范
非政府组织	商会、基金会、社会团体

比特币就好像一个在数字宇宙中快速膨胀的超级新星，在全球范围内吸引着越来越多的关注和社会资源。各国政府及金融机构都开始成立专门的比特币及区块链研究小组，尝试理解这种没有任何控制中心的数字货币

---

① 本书所使用的并不是最全面或最细化的分类方式，而是鉴于分析目的将最主要的类别提取出来。

究竟是如何运作的，以及它为何能够表现出如此强大的势能。比特币带给这些权威机构的最大困惑及挑战，就是如何才能将这种完全由数字信息构成的，且背后没有任何具体的人或机构操控的货币纳入现有的社会监管及控制体系中？正如国际反洗钱金融行动特别工作组（FATF）形容的那样，比特币"仿佛完全存在于一个任何国家所能触及范围之外的数字宇宙中"[1]。

比特币的兴起仿佛在向人们宣告，一个新的世界正在形成，新的社会经济组织将会诞生，并且它们会遵循一套新的社会经济秩序而运作。作为一种基于信息及网络技术而存在的数字货币，比特币的诞生建立在应用数学、密码学、计算机科学、软件工程学等领域的长年发展成果上。然而真正使比特币与众不同的革命性创新，并不发生在这些基础性的科技领域，而是通过将已有技术巧妙组合后创造了一种全新的"记账"方式——区块链的"分布式账本"。

二 "分布式账本"：基于区块链的信息技术

> 看到区块链现在的状态，让我想起了早期的互联网——充满了变革的希望，全新的高塔需要被建设，不受控制的投资，以及不在少数的疯狂梦想家。我曾是，且仍然是其中一个。[2]
>
> ——伊藤穰一，MIT 媒体实验室总监

正如伊藤穰一所言，将区块链视为"下一代互联网"的人绝不在少数，而是日益成为全球科技精英的共识。2016 年 8 月世界经济论坛针对区块链的"分布式账本技术"（Distributed Ledger Technology）这一"革命性创新"对于改造全球金融领域的巨大潜力发布了专题报告。报告指出，已有超过 24 个国家开始投资分布式账本技术，并且超过 80% 的银行表示会在 2017 年开启相关项目。同时，区块链及分布式账本技术已经在全球累计吸引了 14 亿美元的投资，产生了 2500 个以上的相关专利，并且有超

---

[1] FATF, *Virtual Currencies: Key Definitions and Potential AML/CFT Risks*, Paris: Financial Action Task Force, 2014.

[2] Deloitte, *Tech Trends 2017: The Kinetic Enterprise*, Deloitte University Press, 2017, p. 100.

过 90 个国家的中央银行都参与了关于该技术的讨论。① 2017 年 10 月，英国一家网络信息公司只因在名字中加入了"区块链"这个词，股价在一天之内飙升了 394%。2018 年 1 月，随着柯达公司宣布进入区块链及数字货币领域后，股价也在第二天涨幅超过 200%。② 资本市场对于"区块链"概念的认可及追捧可见一斑。

相比"比特币"而言，"区块链"这个概念似乎更加正面、更加灵活且更具有技术的中立性，因此获得了更为广泛的青睐和支持。很多政府及金融机构即使对比特币表现出强烈的质疑，却声称是区块链技术的积极探索者及引领者。这些传统机构大多倾向于认为，即使比特币真的是一种革命性创新，其贡献及成果也应该全部被归功于区块链的分布式账本技术，而不是这种数字货币本身。

这种将社会进步归因到一种"记账技术"的理念，在历史上有着悠久的思想渊源。韦伯就曾经指出，"复式记账法"的出现对于人类理性的发展以及资本主义社会经济秩序的形成有着极为重要的作用。复式记账法使人们可以有序地记录他们的经济活动，并根据账本信息理性地衡量自身经济行为的结果。同时，复式记账法的受众不再仅仅是记录者本人，而是以一种更加抽象、正式，且制度化的记账系统在更广泛的社会时空范围内构建了一个"共有的知识库"，通过满足各种不同受众的需求，成了人们经济互动过程中主要的信息来源，从而使更普遍的合作及交换成为可能。韦伯认为复式记账法代表了一种"理性的精神气质"，并塑造了现代资本主义社会的理性价值观，推动了现代资本主义社会的发展。③ 在韦伯看来，人们"记账"的方式不仅仅是为了满足社会经济发展需求的结果，而是在很大程度上塑造了人类经济活动及社会经济秩序本身。

区块链的"分布式账本技术"的确是将比特币与所有传统货币系统区别开来的一个根本性因素。区块链最具革命性的创新在于，它突破了现

---

① World Economic Forum, *The Future of Financial Infrastructure: An Ambitious Look at How Blockchain can Reshape Financial Services*, 2016, World Economic Forum, p. 14.

② KennethRapoza, *The Easiest Way to Invest in Blockchain Technologies*, 2018.2.1, Forbes (https://www.forbes.com/sites/kenrapoza/2018/02/01/the-easiest-way-to-invest-in-blockchain-technologies/amp/).

③ Bruce G. Carruthers and Wendy Nelson Espeland, "Accounting for Rationality: Double-Entry Bookkeeping and the Rhetoric of Economic Rationality", *American Journal of Sociology*, Vol. 97, No. 1, July 1991, pp. 31–69.

有金融体系的地域性和结构性限制，以一种"去中心化"的方式在更广泛的时—空领域中建立了人们对一个"数字化信息系统"的时序性、统一性及不可篡改性的"全球共识"，从而在基于互联网的数字宇宙中构建了一个"共有的知识库"。区块链技术背后实际上是一个全网共同参与构建并维护的信息交互及认证系统，它使人们不需要依赖于任何特定的第三方机构，也可以通过互联网进行点对点的信息交换，并对所有信息的内容及其变化达成共识。

随着"比特币"涉及各种社会负面事件而不断被"妖魔化"，"区块链"则越来越被"神化"为一种与人工智能、大数据、云计算等技术齐名的尖端科技。[①] 当《经济学人》在 2015 年将其比喻为一台"信任的机器"后，"区块链"更是被视为一种能够包治百病的"万灵丹"，可以全面解决现代社会日益严重的信任问题。然而，这种对区块链技术的盲目信任实际上包含着巨大的风险，并催生了各种打着区块链旗号的非法募资及诈骗行为。人们对于区块链的误解，在于认为单纯靠一种"技术"就能够解决社会中的信任缺失问题，却忽视了"信任"是一个更加复杂、更加精密，难以完全通过技术来解释的多维度社会事实，是社会多方面因素相互渗透、作用及影响后产生的综合结果。在比特币系统中，区块链的"分布式账本技术"也只是促使人们在分布式网络中达成共识并构建信任的一个必要条件，而绝不是充分条件。事实上，正如普林斯顿的计算机科学教授阿尔文德·纳拉亚南所指出的，区块链技术"并没有真正解决分布式共识问题，它只是在特定货币系统下解决了这个问题而已"[②]。也就是说，只有当比特币是一种"货币"，其背后的区块链技术才能够在分布式网络中建立共识，从而构建并维系人们对比特币系统的信任（本书将在第四章介绍比特币区块链的共识机制）。

不可否认的是，新的技术与新式社会群体及新型社会关系息息相关。我们只有通过技术变革来透视社会，同时通过社会变迁来考察技术，才能理解技术、制度、运行，以及文化系统是如何在相互渗透中改变着我们自身及我们的社会信任关系。

[①] 京东金融、微众银行、众安科技等企业将区块链与这三大技术并称为金融科技领域的"ABCD"。

[②] [美] 阿尔文德·纳拉亚南等：《区块链技术驱动金融：数字货币与智能合约技术》，林华等译，中信出版社 2016 年版，第 44 页。

三 "分布式信任"：从信息技术到信任模式

> 当我使用"比特币"这个词时，我并不是在讨论一种货币，而是一个更宽泛的概念：一种完全去中心化的、基于网络的、能够提供可信应用的扁平化网络……其最符合逻辑的第一个应用就是货币。但货币仅仅是它第一个应用。①
>
> ——安德烈亚斯·安东诺普洛斯

安德烈亚斯·安东诺普洛斯（Andreas M. Antonopoulos）是比特币领域中最负盛名的技术专家、企业家、公众演说家之一，常常在世界各地的比特币团体及大型会议中出现，擅长以易于理解的语言推广比特币的革命性理念。作为一个狂热的技术爱好者，安氏也虔诚地相信技术能够改变世界。在他看来，比特币不仅仅为我们带来了一种全新的货币，更是构建了一个"去中心化的信任平台"（decentralized trust platform），从而使人们在没有任何中介机构的情况下也可以在全球范围内进行交易。②

比特币的兴起突出反映了"技术"和"社会"之间相互依存、相互影响、相互转化的社会实践过程。作为一种完全由信息技术"创造"的数字货币，比特币所包含的"社会性"实际上高于以往所有的货币形态。正如齐美尔（又译西梅尔）在研究货币从贵金属向纸币的转型时所指出的，"货币的内在性质只是松散地与其质料基础联系在一起，因为货币完全是一种社会学上的现象，是人类互动的一种形式"，因此，只有当社会互动足够稳定可靠，"才有可能使像纸币这样一种脆弱的、极易被摧垮的材料能够在外在的和心理的双重意义上，成为货币价值的最高表现形式"。③ 同理，比特币作为电脑软件中的一串数字信息，其货币形态的"脆弱性"意味着它需要由更强大的社会信任作为支撑。在这个意义上，只有在现代信息技术的基础上形成一种新型信任模式，才有可能使没有任

---

① 引文由笔者译：Andreas M. Antonopoulos, *The Internet of Money*, Merkle Bloom LLC, 2016, p. 21.
② Andreas M. Antonopoulos, *The Internet of Money*, Merkle Bloom LLC, 2016, p. 62.
③ [德] 奥尔格·西梅尔：《货币哲学》，于沛沛等译，中国社会科学出版社2007年版，第337—339页。

何物质形态、没有任何人或机构背书的"数字信息"成为"货币价值"的代表。

早在1948年,被称为"信息时代之父"的维纳,就将由虚拟符号构成的"消息"视为现代社会的核心组织因素,并指出一切有机体,无论是生物的、社会的,还是机械的,实际上都是通过接收和发送信息来实现自我控制的通信系统,而"社会学家直到最近都有这样的倾向,故意忽视社会通信是社会这个建筑物得以黏合在一起的混凝土"。[①] 维纳认为,"所谓有效地生活就是拥有足够的信息来生活",因此"我们只能通过消息的研究和社会通信设备的研究来理解社会,阐明在这些消息和通信设备的未来发展中,人与机器之间、机器与人之间,以及机器与机器之间的消息,势必要在社会中占据日益重要的地位"。[②] 本书就是希望基于社会学的理论视角,将比特币及其信息技术对于社会信任模式的影响,嵌入于比特币的制度基础、运行模式及文化系统的社会学分析框架中来考察。

(一)信息及网络技术驱动的"分布式通信系统"

计算机网络技术专家保罗·巴兰(Paul Baran)于1964年提出了"分布式通信系统"(distributed communication system)的概念。[③] 不同于单点控制模式的"中心化"(centralized)通信系统,和没有特定中心但基于非对称层级模式的"去中心化"(decentralized)通信系统,"分布式"通信系统是由众多分散的、拥有平等权利的节点连接构成的扁平化网络,主要特征是所有"节点"(node)都能够自由的连接并实现对等的"双向通信"(见图3-1)。在这个分布式系统中,任何一个节点的退出或失效,都不会影响整个系统的通信能力,因为信息可以通过任意节点之间的连接在整个网络中蔓延。

基于"分布式通信"这种开放的、自治的、对等的理念,现代信息科技领域的"P2P"(Peer to Peer)也称"点对点"技术逐渐发展并成熟起来。目前对P2P较为广义的定义是"利用分布式资源以非集中的方式完成特定功能的一类系统或应用"[④]。P2P技术的本质,是使分散的节点

[①] [美]维纳:《人有人的用处——控制论与社会》,陈步译,北京大学出版社2010年版,第20页。

[②] 同上书,第12页。

[③] Paul Baran, *On Distributed Communications*, Santa Monica: RAND Corporation, 1964.

[④] 高迎:《P2P网络中的信任管理》,清华大学出版社2013年版,第5页。

Centralized   Decentralized   Distributed

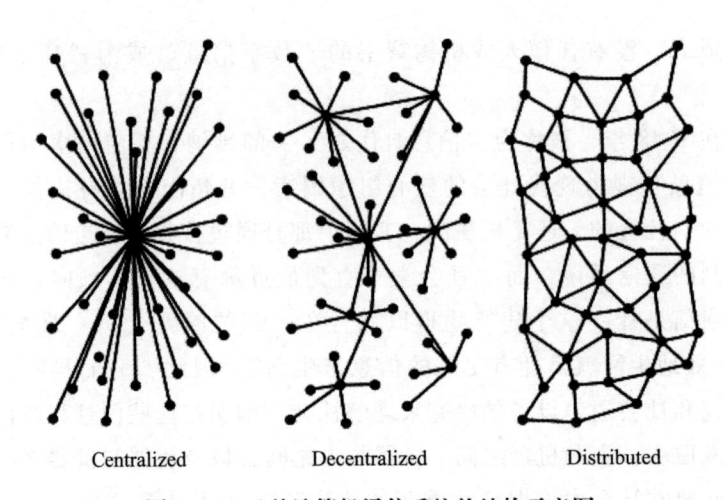

图 3 - 1　三种计算机通信系统的结构示意图

图片来源：Paul Baran, *On Distributed Communications*, Santa Monica: RAND Corporation, 1964.

能够直接地进行信息及资源交互，从而把计算机背后的人和事物以一种更平等、更自由的方式联系起来。在一个 P2P 网络中，所有主体都是对等的（这也是 peer 的本意），因此也时常被人们比喻为一种"民主化体制"。[①]

在互联网诞生的早期，网络应用大多采用 P2P 模式——每台计算机主机作为网络中的一个对等节点，既可以接收信息，也可以作为服务器将自己的信息资源发布到网上供别人使用。然而，随着互联网规模的扩大，节点之间的异质性和复杂性都不断增加，随之而来的安全和信任的问题导致网上协作变得越来越困难，于是以"客户端/服务器"（Client/Server）分离的"非对称"通信模式逐渐成了主流。在这种模式中，信息资源开始向各大服务器单向集中，普通客户端只能下载数据而不能发布或上传，因而易于集中管理并控制信息的真实性及安全性等问题，并形成一种"一对多、强对弱"的网络结构。[②] 直到 20 世纪 90 年代后期，随着个人计算机的性能突飞猛进，以及人们对于一种更为平等的网络结构的诉求，P2P 模式才再度焕发新生。

[①] 高迎：《P2P 网络中的信任管理》，清华大学出版社 2013 年版，第 5 页。

[②] 同上书，第 2 页。

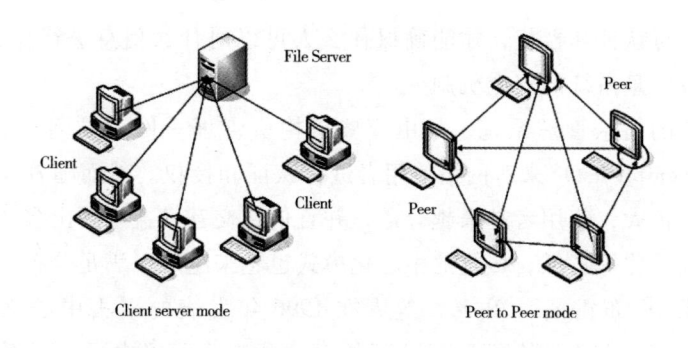

图 3 - 2　客户端/服务器 vs. 点对点通信模式

图片来源：Feng Hong, Tijiang Shan, Zengdong Liu and Zhongwen Guo, *ISI: Integration of Search and Incentive Strategy in P2P Systems*, 2011 International Conference on Internet Technology and Applications, Wuhan, Aug. 2011.

应该说,"互联网"的诞生,就是尝试以一种分布式通信系统取代人们对于特定"中心"的依赖,通过"信息的去中心化"实现信息的流通和扩散。在这个人人都可以接收、发布并传递信息的网络世界中,日益形成了一个麦克罗汉所谓的"处处是中心,无处是边缘"的数字世界。[①] 然而"信息的去中心化"仅仅是一个开始。分布式通信系统对于社会的影响不会停留在信息的层面,而是会通过其无所不及的触角渗透到人类生活的各个领域。与此同时,信息技术也必须嵌入于特定的社会结构才能发挥作用,并从内到外地改变人类的生存方式及互动模式。比特币正是在分布式通信系统不断发展成熟的基础上,通过一套特有的制度、运行及文化体系,推动了"信任的去中心化",从而在信息时代掀起了一场信任模式的革命。

（二）网络化组织中的"分布式信任"

"分布式信任"（distributed trust）的概念最早出现于计算机及密码学领域,指的是一种"信息管理"及"访问控制"（acess control）系统。[②] 由于互联网是一个人见不到人的数字世界,因此需要不断地对信息的访问

[①] 张康之、向玉琼:《网络空间中的政策问题建构》,《中国社会科学》2015 年第 2 期,第 123—138 页。

[②] John Ioannidis and Angelos D. Keromytis, "Distributed Trust", *The Practical Handbook of Internet Computing*, CRC Press, 2004.

及控制进行认证和授权,才能确保什么人可以对什么信息进行什么操作,从而形成信息系统的安全机制。

传统的信息管理系统,是由权威机构所管理一份"访问控制列表"(access control list)来对网络使用者进行认证和授权。然而随着互联网的规模持续扩大,使用者越来越分散,并且信息交互日益呈现出多样化、复杂化及灵活化等特征,传统的中心化模式也越来越难以满足分布式网络的安全需求。[1] 布雷斯(Blaze)等人在1996年发表的《去中心化信任管理》一文中,首次综合性地讨论了如何在分布式网络中通过一系列电子证书体系、计算机语言、代码运行规则等技术手段来实现分布式通信系统的访问控制,从而保障系统信息的隐私及安全。[2] 在这个基础上,约安尼季斯(Ioannidis)等人提出了"分布式信任"的概念,意指一个不需要通过任何权威对某个特定对象进行资质审核,也能够确保合规的系统访问及授权的信息管理模式。[3]

从信息技术的角度出发,"分布式信任"是一种借助计算机及密码学技术来实现信息安全及访问控制的概念工具。然而从社会学角度出发,"信任"作为一种"社会关系",绝不仅仅是在通信系统层面通过技术手段就能够实现的,而是在人们的社会实践中由众多社会力量共同形塑的结果。"信息"对于社会信任所产生的影响,也必须要嵌入于特定的社会结构中来考察,才能理解社会信任作为一种"多维度社会事实"的发展和变迁。

随着互联网对人类社会的影响不断加深,"分布式"的概念已经走出信息技术领域,发展成为一种具有普遍意义的社会互动及组织形式。凯文·凯利于1994年发表的极负盛名的著作《失控:全人类的最终命运和结局》,其核心思想就是围绕"分布式"概念展开的。他试图通过"生物进化论"的逻辑来理解技术及整个人类社会的发展,并将所有具有"生命活力"的系统——如自然界的"有机体""生态系统"以及人造世界的"经济体""因特网""硅神经网络芯片"等复杂系统——统称为"活系统",强调"分布式"正是这些活系统的基本组织特征。凯利认

---

[1] M. Blaze, J. Feigenbaum and J. Lacy, *Decentralized Trust Management*, Proceedings 1996 IEEE Symposium on Security and Privacy Security and Privacy, Oakland, May 1996, pp. 164 – 173.

[2] Ibid. .

[3] John Ioannidis and Angelos D. Keromytis, "Distributed Trust", *The Practical Handbook of Internet Computing*, CRC Press, 2004, p. 4.

为分布式系统有四大特点：（1）没有强制的中心控制；（2）自治的次级单位；（3）各单位之间高度连接；（4）基于点对点的影响在网络中形成"非线性因果关系"。①

我们所熟知的"维基百科""滴滴打车""爱彼迎"等新型互联网企业在很大程度上都是基于现代信息技术而形成的分布式组织。在这些组织中，人们也越来越习惯于信任那些素未谋面的陌生人，如撰写维基词条的志愿者、滴滴顺风车的司机、将自己多余卧室出租的房东等，他们都不是隶属于某个科层式企业的"固定员工"，而是更具自治性及流动性的"自愿参与者"。应该说，这些新型互联网企业所取得的巨大成功，已经体现了"分布式信任"在信息时代作为一种新型社会信任模式的发展趋势。然而，这些网络化企业大多只是在一些关键部门及运营过程中实现了部分的去中心化，但仍然需要人们把信任赋予这些公司本身作为"可信的第三方"，才能建立并维系人们对于该组织及其成员行为的信任。

"比特币"的革命性创新，在于它在"货币"这个最需要，且最广泛凝聚了社会信任的领域，真正地实现了不需要依赖于任何特定的中心，而是完全存在于一个由分散在世界各地的"自愿者"及"自动化系统"共同运作的、开放的、流动的分布式网络中。比特币的兴起，代表了社会信任模式在其发展过程中的又一个重大里程碑。本书以比特币的兴起为例，将"分布式信任"视为在分布式通信系统的基础上，基于信息时代特有的制度、运行及文化系统而诞生的一种新型社会信任模式。比特币作为一种全新的货币形态，正是这种新型信任模式的集中体现——通过全新的"象征符号"及"专家系统"建立并维系着人们对于一个货币系统的"稳定期待"，从而超越了传统货币及其集中式信任模式的局限，在被时空分离的陌生人之间建立一种新的"联结及整合"。

---

① ［美］凯文·凯利：《失控：全人类的最终命运和结局》，张行舟等译，电子工业出版社2016年版，第35页。

第四章

比特币信任革命的制度创新

> 我们不可能用区域性的方案来解决全球问题——尽管现存的政治制度热心地,然而是徒劳地,寻求区域性的解决方案(需要指出的是,截止到目前,现存的政治制度是我们集体设计出来的唯一的政治制度,我们仅仅拥有这样的政治制度)。难怪,所有这类制度都是区域性的,合理(合法)行动的最高权力受到了地域的限制。[①]
>
> ——齐格蒙特·鲍曼

著名现代性及后现代性学者齐格蒙特·鲍曼(Zygmunt Bauma)认为,现代社会所面临的一个巨大挑战,就是"区域性制度"与"全球性问题"之间的矛盾。一方面,由于人类的社会活动及社会权利已经超出了民族国家所能够维持的制度框架,同时却还未能在新的全球性社会空间中走向制度化。另一方面,随着"流动的现代性"使社会不再具有明确的边界和规范,导致个体不得不在社会生活中面临巨大的不确定性,且日益感到焦虑、无力。在这个意义上,现代社会在"全球政治"和"生活政治"两个层面的挤压中成了一个"被围困的社会"。[②]

随着现代信息及网络技术将全世界的人们联系到一起,社会信任也日益成为一个全球性问题,越来越难以通过区域性制度来解决。比特币作为一种诞生于互联网的全球性的数字货币,则尝试通过一种全新的货币制度取代国家货币的制度体系,从而超越国家货币及其集中式信任模式的区域

[①] [英]齐格蒙特·鲍曼:《被围困的社会》,郇建立译,江苏人民出版社2005年版,第102页。

[②] 同上。

性限制，在全球网络空间中实现一种新型货币及信任模式的制度化。这一章，我们将从制度架构、分布式共识，以及激励机制三个层面来分析人们"为什么信任比特币"的问题，从而理解比特币及其分布式信任模式的制度基础。

第一节 比特币的制度架构

作为诞生于互联网的数字货币，比特币的货币制度与基于民族国家区域性制度的法定货币有着根本性的差异。一般认为，现代民族国家诞生于欧洲在1648年确立的"威斯特伐利亚体系"，于19世纪发展成为一种覆盖全球的政治形式，以至于所有其他形式的政治实体（如皇权帝国和部落社会）几乎完全消失。"国家"也逐渐脱离了宗教等外部权威的控制，成了具有独立主权的政治实体，拥有明确的"外部边界"，并对"内部事务"具有绝对的自主权和仲裁权。[①] 然而，随着人类社会迈入信息时代，民族—国家制度体系所依赖的两个基本条件——拥有（1）清晰的地理疆域，以及（2）明确的国家主权——在互联网所开辟的数字世界中都受到了挑战。

随着信息及网络技术掀起的"数字洪流"不断冲击着基于地理疆域的"内部"和"外部"之间的边界，并形成了一个全球化数字经济体，如何建立一种可以超越区域性限制的货币制度，直接决定了这种货币能否在全球范围内获得人们的普遍信任。比特币作为诞生于互联网，且完全基于互联网而流通的数字货币，正是一种全球性制度创新的突出代表。

一 比特币的制度基础："代码即法律"

我们从朱克尔对于社会信任制度化的讨论中已经看出，社会信任若想超越传统模式的区域性限制，就必须在更广阔的时空范围内建立社会成员对于"外部世界的共识"，才能形成并维系人们对于这个世界及其运作方式的稳定性期待。在由数字信息构建的网络空间中，无论是对"外部世界"的界定，还是社会成员之间"共识"，都是由"代码"（code）定义

[①] ［英］安东尼·吉登斯：《民族—国家与暴力》，胡宗泽等译，生活·读书·新知三联书店1998年版，第305—306页。

并形塑的，因此社会标准及行为规则的制度化也只能通过代码来实现。

不同于物理空间，"网络空间"（cyberspace）是一个事物和事物之间（或其符号之间）没有"天然边界"的世界。数字技术为我们开启了通往一个新世界的大门，然而，它并不像是中世纪那个安静地等待哥伦布去发现的、天然存在的新大陆，网络空间中没有海岸线，没有土地，没有动植物和原住民，只有以"0"和"1"组成的数字信息，是一个需要完全通过人为设计和创造来构建的"人造世界"。在这个崭新的数字世界中，事物之间的关系所遵循的法则已经不再是物理世界中的"自然法"，而是在基于人们在互动过程中不断构建的"人为法"。[①]

劳伦斯·莱斯格（Lawrence Lessig）作为在美国希望借助信息及网络技术推动社会政治改革的代表人物，在其1999年发表的《代码2.0：网络空间中的法律》一书中提出了"代码即法律"（code is law）的理念。[②] 莱斯格认为，任何时代都有其特定的"规制者"（regulator），而网络空间的规制者就是"代码"——构建网络空间的软件和硬件，正是"这些代码及其结构，决定了人们在网络空间中体验生活的基本方式"。[③] 在这个数字世界中，"代码"的逻辑和内容决定了人与人、人与事物，以及事务与事物之间的相互关系，改变了"客观存在的外部世界"的定义和形式，同时也决定了网络空间的制度规范是如何被建立、执行并维系的。

"代码"指的是将"信息"输入计算机时所使用的符号体系，又可以分为源代码、目标代码和可执行代码。"源代码"指的是程序员根据某种特定的语言规范所书写的文字符号，代表了一种"人类可读的语言指令"。而"目标代码"则是通过使用计算机编译器对源代码进行处理后生成的，计算机可读的一种"二进制指令"。"可执行代码"则是将不同的目标代码连接后，使机器可以直接执行该指令的代码。简言之，代码就是人类利用计算机媒介在数字世界中实现通信的符号及语言，而由代码组成的"算法"（algorithm）和"软件"（software）就成了形塑数字世界及数字化活动的规则框架。"'算法'是一套定义明确的指令，使你能完成某

[①] 参考孟德斯鸠在《论法的精神》中对"自然法"和"人为法"进行的论述及区分。

[②] ［美］劳伦斯·莱斯格：《代码2.0：网络空间中的法律》，李旭、沈伟伟译，清华大学出版社2009年版，第1页。

[③] Lawrence Lessig, "Code is Law: on Liberty in Cyberspace", *Harvard Magazine*, January-February, 2000.

个特定的任务。算法是可预测的（predictable）、确定性的（deterministic）、不可更改的（not subject to change）。一个告诉你如何从A点到达B点的算法，不会让你绕路，不会让你额外地经过D、E、F等地方，更不会让你停下来闻闻玫瑰花或喝杯咖啡"。[①] 在数字世界中，基于代码的算法决定了"何事在何时何地发生"，因而代表了事物之间的绝对逻辑关系，并且不以行动者的个人意志为转移。在这个意义上，代码不仅仅是一种符号体系，更是决定了数字世界如何形成并得以运转的制度基础。

比特币货币制度的建立、执行及维系，都通过代码及算法来实现，并且没有任何特定的人或机构为其货币制度进行背书。因此，人们对于这套货币制度的信任，就从传统的权威机构（如中央银行）转移到了其代码及算法上。比特币的系统代码规定了比特币的最高总量只能有2100万个，并限制了比特币的发行速度，预估在2140年所有的"新币"都将分发完毕。正是比特币代码及算法的可预测性、确定性及不可更改性，构成了人们对其货币制度的信任基础。

> 我认为比特币比法币更值得信任的最主要原因就是有限供给。它永远只能有这么多存在，同时我能够使用数学的方法来向自己证明它永远只能够有这么多，而且我能知道我自己拥有多少以及它最多将会产生多少。我感觉这是一个非常强大的事情，因为它的供给完全由网络自身决定，并且没有人能够改变它，我认为这就是一个货币能否被认可所需要具备的特性。（访谈对象：比特币金融软件程序员T）

正是比特币基于代码及算法的制度基础，使人们对比特币货币体系及其发展形成了稳定的预期，同时使其与国家货币制度形成了鲜明的对比。作为一种"无中生有"的数字货币，比特币不来源于任何物质基础或权威机构的背书，因此也只能通过人们对其代码的信任来建立。正如每张美元纸钞上都印有"我们信靠上帝"（In God We Trust），比特币社区则以"我们信靠代码"（In Code We Trust）的标语取而代之。

不仅仅是在数字货币的层面，代码对基于数字货币的商业活动也起到

[①] ［美］史蒂夫·迈克康奈尔：《代码大全（第2版）》，金戈等译，电子工业出版社2006年版，第12页。

了规范及约束的作用。随着比特币的兴起，区块链也日益作为投资领域的"热门标签"吸引了大量的社会资源，并涌现出众多基于比特币区块链的创业项目。然而判断一个区块链项目"是否可信"的标准，也已经发生了重大转变。

> 要花时间去真正了解区块链，（投资）团队里还得有人能够读得懂代码，谁的好谁的粗糙，你看过代码你就知道。有的你一看，这不就是抄的吗，你如果根本不知道，很容易受骗。这是很技术的一个东西，你不能光谈商业模式，因为它是在代码上实现，它所有的商业想法商业措施，都得变成代码，不像我们弄几个人商量一下，我们有关系有朋友就能把生意做成的，它最后都得是（基于）代码的。所以你要有这样的人，先把最基本的几个区块链代码一行一行看，才能具备投资能力。因为它（区块链项目）必须是在代码层面上实现的。你完全不看代码投资是很盲目的。（访谈对象：知名区块链基金创始人 F）

因此，投资者在选择一个区块链项目时，其最重要的判断指标已经不再是人的可信度，而是代码的可信度。这是因为，在人见不到人的网络空间中，形塑社会经济交换的制度架构已经发生了根本性转变。代码不仅仅构成了人们对于"外部世界的共识"，同时也是人们将这些共识转变为可操作化项目的基本手段和工具。

> 因为现在我们是把论文、代码、法律这一系列的东西分离开来，实际上未来会有融合的趋势。法律即代码，或者说论文即代码，两者之间是可以互相转换的。这一块其实法国的 INRIA 研究机构（法国国家信息与自动化研究所）和剑桥大学的科研机构都在做这方面的研究，也有相关的落地项目。意思就是说，像黄皮书，就是大家都在参考的区块链的一份范例，都需要用代码来编写。一方面它是可读的，另一方面工程人员看到这份范例是可以转换为实际的落地项目的。（访谈对象：区块链技术研究者及创业者 B）

由此可见，无论是在抽象的制度设计层面，还是在具体的制度实施层面，代码都构成了数字货币制度框架的核心。正如《连线》杂志在 1995

年的一篇关于信息时代无政府主义的文章中所言,"我们拒绝:国王、总统和投票。我们坚信:基本的共识和运行的代码"。① 这种基于"代码即法律"的制度逻辑也凸显了比特币这种"去中心化数字货币"与国家货币制度体系的一个根本差异。

然而,货币制度作为一种人为构建的产物,无论通过什么样的手段来确立,都不会是中立或价值无涉的,而是根据不同的制度原则表现出不同的模式。接下来,我们将考察比特币货币制度的"开放式"原则是如何影响着人们对于这种去中心化数字货币的信任。

二 比特币的制度原则:"开放源代码"

随着代码和软件日益成了构建网络空间的基本材料及手段,其背后的制度体系也在经历一个不断发展及演变的过程。不同类型的代码实际上意味着不同的社会信息结构,并遵循着完全不同的制度原则。

莱斯格认为代码作为网络空间的规制者,可以被分为两种类型,即"封闭式"和"开放式"。封闭式代码的代表是"私有软件",即由某个软件开发者(个体或机构)集中设计、生产、发布,并且不对外公开源代码,从而将软件的运作及执行方式掩盖起来,并使其成为一种私有资源。开放式代码则代表了"开源软件",即源代码完全对外开放,所有人都可以自由地使用、学习甚至修改这个软件,并且可以进行免费的复制及分发。② 封闭式与开放式意味着两种完全不同的代码构建方式,在这两种构建方式背后,绝不仅仅是一种技术性选择,更代表了基于不同原则而产生的制度性选择,因此也时常引发极大的争议。

现在广为人知的"开放源代码运动"(open source movement)(简称"开源运动"),就是号召软件开发者将源代码完全公开,从而实现信息和技术成果的共享及自由使用的基本理念。作为开源运动的元老,雷蒙德(Eric S. Raymond)所撰写的《大教堂与集市》被视为是开源运动的奠基性著作。雷蒙德将基于封闭式代码的软件开发方式比喻成"大教堂模式",代表了一种由上而下的、垂直的、封闭的集中式开发过程。而开源

---

① Paulina Borsook, *How Anarchy Works*, 1995.10.1, WIRED (https://www.wired.com/1995/10/ietf/)。

② [美]劳伦斯·莱斯格:《代码2.0:网络空间中的法律》,李旭、沈伟伟译,清华大学出版社2009年版,第154页。

软件的开发则是基于一种"集市模式",这里没有封闭的层级结构,而更像是一个嘈杂的、汇聚了不同议题及方案的大集市,是一种由众多分散的志愿者共同参与构建的软件开发方式。

雷蒙德认为,大教堂及集市模式的一个关键区别,在于二者如何解决软件开发过程中所面临的程序缺陷,即"臭虫"(bug)的问题。在大教堂模式中,"bug"被视为是一个极为复杂且难以彻底解决的问题,因此若要开发一个可信的软件,就"要经过几个人数月的全心投入和仔细检查,才能有点信心说已经剔除了所有错误。而发布间隔越长,倘若等待已久的发布版本并不完美,人们的失望就越发不可避免"。因此,人们对于一个私有软件的信任是基于对少数人的专业能力及一个经过精密计划的开发过程的信任。相比之下,集市模式所遵循的原则是"只要眼睛多,bug容易捉",雷蒙德将其称为 Linux 法则。① 这是因为当"上千名合作开发者热切钻研每个新发布版本的情况下,你可以假定 bug 是浅显易找的,或者至少可以很快变得浅显易找"。② 因此,当开源软件能够通过一种开放式系统聚集众多的参与者,并尝试着从不同的角度及方法来解决同一个问题,反而会比一个由少数"专家"构成的封闭系统更加可信。

如今,"开源"作为一种开放的、分布式的、基于自愿合作的软件开发模式,已经在众多成功的案例中证明了其创新能力及社会影响力。同时,"开源"的含义也日益从一种软件开发的"技术原则",演化成了所有开放式系统的"制度原则"。正如莱斯格所言,"开放代码就像是关于网络规制的某部《信息自由法》。开放代码要求法律的制定必须公开,必须透明。开放代码是开放社会的基础"。③ 因为,在由代码和算法构建的网络空间中,只有通过开放源代码,才能让其社会成员对一个制度体系的设计、建构及执行过程进行必要的认识、监督及制约,从而树立起公众对

---

① 开源软件的种类繁多,其中最成功的就是 Linux 操作系统。Linux 从 1991 年一个芬兰大学生的研究项目发展为目前除微软之外最受欢迎的操作系统(如谷歌的安卓系统就是基于 Linux 的核心代码以开源模式发布并维系的),并且围绕其形成了一个庞大的开发者社区。在其诞生 25 周年之际,据 Linux 基金会的粗略统计,已有超过 13500 名开发者,以及超过 1300 家公司对 Linux 核心代码的开发作出过贡献。

② [美] 埃里克·史蒂文·雷蒙德:《大教堂与集市》,卫剑钒译,机械工业出版社 2014 年版,第 31 页。

③ [美] 劳伦斯·莱斯格:《代码2.0:网络空间中的法律》,李旭、沈伟伟译,清华大学出版社 2009 年版,第 169 页。

于某个软件系统及其制度的信任。

比特币作为一种不依附于任何特定个体及机构而运行的数字货币，之所以能够赢得人们对其货币制度的广泛信任，也正是基于其完全开源的制度原则。比特币作为一个开源软件，实际上就是一本用密码学和计算机代码编写的"开放协议"（open protocol），最早由中本聪于2009年发布到网络中，然后便完全由一个开源社区集体参与维护和改进。人们不需要信任某个具体的开发者，但却可以信任其彻底开源的制度架构。因此，"信任"就从具体的开发者（或机构）身上转移到一个可以被"公开检验"的开源代码系统之中，并由此获得了独立于任何特定对象的"客观性"，从而建立并维系着人们对于整个系统可靠性的稳定期待。

"中本聪"作为比特币的创始人，是比特币系统源代码和软件的最初设计者及发布者，但是自从他将其研究成果公开地在互联网上发布之后，比特币就成了一个开放式系统。人们日益围绕比特币形成了一个庞大的"开源社区"，不断吸引着全球上万名的志愿者对其代码及软件的维护和发展贡献出自己的力量。在这个意义上，比特币早已脱离了"中本聪"这个特定对象的控制，并且也不依赖于任何特定的"规制者"的背书，而是通过开放透明的"集市模式"汇聚了来自世界各地的自愿贡献者的研究成果，以一种独立于任何特定对象的方式建立了人们对于该系统的普遍信任。

> 这些（开源项目的）研究成果它是前赴后继的，比如第一个人挂了，那么对后面的运转是没有任何损失或影响的。比如中本聪，他可能已经死了，但对比特币以及区块链未来的整个价值几乎没有影响。因为这个圈子一方面他是开放的、开源的，所有的成果都以最终的论文或代码体现出来，没有其他的任何形式的东西，而且它必须开放。之前我在X公司那边，后来到Y公司短暂的待了一些天，它们一定会失败的主要原因是，它们的区块链底层是闭源的，它得不到社会的认可，得不到信任。它希望通过工信部的一系列机构的背书来完成未来的商业化，但这样的做法实际上会适得其反，因为那些机构本身不可信，所以它的市场也不会进一步认可它，所以这是一个非常糟糕的发展方向。（访谈对象：区块链技术研究者及创业者B）

"开源项目"在很大程度上被视为一种独立于其创始人而存在的"公共项目",并通过开源社区吸取众人的研究成果,从而持续获得市场的认可及信任。相比之下,一些"闭源项目"虽然拥有权威机构的背书,但由于其代码是封闭式的,依然被视为不可信。在这个意义上,"开源"意味着公开、透明,因而能够在众人的监督下避免封闭系统所造成的信息不对称问题。

如果你想了解一个活动的真实情况,你是更愿意相信一个有6000个摄影爱好者同时拍照的场景,还是由2个专门被聘用的摄影师来拍照的场景?这就是问题。(访谈对象:区块链产业研究者S)

从这位受访者的比喻中我们可以看出,当人们对一个对象的信任必须基于他人提供的信息,那么其可信性在很大程度上与提供该信息的人数成正比。网络空间就是一个由各种信息所构建的数字世界,而一个软件的"代码"作为这些信息系统的底层架构,也必须"开源"才能够吸引更多的参与者为其可信性提供背书。

最底层的东西现在只有一个(办法)就是开源,不开源的底层谁会相信?谁会用?你想做一个区块链底层协议然后又不开源,那只有你自己玩儿。私链,实际上要让别人信你也是要开源,只要你是最底层的东西一定是要开源的,开源的才行,才敢接,不开源的东西没人敢接。因为区块链毕竟是跟传统互联网不一样的东西,它就是开源的,基于开源的底层去做应用大家才敢信,因为他看得见嘛,否则的话不管你是联盟链还是什么,你这个体系又跟传统的体系不一样,(如果闭源)人家怎么敢信你啊,你把人家东西拿走了,弄丢了,然后你说是被黑客弄走了,都没法追究你。(访谈对象:知名区块链基金创始人F)

因此,"开源"作为一种根本性的制度原则,根植于数字世界的基本运作模式中。在这个由代码构建的网络空间中,传统社会中的制度体系难以充分发挥作用,只有基于彻底公开透明的原则,才能在这个日益扩张的数字宇宙中建立一套被广泛认可的制度架构,并通过代码形成有效的规范及制约，从而构建人们对于一个开放式系统的普遍信任。

三 比特币的制度结构："分布式网络"

"去中心化"（decentralization）、"点对点"（P2P）、"分布式"（distributed）都是近年来在互联网领域出现率极高的热词，并且在一定程度上描述了一种共同的趋势——社会结构从科层制的金字塔结构向扁平化的网络结构转型。一般来说，"去中心化"描述的是一个系统从"中心"向"非中心"模式的动态发展过程。"点对点"更多用来指一种基于对等参与节点的网络通信技术。"分布式"则偏重于描述一个由众多分散的系统参与者构成的网络化结构。在比特币所构建的货币制度体系中，这三个概念紧密相关且互为表里。作为一个开源软件，比特币所依靠的一个关键技术就是点对点技术。在一个开放的数字世界中，正是基于点对点技术的发展与普及，人们才能以开源的原则构建一种基于分布式网络的制度结构。

中本聪在比特币的白皮书中，将其称为"一个点对点电子现金系统"，就是希望通过点对点技术取代传统机构对于系统信息的垄断，在一个分布式网络的基础上构建一套可靠的货币制度。在比特币的分布式网络中，不存在任何中心控制节点，而是通过运行开源软件，让所有网络中的对等节点都可以参与系统管理并对其发展方向提出修改意见，最终形成一组公认的系统代码及制度安排。

简单来说，比特币系统规定所有信息（包括交易双方的账号、交易内容等任何形式的数字信息）都必须先通过一个名为"sha-256"的"散列函数方程"（Hash function）进行密码学处理。这个方程会将任意长短的数字信息输出为一个由256比特[1]组成的统一格式的"散列值"（Hash）。这个散列值看上去是完全随机的，没有任何规律可循。然而，每一组信息都只能生成一个固定且唯一的散列值，如果输入的信息中发生了任何微小的改变，输出的散列值就会完全不同。[2] 所以散列值就如同一组信息的指纹，在隐藏了信息内容的同时，也可以被用来验证原始信息是

---

[1] 比特（Bit）是信息量的最小单位。
[2] 如"你好"对应的散列值为"670d9743542cae3ea7ebe36af56bd53648b0a1126162e78d81a32934a711302e"。而"你好！"对应的散列值则为"ecde115cdca96a1a181db6b9e88c1e1f6e208ca77916627cc8a9fa02b39d0692"。原文只多了一个叹号，散列值便完全不同。且无论输入值是一个单词，还是一整本字典，输出的散列值在格式上都是统一的。

否准确且完整。通过运用散列算法，系统将任意长短的信息转换为统一的标准格式，然后向全网公开发布，并等待被分散于网络中的节点各自收集并记录到基于区块链的分布式账本中。

不同于中心化信息系统，比特币的分布式账本没有一个集中的信息记录者或管理者，而是每隔 10 分钟就会随机选定某一个节点获得记账权，并负责将这 10 分钟内经过散列方程处理的数据变化，组合成为一个新的数据"区块"然后记录到区块链中。同时，系统规定所有数据一旦写入某个区块就被永久性的储存在那里，不能删除，也不能更改。所有区块按照时间顺序首尾相连，组成一个不断延伸的链条，因而被称为"区块链"（图 4-1）。这就如同之前的账本上加了一页，然后再将这页纸的内容向全网公布，让每个节点都进行备份，从而集体更新这份账本。比特币的区块链中，包含了从 2009 年 1 月中本聪发布的第一个"创世区块"（genesis block）直到你阅读此刻的 10 分钟前的区块中的所有数据变化，完整地记录着比特币系统信息的内容及其发生顺序。

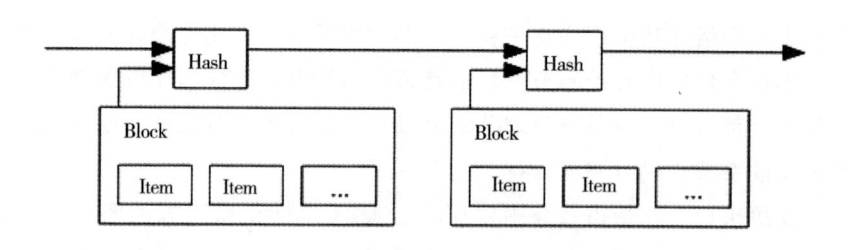

图 4-1　比特币区块链结构示意图

图片摘自比特币白皮书：Satoshi Nakamoto，*Bitcoin：A Peer-to-peer Electronic Cash System*，2008（https：//bitcoin.org/bitcoin.pdf）。

因此，区块链技术意味着人们能够在密码学及信息科技的基础上，以一个分布式网络来记录所有基于"信息交互"的社会活动。比特币就是针对"货币"这个最先被"信息化"和"数字化"的对象，在由信息流构建的数字世界中以一种分布式架构推动了一次货币制度的结构性创新。

它（区块链）不是为了解决现有工业社会的什么问题，工业社会做得挺好的，它解决的是你一旦被信息化、被数字化之后，你怎么去管理你那个数字世界，是一个崭新的课题，需要有新的东西来管，而不是发明东西来改造旧的，工业社会它自己进化得挺好的。你说区块链在性能上比一个中心化的银行系统更高吗？没有。但银行的系统能在数字世界里玩吗？玩不了。因此需要一个新的东西，而不是改造旧的东西。某些技术可以用来提升旧的东西的效率，但它不是为了改造旧的东西而产生出来的，它就是信息社会的底层架构。工业社会是一个金字塔式的层级式的架构，因为它这样最有效率，但信息社会难道还是这个架构吗？应该不是，新的架构靠什么？现在来看区块链在里面能够扮演很重要的一个角色。它可能也没有发展得很完善，有需求技术才能够适应，随着信息社会的发展，分布式架构也会越来越成熟越来越完善。农业社会的架构是中心化的吗？不是，那个时候也不跨区域，大家都是各自在自己老家，老死不相往来，自给自足的，它的底层社会架构又是一种。所以这是底层架构的一个东西。（访谈对象：知名区块链基金创始人F）

比特币的兴起，意味着在这个快速发展且充满未知的数字世界中，"分布式"比"集中式"更能有效地动员并管理人们基于信息交互而展开的社会活动。在比特币的分布式网络中，整个系统的信息资源及管理成本都是由全网节点共同分享的，并通过打破传统中心化信息系统的信息黑箱，大幅减少了由于信息不透明导致的权力集中及滥用等种种弊端。通过摆脱工业时代区域性制度的限制，比特币的分布式网络在全球范围内构建了一种信息时代特有的制度架构，并为人们对于比特币的信任提供了必要的制度基础。

第二节 比特币的分布式共识

我们已经指出，社会信任模式若要突破人格信任的狭小范围，就必须通过制度化手段在更广阔的领域中构建社会成员对于"外部世界的共识"，才能在主体间形成一种对事物真实性及可靠性的稳定期待。比特币作为一种全新的货币制度，也必须能够建立并维系人们对于其系统安全性及可靠性的普遍共识。然而，在比特币所构建的分布式系统中，随着系统控制权的分散，同时意味着维护系统共识的责任也被分散了。作为一个开放的、动态的自治系统，任何特定的节点都有可能是"恶意节点"因而是不可靠的。在这个没有权威机构，并且充满了不可信匿名节点的网络中，人们对于比特币系统可靠性的共识是如何建立起来并得以制度化的？接下来我们将从两个关键层面来考察比特币的共识机制。

一 算法权威：凝聚共识的新基础

当数字技术日益能够将信息从事物本身中抽离出来，使信息得以摆脱物理世界的束缚，并在网络中以数字化的形式无阻碍的传播，就意味着人类可以在更广泛的时空领域中改造并控制我们的生存环境。与此同时，也只有通过利用数字技术进行沟通和互动，人们才有可能在这个日益数字化的世界中看到一起、想到一起、做到一起，从而有效构建社会共识，并增加社会系统的整合程度。在这个意义上，数字技术通过改变信息的生成与通讯模式，同时改变着社会共识在数字化环境中的整合模式。这种新型整合模式使社会共识的建立及维系不再依赖于特定的"人类权威"，而是基于一种由数学及计算机原理构建的"算法权威"之上。

韦伯在《经济与社会》中指出，任何一种社会组织都必须建立在某种形式的权威之上，并将"权威"定义为不通过强制性手段而获得的合法权利。[1] 在数字世界中，权威的形式和基础都已经发生了深刻的转变。权威是社会信任的一个重要来源，因此权威性质的变化也会直接影响社会信任的基础及形成方式。克莱·舍基（Clay Shirky）作为研究互联网技术对于社会经济影响的资深学者，发现人们已经越来越倾向于信任一种新型的信息搜集及过滤方式，其突出代表就是谷歌、推特及维基百科所使用的"算法"。舍基将这种趋势背后的力量称为"算法权威"，并将其定义为"人们通过一种不施加控制的过程，从多种不可信的来源中获取他们视为具有权威性的信息，同时不需要任何人类声称'信任它，因为我说它是可信的'"。[2]

在目前的货币体系中，人们信任一个国家的法币，是因为国家代表了社会的共同利益并垄断了发行货币的权力，因此国家作为一个权威机构是

---

[1] ［德］马克斯·韦伯：《经济与社会》，阎克文译，人民出版社 2010 年版。

[2] Clay Shirky, *A Speculative Post on the Idea of Algorithmic Authority*, 2009（www.shirky.com/weblog/2009/11/a-speculative-post-on-the-idea-of-algorithmic-authority/）.

人们对法币建立普遍性信任的根本性来源。相比之下，比特币作为一种"无主货币"，其背后并没有任何特定的权威机构，而是基于一个社区公认的"共识算法"（consensus algorithm）而发行。这个"共识算法"不受任何特定人或机构的控制，而是由社区志愿者共同参与管理比特币的开源软件而形成的。共识算法构成了比特币系统信息的权威性基础，决定了人们将什么信息视为是"真实的"并被社区成员"共同认可的"，进而决定了什么是"可信的"。在很大程度上，正是出于对"国家权威"及法币制度体系的质疑，人们才更倾向于信任这种不依赖于特定人类对象的"算法权威"。[1]

> 我对比特币的兴趣主要起源于对纸币的普遍怀疑，因为永远也没有人能告诉我到底存在多少纸币，这点非常可疑。每个国家都会公布一个数值，M2 或是什么别的，同时对这个数值的定义也十分模糊，就像个玩笑。政府到底制造发行了多少纸币，都非常不清楚，这很不公平。我最初听说比特币时也很怀疑，但当我了解它的原理，就完全被它的政治含义及潜在的可能性吸引了。然后我就开始关注它的技术细节，有人能把它从我手里偷走吗？真的只能有 2100 万个吗？真的没有人能够改变它的最高供给量吗？我做了非常多的研究。当我逐渐了解它的算法及运行原理，我对比特币的信任就越来越多并且一直在增加，我认为时间是一个很好的考验。（访谈对象：比特币爱好者及投资者 A）

因此，人们对比特币货币制度的信任在很大程度上源于对国家权威及其货币制度的不信任，并将算法权威视为可以替代国家权威的信任基础。其实，不仅仅是针对国家，人们对于金融机构的质疑也直接导致了权威性质及信任来源的转移。

> 我接触比特币在很大程度上是出于我对银行业的不满。当时我一直想找一个提供利息的存款账户，但所有银行的利率基本都接近零，

---

[1] CaitlinLustig and Bonnie Nardi, *Algorithmic Authority: The Case of Bitcoin*, 2015 48th Hawaii International Conference on System Sciences, Kauai, Jan. 2015, pp. 743 - 752.

这就限制了你能存多少钱。然后我从一个电视节目中听说了比特币，他们在当天的金融新闻之后聊起这个东西。我一开始也只是试探性地去了解，因为我不明白它的原理是什么。直到后来我才认识到比特币的供给是绝对有限的，因为它的算法就是这么设计的。我发现这正是我要找的东西，一种具备升值潜力的货币。（访谈对象：区块链产业研究者 S）

这些受访者都将比特币的"算法"视为保障其价值及稀缺性的"锚定物"，从而可以替代传统权威机构的背书，以一种新型权威树立人们对这种货币可靠性的普遍共识。卡斯特曾指出，在网络社会中，行动者越来越需要通过"沟通"而非"代表权"来获得权利。[1] 在比特币所构建的货币制度体系中，权威的性质及建立共识的方式都发生了改变。人们对于货币的信任已经不再来源于国家权威及其权力机构的背书，而是来源于比特币算法的公开性、可预测性及确定性，并通过社区成员的集体沟通及协作，建立并维系一套"分布式共识"来建立的。

二　比特币的共识机制："工作量证明"

在信息技术的发展过程中，所有去中心化信息系统所面临的最大困难，并不是如何实现点对点的通信技术，而是如何在系统内部建立分布式共识。尤其是当网络节点互不信任，并存在恶意节点时，如何保证系统内正当节点所接收到的信息都是一致且有效的，一直被视为一个几乎不可能解决的问题。[2]

拿金融领域来说，凡是电子货币系统都面临一个极为严重的挑战，即"双重支付问题"（double spending problem）。不同于贵金属或纸币，电子货币是没有物质形态的，所以几乎可以零成本地被复制并用于重复支付。人们如何才能防止作弊者通过制造"双重支付"来扰乱系统，并对财产数据的完整性、真实性及可靠性达成共识呢？因此，只有通过银行等第三方机构来建立并维护一个独立且完整的中心化电子账本，才能有效解决个

---

[1] Manuel Castells, "Information Technology and Global Capitalism", *On the Edge: Living with Global Capitalism*, 2001, pp. 52-74.

[2] 在信息科技领域称为"拜占庭将军问题"（Byzantine generals problem）。

体所面对的"信息不对称"问题,并阻挡作弊者的恶意攻击。而比特币首次通过一个去中心化方案解决了双重支付问题,在系统内部形成了有效的分布式共识,并建立了人们对比特币货币制度的信任。

在比特币系统中,到底由谁来记账不是任何人或机构可以决定的,而是必须通过节点之间的公开竞争来获得。这个竞争过程所使用的共识机制就是"工作量证明"(Proof of Work)。[①] 工作量证明的目的其实很简单,就是使记账变成一件很困难,同时又可以被快速验证的工作,使人们相信你的确付出了时间和资源来完成一个符合系统规则的任务。在我们的日常生活中其实处处存在工作量证明,学历证书就是一个典型的例子,看到这份证书的人就能相信,你一定是按照学校规定付出了可观的努力才获得成功,进而对于你的资质赋予认可及信任。区别在于,学历证书的可信性来源于这份证书的颁发机构,而比特币区块链的可信性则源于密码学原理和制度设计。

比特币系统规定,区块链中的每一个新的数据区块在被系统接受之前,都必须解答一个密码学证明题,[②] 谁最先找到这个证明题的答案,谁就能够获得新区块的记账权。然而想要找到这个答案十分困难,唯一的方法就是通过计算机(称为"比特币矿机")反复大量地运算特定函数方程(称为"挖矿")来试错,直到某一个随机生成的散列值刚好符合证明题的答案。全网每个节点都希望通过增加自身的计算机算力(即比特币矿机的运算能力)来寻找这个答案,希望成为那个幸运者。其原理就如同参与抽奖,抽奖本身是随机的,然而如果一个人拥有足够多的彩票,他中奖的概率就会高很多。拥有强大的比特币矿机及算力,就如同拥有比别人更多数量的彩票,赢得记账权的概率也会相应增加。

每隔 10 分钟,网络节点们就会将这 10 分钟内的交易信息按系统规则记录到一个数据区块中,并对其进行庞大的运算。当任何一个节点计算出正确答案,它就会立刻向全网广播,这时其他节点会集体验证这个区块是否合规。如果证明合规,根据密码学原理,大家就会相信该节点一定是付出了大量的算力,即找到答案所需要的"工作量",才能够生成这个新区块并

[①] 目前在区块链技术不同的应用中,总共存在十几种共识机制。最早也是最广为人知的,就是以比特币为代表的"公共区块链"所采用的"工作量证明"机制,其余的共识机制在很大程度上都是其变种和延伸。

[②] 这里的描述及比喻是基于笔者对比特币系统的认识,并非专业的计算机术语,目的是从一般意义上理解比特币的设计理念。

获得这10分钟内的记账权。在比特币系统中，只有当一个人拥有了超过全网51%的算力时，他才有可能持续地打败所有竞争者而获得记账权并篡改账本（称为"51%攻击"）。根据英国一家名为Power Compare的能源调查公司统计，2017年，整个比特币网络在挖矿上消耗的电力能源已经超过全球159个国家的年耗电量（包括爱尔兰和大多数非洲国家）。① 随着比特币的价格越来越高，参与挖矿的节点和算力仍在飞速增加。因此，想要通过控制全网51%以上的算力来获得系统信息的控制权，可谓难上加难。

图4-2 位于内蒙古鄂尔多斯的比特币挖矿机

比特币挖矿活动主要集中在全球电价低廉的地区，如中国的四川、内蒙古、新疆，及海外的缅甸、冰岛、加拿大等地，同时也受到政策环境等社会因素的影响。图片来源：搜狐网："探访最大比特币矿场：鄂尔多斯会冷寂吗？"（http://www.sohu.com/picture/1906）。

由于每一个区块都需要通过大量的运算才能被记录到区块链中，且所有区块按时间顺序首尾相连，工作量也会随着区块的延长而叠加，因此最长的区块链实际上就代表它累计了最庞大的工作量证明。比特币系统规定只有最长的区块链中所包含的信息才能够代表全网共识。因为区

---

① 数据来源：*Bitcoin Mining Now Consuming More Electricity Than 159 Countries Including Ireland & Most Countries In Africa*（https://powercompare.co.uk/bitcoin/）。

块链是一个不断延伸的整体，其历史记录中任何一个区块中的信息被改动，其后的所有区块都需要被重构。这就好比建造一座摩天大厦，每一块砖都建立在其下所有砖块的基础上，最高的大厦则证明着全网参与者最多的工作量，从而有效代表着人们的集体共识。如果一个作弊者想要篡改共识，他就必须在极为有限的时间内，重新建造起一座比已有的共识大厦更高的大厦，才能使其被系统参与者普遍接受为新的共识。因此，只要全网的计算机算力掌握在多数人手中，基于工作量证明机制人们就可以相信，个别作弊者是无法篡改系统信息的，由此形成人们对比特币系统共识的信任基础。

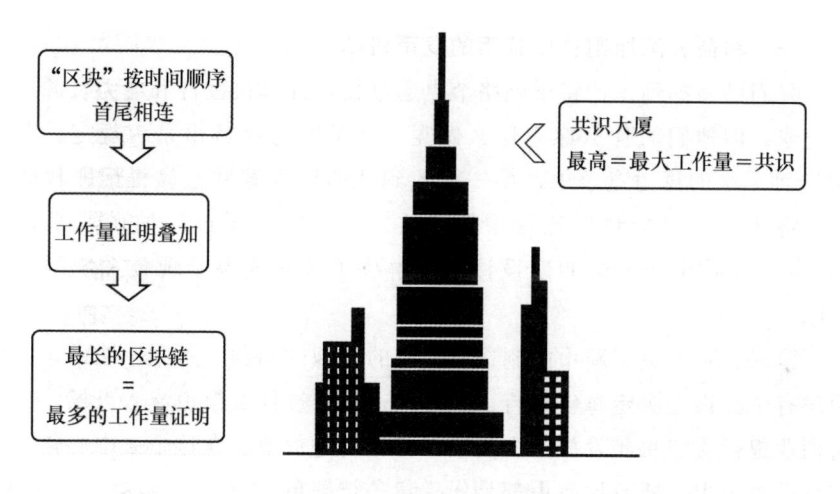

图 4-3 比特币工作量证明机制示意图（笔者绘制）

比特币系统通过"算法权威"及"工作量证明"以一种分布式模式而构建的共识大厦，使比特币成了第一个解决"双重支付问题"的去中心化数字货币。通过集体记录历史上发生过的所有比特币交易信息，使作弊者不可能私自改写自己的比特币余额，重复支付已经使用过的比特币。因此，借助全世界参与挖矿的节点集体贡献算力，比特币以一个分布式网络取代了传统的可信第三方，保障了系统信息的完整性、安全性及可靠性。但问题是，人们为什么要耗费自身资源来竞争记账呢？这就必须要理解比特币区块链的经济激励机制。

第三节 比特币的激励机制

在计算机科学领域中，尝试建立分布式共识的努力由来已久，一直都难以实现。比特币之所以能解决分布式共识的问题，并不是因为它发现了新的密码学原理或新的技术，而是因为它第一个巧妙运用了经济学的博弈理论，在分布式网络中引入了一种"激励机制"，使参与者在追逐个体利益的过程中促进了集体利益，并逐渐推动并巩固着人们对比特币系统的信任。

一 利益分配原则：比特币的发币机制

我们已经提到，比特币网络节点通过投入计算机硬件和电力资源来竞争记账，但他们为什么愿意这么做呢？这是因为比特币系统规定，在每10分钟一次的算力竞争中，第一个找到证明题答案并且赢得记账权的节点，将获得一定数量的比特币作为奖赏，就好比通过"挖矿"来发现"黄金"。[①] 这个巧妙的制度设计同时解决了分布式电子现金系统的三大难题。

第一，它解决了新币的制造及分配的合理性问题。不同于法币，比特币没有中央银行决定每年发行多少货币，并通过什么渠道流入市场。也没有商业银行决定每年发放多少贷款来变相制造货币。在这个去中心化的数字货币系统中，所有比特币都是作为竞争记账的"奖金"而被创造出来，并以系统事先预设的发行速度分发给那些为系统贡献算力的竞争者。

其实共识机制就是解决一个资源分配的问题，谁持有币？市场需要那么多币，具体应该投放给谁？你要拿出你的工作量来证明，你投入了这么多，那你就应该取得这么多。你愿意投入多少，取决于币的价值，你会算一个价格嘛。（如果一个比特币的市价是3万人民币）相当于挖一个币的成本如果低于3万块钱，那我愿意这么干。其实挖

[①] 通过这个奖励机制，比特币系统预设了比特币的发行速度及最多2100万个的总量。系统规定，在2009年诞生时每个新区块奖励50个比特币，当发行量达到1050万个（2100万的50%）时减半为25个，达到1575万个时（新发行525万，即1050万的50%）再减半为12.5个，直到2100万全部发行完毕。到时，记账的奖赏就会变成每个区块里所包含的交易费。

矿也相当于买币，只是买的方式不一样。一种是已经生成的在市场流转的，我可以3万块钱买过来，挖矿是说只要它成本低于3万人民币，他就愿意去挖新的币，这跟黄金白银的道理是一样的。其实从比特币的技术上来讲，都是几十年一直有的，但比特币伟大的地方，是把这些技术圈到一起。它其实很像一个自然界的，社会中的货币的生成方式，但是呢，它的运作机制又可以完全的去监督，这个就太神奇了。我一来符合经济规律，再一个我解决了这个系统里没有发行主体的问题。（访谈对象：金融科技公司首席数据官 G）

第二，它使得节点自愿贡献资源来参与维护整个系统的安全性。由于比特币本身是"货币"，具备价值，人们才会愿意为了赢得比特币而付出时间和资源来竞争记账，从而保障了系统信息在缺少中央机构监管的情况下，也难以被少数恶意攻击者控制并篡改。

变成去中心化首先要解决一个问题，就是，我们（系统参与者）的利益在哪？我们都到公有区块链上，没人发工资也没人发奖金，我们要吃饭怎么办？那就必须有一个发币的机制，依据挖矿也好什么也好，得到币，这些币就解决激励问题，然后我们共同维护的这个分布式账本就叫区块链，就是这么来的。（访谈对象：知名区块链基金创始人 F）

第三，也是极为重要的一点，即它保证了参与者会自觉验证数据块所含的交易信息是否合规，并诚实记账。这是由于系统规定每个节点在记账过程中，必须严格遵守系统规定，其中包括应如何收集、验证及记录交易信息的各几十条规则（如必须验证区块所含交易不存在"双重支付"的情况，等等）。但凡是含有违规交易的区块，即使赢得了竞争，也会在接受其他网络节点检验时被宣布失效。由于竞争记账需要耗费真实的经济成本，且只有合规的数据区块才能够获得奖赏，所以人们会自然而然地遵守规则并检验所有交易信息是否合规，否则就意味着投入全都白白打了水漂。在这种情形下，即使某天有一个人或机构拥有了全网超过51%的算力，按照理性经济人的逐利原则，他依然会按照系统规则记账。因为只有维护比特币系统的可信性，比特币本身才会有价值，他所拥有的算力才有意义。

算力超过50%，系统就不可信了嘛。肯定会破坏系统，这是理论基础嘛。现在矿主们是有自觉性的，他不想这东西崩了，所以他（的矿机）不全开，因为一崩了就不值钱了，那我现在还能赚多少钱，他肯定不敢全开。中国的最大的矿主我认得，他就这么跟我说的，"我要全开了这比特币就完了"。（访谈对象：比特币矿机软件研发及创业者W）

综上，比特币通过一种巧妙的利益分配机制使比特币系统可以通过新币的发行，来奖励那些自愿参与竞争，贡献自身的资源，并以符合规则的行为来维护系统安全性及可靠性的节点。正是这种基于系统内生货币而形成的激励机制，使比特币系统得以通过一种制度化手段约束并形塑了人们的行为，从而将众多参与者的"个体利益"整合并转化为系统的"集体利益"。

二 公开的自由竞争："自利"创造"信任"

> 我们每天所需的食料和饮料，不是出自屠户、酿酒家和烙面师的恩惠，而是出于他们自利的打算。[①]
>
> ——亚当·斯密

早在1776年，"现代经济学之父"亚当·斯密就已经在《国富论》中强调了"自由竞争"对于推动经济社会发展的根本性作用，并以此奠定了现代资本主义市场经济体制的基本原则。而将货币与国家分离，并通过自由竞争的方式发行货币的理念，也不是中本聪一个人的创见。在亚当·斯密发表国富论的200年后，奥地利著名的自由主义思想家哈耶克就尝试通过《货币的非国家化》一书来打破人们对于国家货币的"迷信"。哈耶克指出只有废除政府对于发行货币的垄断权，以一种基于市场的"竞争性货币制度"取而代之，才有可能构建一个可靠的货币体系。他强

---

① ［英］亚当·斯密：《国民财富的性质和原因的研究》，郭大力等译，商务印书馆2009年版，第12页。

调,"我们必须牢记一个重要的事实:我们不能指望聪明或同情心,而只能依靠纯粹的自利来为我们提供我们所需要的制度。只有当我们所期望的良币不再来自于政府的仁慈,而出自发钞银行对其自身利益的关注之时,我们才确实进入了幸福时光"。① 虽然比特币的设计与哈耶克所构想的货币制度有很多关键不同(如比特币总量不可调节,没有私有银行作为发币机构等),但它们的一个核心共同点,就是通过某种自由竞争的制度来构建一个货币体系。

比特币在信息及网络技术的基础上,以一种全新的货币制度彰显了这种"市场原教旨主义"的自由竞争原则,并将人们对一种货币的信任从国家的中心化控制机制转移到一个由逐利经济人共同参与的市场竞争机制中。

> 我一开始(对比特币)是非常怀疑的。这个想法很酷,但是它的核心是代码。如果有人能够控制这个代码,就意味着仍然有人拥有所有东西的中心控制权。直到我钻得更深后才发现,不是的,虽然有一小部分人可以修改源代码,但是还需要所有的矿工和节点都接受这个变化并在自己的电脑上运行这个新代码才行,而这些人只会接受那些对自己有利的东西。比特币对我来说最神奇的地方,就是它以自利的方式维持了整个系统的安全——它就像资本主义的缩影。(访谈对象:大学比特币俱乐部主席 H)

在人际信任关系中,纯粹的"自利"行为可以轻易破坏两个朋友之间的信任,因为人际信任的基础是每个个体的可信性。然而在比特币所构建的货币制度中,"自利"反而成了创造信任的基础和动力,因为人们对比特币信任的基础是一个分布式系统的可信性,而不再是具体的、分散的个体。在比特币系统中,每个追逐私利的个体都可以被假定为不可信,然而当所有这些追逐私利的行为通过一个公开透明的市场竞争机制,并以制度化手段将个体的逐利行为与系统的整体目标统一时,这些自利者反而会成为保障系统可信性最坚定的捍卫者。

---

① [英]弗里德里希·冯·哈耶克:《货币的非国家化》,姚中秋译,新星出版社 2007 年版,第 151 页。

第四节　小结：从技术创新到制度创新

比特币作为信息时代特有的新型货币，并不是传统货币制度的某种变形或衍生品，而是代表了一种完全外生于现有货币体系的革命性货币制度。比特币融合了过去几十年间信息技术革命所积累的丰厚成果，在技术创新的基础上，通过一种全新的制度架构、共识模式及激励机制在货币的发展史上推动了一次独树一帜的制度创新。

在比特币的分布式信任模式中，基于开源软件的制度架构建立了人们对于系统原则的信任，以工作量证明的共识机制确保了人们对于系统信息可靠性的信任，而以自由竞争的激励机制形成了人们对于系统利益分配及其合理性的信任。这其中任何一环都无法单独成立，而是互为前提、相互依存。在这个由匿名参与者组成的分布式系统中，人们之所以信任比特币的货币系统，不是因为人们相信任何具体的人或机构。实际上，这些参与者是否可信根本无关紧要，因为任何个体所能带来的风险及不确定性已经被比特币的制度架构系统性地过滤了。人们需要信任的只是开放式代码背后的密码学原理、开源社区所达成的共识，以及负责维护系统的大多数参与者是遵循逐利原则的理性经济人。通过一种全新的制度架构，比特币以一种"分布式信任"取代了国家货币制度背后的"集中式信任"，在网络空间中以一种不依赖特定主体的分布式系统，构建了社会信任关系所必需的制度基础。

第五章

比特币信任革命的运行模式

一种货币若要持续获得人们对它的信任,仅仅基于人们对于其制度体系的认可及共识是不够的,还必须依赖于行动主体在市场中的实际交换行为,比特币也是如此。正如互联网著名风险投资人马克·安德森(Marc Andreessen)在《纽约时报》中发表的"比特币为什么重要?"一文中所指出的,比特币凸显了技术创新过程中一个典型的"鸡生蛋还是蛋生鸡"的问题,那就是"新技术在它变得价值连城之前都不值什么钱"。[①] 这是由于,新技术的社会价值实际上并不存在于其技术或概念本身,而是必须在实践过程中不断激发并释放人类活动能量,从而创造价值并构成一个动态循环的社会系统。比特币作为一种新型数字货币在全球范围内的兴起,也不仅仅基于其在技术及制度层面的创新,更需要通过新的运行模式来推动新的社会行为,来释放潜在的社会价值,从而在有效的交往及互动中维系人们对整个系统的信任。

在这一章,我们希望通过考察比特币的运行系统,从比特币的功能基础、运行机制,以及其背后更为一般性的运作原理,来理解活动于网络空间的行动者是"如何信任比特币?"的这个问题。

第一节 比特币分布式信任的功能基础

从经济学的角度出发,货币的功能就是货币的本质。一般来说,经济学认为现代货币应该具有五大基本职能,即"价值尺度""流通手段"

[①] Marc Andreessen, Why Bitcoin Matters, 2014, *The New York Times* (https://dealbook.nytimes.com/2014/01/21/why-bitcoin-matters/).

"贮藏手段""支付手段"以及"世界货币"。① 然而当我们从社会学的视角出发,就发现货币的这五大职能实际上都必须基于人们对其作为一种价值符号的普遍信任才能够实现。这种信任意味着人们在持有及使用一种货币进行交换时,相信它是安全的、真实的,且能够流通的。正是对货币这种象征符号的信任,使货币具备了"一种时间机器"②的功能,让人们愿意持有货币并延迟自己的购买行为。

因此,比特币作为一种诞生于信息时代的新型货币,如何能够在一个分布式的计算机网络中实现基于比特币交易的安全性、真实性,以及流通性的基本功能。

一 安全性:基于分布式管理的"全球交易账本"

"安全"与"信任"是两个紧密相关的概念。正如吉登斯所言,信任是人们获得"本体性安全"的基础,只有当人们具备基本的安全感,才能够对外部世界的人和事形成一种"可靠性感受",从而克服焦虑并使社会生活顺利展开。"安全"(security)在其最一般的意义上多指一种状态,即能够把潜在的危险和伤害控制在一个可以接受的程度之下。对于一个系统而言,只有当这个系统从根本上被视为是安全的,并能够为人们提供抵御风险的基本保障,它才具备了获得人们普遍信任的基础及必要条件。

随着现代社会的不断扩张,安全问题的含义和性质也发生了极大的转变,来自于社会系统内部的风险因素,如金融危机、核战争等"人为风险",正不断取代着外在自然界的威胁,成了现代社会所必须面临的内生性系统安全问题。随着人类社会迈入信息时代,信息及网络技术进一步改造了人们展开社会互动的环境、技术及模式,安全问题也日益表现出全新的内容和形式。不同于传统的地域性社会交往领域,互联网是一个由"信息流"构建的、开放的、分布式的大规模社会交往平台,因此"信息安全"(information security)是网络环境中最基本的安全问题,并构成了

---

① 朱南松:《现代化进程中的货币功能——一项历史唯物主义的考察》,博士学位论文,复旦大学,2007年。
② 凯恩斯将"货币"视为人们在一定时间里转移购买力的媒介——"一种时间机器"。参见《社会科学百科全书》,上海译文出版社1989年版,第495页。

人们能否建立"线上信任"(online-trust)的一个决定性因素。[1]

一般来说,在一个由多主体参与接收和发送信息的计算机网络中,系统必须能够通过某种运行机制有效地解决以下五个主要的信息安全问题:(1)行动者身份的确定性;(2)信息及行动的完整性;(3)信息的机密性及非干扰性;(4)信息及行动的不可否认性;(5)可靠的授权机制。[2] 只有能够有效解决这五个安全问题的信息系统,才能使人们对于相互之间的信息交换及其后果形成一种可靠且稳定的期待,从而为人们的网络活动提供一个安全的环境,并形成人们对该系统普遍信任的基础。

在集中式网络系统中,信息安全主要是由权威机构作为可信的第三方,通过运用加密机制、访问控制机制、路由控制机制、数字签名机制等密码学及网络技术进行"集中式管理"而实现的。拿金融系统来说,随着全球经济贸易越来越数字化,现代货币体系已经从根本上转变成了一个庞大的信息管理系统。"电子货币"(即数字化的法币)使人们得以突破地域的限制,与全球任何一个人通过信息的交互来进行交易,同时从根本上加强并深化了政府和银行作为信息安全管理者的责任及权力。这些权威机构必须能够确保:(1)账户持有者身份的确定性;(2)账户信息的完整性;(3)账户信息的隐私及安全性;(4)交易信息的不可逆转性,(5)账户的使用及授权是合规的。因此,只有通过政府及银行对数字化货币的生产、发行及管理实行垄断,并以国家的信用及法律作为背书,才能有效地解决信息安全问题,并使人们相信交易双方所使用的"虚拟数字"是被公认具有价值及合法性的货币。

这些基于权威机构作为可信第三方的中心化系统,必须通过一种封闭式模式对信息的访问及管理权进行极为严格的限制,才能够保障其信息系统的安全性。举例来说,马化腾宣称腾讯目前在贵州筹建的"大数据中心",就是一种非常典型的"封闭式"信息安全系统:

> 这将是中国最安全的大数据中心,因为我们是建在山里面的。它有几个特点,第一个是高隐蔽性,我想在地图上你们是找不到这个数

---

[1] Donna L. Hoffman, Thomas P. Novak and Marcos Pera, "Building Consumer Trust Online", *Communications of the ACM*, Vol. 42, No. 4, April 1999, pp. 80–85.

[2] Cristiano Castelfranchi and Rino Falcone, *Trust Theory: A Socio-cognitive and Computational Model*, John Wiley & Sons, Ltd., 2010.

据中心的，它只有一个洞口。而且是高防护性的，它园区外面有红外线设置，不让人随便进，里面还有道路的环路来保护，进去还有30吨的大铁门，还有安保，层层防护。另外还有高安全性，防地震、防爆炸，因为它原来是军用的一个山洞。①

只有在这种高度封闭的基础上，腾讯这类权威机构才能通过垄断信息的访问权及管理权，确保任何个体都无法私自访问或篡改信息，从而通过中心化控制来保障信息的安全性及私密性。应该说，"封闭"即是这些权威机构得以确保信息安全的基础，也是它们得以通过集中管理权来"垄断信任"的前提。然而这种集中式信任模式，不仅意味着失责及滥用权力等系统操作风险的集中，同时也意味着由不可控因素所带来的自然及社会风险的集中，并会由于"单点故障"（single point of failure）而导致整个系统的瘫痪。就腾讯而言，它的数据中心集中储存并管理着人们在微信、QQ等平台上生产并发布的所有信息。2015年8月12日，天津滨海新区的危险品仓库发生大型爆炸事故，而当时腾讯在亚洲最大的数据中心正位于爆炸现场不到1.5公里的地方。据马化腾所言，数据中心受损严重，工作人员全部撤离，只是恰好数据库的机器没有断电，否则全中国人民在微信、朋友圈里的数据都将在一瞬间消失殆尽。② 因此，当人们越来越依赖这些封闭的中心化信息系统来管理整个社会的信息及数据时，也就同时意味着风险的高度集中。

比特币系统则是通过一种完全不同的方式来解决电子现金系统的信息安全问题。我们已经介绍了比特币如何在一个没有中心节点的网络中构建了人们对于系统信息的"分布式共识"。在人们使用比特币进行交易的过程中，这种共识就表现为一个动态变更的"全球交易账本"，随着新交易的出现而不断更新。不同于权威机构的封闭式管理模式，比特币的账本是由分散在网络中的上万个节点共同管理、全球同步，且每个节点都完整记录着比特币系统中的所有交易信息。这种"分布式数据库"的优点在于，任何一个节点的失灵都不会影响其信息系统的安全性，从而大大增加了系统抵御恶意攻击的能力。

---

① 腾讯CEO马化腾于2017年5月28日在贵州数博会的主题演讲"数字经济的趋势与探索"（http://v.youku.com/v_show/id_XMjk4Nzc1MzU4OA==.html）。

② 同上。

我（的数据库）如果是中心式的，比如说数据放在这个楼里，这个楼的网络一乱、一维修，我这个服务就提供不了，为什么现在银行它做不到 7×24h，比如大额转账这些系统到时间它就关，其实就是这个原因，为了降低操作风险，它已经变成一种制度，就是说你必须要这么做。但区块链是说，比如这里有三十家机构，都上链①了，那我数据就相当于存了三十份，只要有三分之一的机器在线，那我这个服务就是在线的，所以它本身就是对于物理的依赖和外部攻击的一种突破。以前攻击的话，比如银行的信用卡中心，黑客进去了，一次能改几千万张信用卡的账户密码，然后每个账户转给他一分钱，他就发了，这种历史上都发生过。但对于区块链的话，黑客要同时篡改三分之一以上的数据库，而且改的内容都要一致。所以参与的机构越多的话，对于黑客的攻击成本就越高，这个其实是很难的。（访谈对象：金融科技公司首席数据官 G）

因此，比特币在一个分布式网络中以密码学等信息及网络技术保障了系统的安全性，消除了集中式管理模式由于单点故障带来的安全隐患，并将人们对特定权威机构的信任转移到人们对于一个分布式系统的信任之上。

中本聪说不需要信任的第三方了，不需要中间那个人了，以太坊也说做智能合约不需要信任第三方了，但实际上我们发现比特币和区块链本身变成了信任的第三方，大家信任的是这套底层设施本身。具体地讲，这套底层设施是包含了人和计算机这一个整体的集合，它是一套现有的制度、加上人、加上区块链，这样三种东西形成的一个动态发展的信任问题，它不是一个绝对的信任问题，这个系统本身也是在进化的。这种信任也是相对的，这种信任是基于区块链本身的安全基础。实际上区块链就是一个计算机，或者说是一个全球的基于交易形成的，用密码学和数学保证安全的状态切换系统。（访谈对象：区块链技术研究者及创业者 B）

---

① "上链"指成为区块链系统中的一个节点并参与运行其分布式数据库。

应该说，比特币系统的安全性，直接决定了人们对基于比特币的交易及整个系统的信任程度。其安全机制也需要在系统的运行及发展过程中持续不断地抵抗住各种潜在的威胁及考验，才能够维持人们对它的信任。比特币系统自 2009 年 1 月开始正式运转，随着系统交易量、交易规模及市场价值的不断飙升，也使其成了全世界网络黑客的集中攻击对象。然而时间证明，比特币作为一个全球交易系统，在系统安全性这一基本问题上已经被证实是十分可靠的。2017 年年底，比特币的日交易量大约在 36 万笔左右，[1] 每一笔交易所包含的信息状态变更都被全世界约 8500 个节点同时参与竞争记账并实现同步记录[2]，从而形成一个没有单一故障点的全球交易账本，并为人们信任比特币提供了安全基础。

对于任何一个社会系统而言，安全性是人们能否信任该系统的一个必要条件，但也不是充分条件。"信任"是一个更加复杂，内涵也更为丰富的社会现象。对一个信息系统而言，信息安全也只能确保数据的交换和变更是"合规"的，但却无法保证这些数据所包含的内容是否"真实"。对于比特币的分布式信任模式而言，另一个十分重要的前提就是人们对于比特币"真实性"的信任。

二 真实性：基于区块链的"单一事实来源"

"真实性"（authenticity）是一个命题或事物能否获得人们普遍认可及信任的一个决定性因素。对于任何一种货币符号来说，其是"真"是"假"也从根本上决定了这种货币能否被普遍接受从而有效履行其社会经济功能。因此，比特币必须获得人们对其象征符号及交易信息真实性的认可，才能形成人们对其作为一种新型货币的普遍信任。然而，人们确立比特币真实性的方式与传统法币截然不同。这一节，我们将考察比特币是如何在运行过程中以一种分布式模式"构建"了人们对其真实性的信任。

从传统意义上而言，"真实性"意味着某件事物的表现形式与其背后的客观事实相符，并且不会随着个体及主观因素的不同而变化。这也代表

---

[1] Blockchain. info, Transactions Per Day, 2017. 12. 16, Blockchain (http：//blockchain. info).
[2] Coin Dance, Bitcoin Nodes Summary, 2017. 12. 16, Coin Dance (https：//coin. dance/nodes).

了"真理符合论"的基本思想，即黑格尔所言的"真理是观念和对象的符合"①。然而，这种基于绝对客观事实的真理观遭到了哈贝马斯等现代哲学家的反驳。哈贝马斯指出，由于"实在世界"和"语言世界"是分离的，同时也不存在任何能够同时超越这两个世界从而对其是否相符进行客观判断的主体，因此也就无法形成一个"绝对客观"的真理标准。② 哈贝马斯认为，真理指的是人们通过语言交流而形成的一种"有效性需求"，而一个命题被判断为真实有效的前提，就是社会成员的潜在共识。因此，哈贝马斯提出了"真理共识论"的观点，即"当某个命题是真的，它就永远并且对所有人而不仅是对我们是真的"③。从这个角度出发，事物的真实性来源于主体间通过沟通及互动围绕这个事物构建的某种"共同认识"（shared awareness）。用舍基的话说，即"每个人都知道某件事，每个人都知道别人也知道这件事，并且每个人都明白，别人也知道这件事是大家都清楚的"④。

任何一种货币若想发挥其经济职能，也必须建立在人们对以下事实的共同认识上——人们能否使用这种货币符号与其他社会成员进行实际交易。对于比特币而言，它能否具备货币的功能，也在于它能否确保人们在网络环境中通过分布式网络所进行的数字化交易的确是"真实有效的"。在"分布式共识"一节中我们已经讲到，比特币通过区块链技术对系统中所有的交易信息按照其发生的先后顺序进行了完整的记录。由于比特币区块链是由全网成千上万的节点共同参与维护的，基于密码学原理及工作量证明机制而构建的一座难以撼动的共识大厦，因此只要系统中的大部分算力掌握在大多数节点手中，那么人们就可以肯定，任何作弊者都无法篡改比特币共识系统中的任何交易信息，从而达成人们对交易真实性及有效性的共同认识。

从真理共识论的角度出发，比特币系统以一种全新的共识构建方式变革了人们对于一种电子货币系统及其交易"真实性"的认可及信任——

---

① ［德］黑格尔：《哲学史讲演录》，贺麟等译，商务印书馆1959年版，第301页。
② 刘志丹：《哈贝马斯真理共识论》，《广西社会科学》2012年第8期，第44—47页。
③ ［德］尤尔根·哈贝马斯：《对话伦理学与真理的问题》，沈清楷译，中国人民大学出版社2005年版，第51页。
④ ［美］克莱·舍基：《人人时代：无组织的组织力量》，胡泳等译，浙江人民出版社2015年版，第134页。

基于法币的交易被认为是真实的,是因为政府和银行告诉我它是真实的;而基于比特币的交易被认为是真实的,是因为全世界系统参与者的集体共识告诉我它是真实的。因此,比特币的真实性并不来源于某种客观存在的物理基础,或某个权威机构作为"社会共识代言人"的背书,而是基于所有参与并维护这个系统的人通过挖矿的竞争记账方式,对历史上所有交易的内容及合规性进行验证后确立的系统共识。

> 挖矿是为了拿到记账权,拿到记账权之后我只要记录了,大家就要跟我同步。如果要篡改,比如我把所有人的数据都改了,那我的这个(版本)就是真的啦。如果大家(记录的数据)不一样,我们总要对嘛,对完了之后到底是听谁的?区块链其实是解决这个问题。分布式共识的问题就是假设有一部分人,他们就是会改数据,关键在于这些人占到多大比例以上才能改变共识。(访谈对象:金融科技公司首席数据官 G)

由此可见,比特币系统所能构建的不是某种"绝对客观的事实",而是被绝大部分系统参与者"共同认可的事实"。比特币系统的真实性来源于其能够在区块链技术的基础上构成一种"单一事实来源"(Single Source of Truth)[1],即系统中每一条信息只能被记录一次,并且所有信息的前后顺序及逻辑关系对于任何系统使用者而言都必须是完全"一致的",从而使信息具备了某种"客观性"及"真实性"。在基于法币的电子交易系统中,这个"单一事实来源"是由政府及银行等权威机构集中构建并保障的,即通过严格的控制机制,以由上而下的方式将系统信息统一分发给各个层级的使用者。而在比特币的分布式系统中,信息的真实性和一致性是由众多分散节点在一个公开网络中,通过实时通讯及集体认证而共同构建的,因此代表了一种完全不同的信息结构,并重构了"单一事实来源"的基础及形成方式。正如世界四大会计师事务所之一的德勤在《区块链和信任的民主化》一文中所指出的:

---

[1] 在计算机科学领域,"单一事实来源"(SSOT)指将一个信息模型通过某种结构化的方式来保证系统信息的一致性。

> 区块链的分布式账本技术使一个社区可以共同记录并分享信息……这些信息可以代表交易、合同、资产、身份或者任何可以用数字化形式表达的东西。所有录入的信息都是永久、透明，并且可以被搜索的，使社区成员能够看到整个交易历史的全部记录……这就创造了一个可信的、透明的、不可更改的真相档案库，并且使其能够抵抗来自停机、操控，及审查的影响。[1]

对于任何社会系统来说，如果其成员不能区分"真实的信息"和"虚假的信息"，那么任何形式的社会信任都是难以想象的。随着现代数字技术大幅降低了信息的生产及传播成本，如何确保信息的真实性，也成了社会信任能否在数字世界中被创造并维系下去的基本前提。比特币正是以一种分布式模式"构建了"人们对系统信息真实性的共识，进而确立了人们对于比特币及其相关交易真实性的信任。

然而，即使具备了安全性和真实性，如果比特币无法在一个社会经济领域中广泛地流通，那么就不可能实现其作为"流通手段"的货币功能，也就无法成为某种普遍社会信任的载体。接下来，我们将考察比特币如何能够实现一种货币所必须具备的"流通性"功能。

三 流通性：基于网络效应的"标准化交易平台"

门格尔在探讨货币起源时曾指出，只有一个市场中最普遍且最易于被交换的商品才能成为货币，因为货币的本质是其作为一种商品的"可销售性"（saleability），人们都希望将自己所拥有的物品兑换为最容易被销售的商品，从而在更大的社会时空领域中增加自己与别人进行交易的机会。这种货币观将货币的起源局限于商品货币的范畴，却不能解释原始货币、国家货币以及信用货币的运作基础。[2] 实际上，门格尔所谓的"可销售性"从更普遍的意义上来说就代表了货币的"流通性"（marketability），即它能否在社会成员之间实现即时的转售，使人们可以克服商品交换过程中的时空区隔，并通过持有货币来延迟或转移购买力。

---

[1] 引文由笔者译：Deloitte, *Blockchain and the Democratization of Trust*, 2016. 8. 31, Wall Street Journal（http://deloitte.wsj.com/cio/2016/08/31/blockchain-and-the-democratization-of-trust/）.

[2] Philip Grierson, "The Origins of Money", *Research in Economic Anthropology*, 1, 1978, pp. 1–35.

比特币无疑是目前所有数字货币中流通性最高、总市值最大,且最具购买力的数字货币。比特币之所以能在全球范围内实现流通,并不来源于门格尔所谓的某种商品自身的价值,而是基于比特币作为一个"交易平台"在运行过程中所聚集的"网络效应"。

> 它(数字货币)这个东西价值大还是小,只取决于一个规律,就是网络效应,梅特卡夫定理,一个网络的价值取决于使用它的人,使用的人越多,价值越大。一个区块链(平台)有没有价值,取决于它的节点,它的应用,少的话没价值,多的话有价值。比特币显然是节点很多,以太坊也很多,所以有价值。剩下的你说有很多写区块链底层协议的人,全世界现在有上百个区块链平台,都说我的平台比别人的如何如何(好),可这个世界需要这么多平台吗?大部分的平台肯定是要死掉的。(访谈对象:知名区块链基金创始人F)

"网络效应"的经济理论形成于20世纪70年代,旨在解释基于信息及网络技术而出现的信息类产品所具有的一种特属性质——那就是使用者越多,价值越大。电话、传真、互联网等信息化服务平台都是网络效应的集中体现,即随着用户不断增加,整个平台的价值也呈指数性增长。[①] 这是由于,信息的价值根植于人们渴望交流和互动的需求,而不仅仅是占有。因此,人们通过交流及互动来消费信息的过程,往往也就是生产信息并创造价值的过程,并会随着网络规模的增加而释放出强大的势能。

在齐美尔看来,货币在本质上就是将人与人之间具体的交换价值进行抽象化,从而在更大的范围中转化为一种普遍的价值载体,而这需要基于一个社会中所有成员的认可,或其政府代表的支持及背书。[②] 对于比特币这种数字货币而言,其价值及流通性也根植于人们的认可及其所能聚集的网络效应。然而不同于法币,没有任何强制性法律规定人们必须接受比特币作为偿还债务的手段,人们完全是在"自愿"的基础上选择并使用比

---

① 朱彤:《网络效应经济理论:文献回顾与评论》,《教学与研究》2003年7月10日第12期,第66—70页。

② Georg Simmel, *The Philosophy of Money*, London: Routledge, 2004, p.189.

特币的。① 在这个意义上，比特币所聚集的网络效应并不是某种强制规定的结果，而是在运行过程中随着使用者的增加而自发形成的。

在日益扩张的全球网络经济中，一个技术性平台所能聚集的网络效应在很大程度上取决于其在市场中的"标准化"程度，即它能否通过形成行业标准来吸引越来越多的使用者从而实现规模化。随着使用者社区在数字经济体中发挥着越来越重要的作用，所谓"标准化系统"的形成也不再遵循一个"由上而下"的建立过程，而是越来越基于一种"由下而上"的竞争机制来建立。

> 现在政府做标准化这群人永远跟不上做技术的这群人，做技术的人天天在那写代码，那些做标准化的人是跟不上的。而且标准化根本就没用，（比特币）这个东西它管不住、控制不住，也不存在一个标准化问题。因为你所谓的标准化只是说，我拿了一个（政府的）标准化的东西，我希望用它背书，给自己增加信任，然后去接各种订单，去忽悠民间的钱。但其实并不存在标准不标准的问题，只是说大家愿意用哪一套东西，哪一套东西接受的人更多，哪个系统自然而然，潜移默化就成为标准。标准化是以自由竞争，以实力换来的，而不是以集权或市场宣传来决定的，而且人为筛选不了。（访谈对象：区块链技术研究者及创业者 B）

比特币作为目前最成功的数字货币，之所以能具备广泛的流通性，来源于使用者在自由选择中所形成的网络效应，并形成了数字货币领域的一个"标准化交易平台"，因此又进一步吸引着新的使用者来巩固其作为标准化平台的地位，从而形成了一种自我强化的良性循环。正是出于这个原因，虽然打着各种旗号的"山寨币"（altcoin）② 都尝试模仿比特币，甚至可能在技术及概念设计上都"优于"比特币，但由于它们无法复制比特币在长期运行过程中所聚集的庞大网络效应，所以至今没有一个能够撼动比特币龙头老大的地位。

---

① OleBjerg, "How is Bitcoin Money?", Theory, Culture & Society, Vol. 33, No. 1, 2016, pp. 53–72.

② 也称"另类币"，即比特币之外所有数字货币的统称。

一个货币的流通性，实际上直接体现了一个社会的成员对于这种货币的普遍信任程度。然而比特币的流通性及其所聚集的社会信任，都源于比特币社区自发形成的网络效应，及其在自由竞争中形成的标准化交易平台。这也深刻体现了比特币与国家法币的一个根本性不同，那就是比特币之所以能够在全球流通，并不是由于任何外在的强制性力量，也不是任何权威机构对其施行标准化及制度化的结果，而是在一个开放社区中自发形成的过程。因此，比特币的兴起，意味着人们对一种货币符号的普遍信任，不再依赖于任何政府及央行等机构的权威背书，而是自发地生长于一个基于互联网的全球性社区之中，并通过网络效应以一种分散的、去中心的方式在全世界范围内流转、扩散，从而突破了民族国家的地域性限制，在信息时代的网络空间中促进了一种分布式信任的形成与发展。

第二节 比特币分布式信任的运行机制

在第四章，我们已经讨论了比特币是如何通过一套基于分布式结构的制度架构，在一个点对点网络中建立了人们对于比特币系统规则、历史记录及其作为一种货币制度的基本共识。这些制度安排都构成了比特币系统得以顺利运行的基础。然而，比特币并不是一个静态的系统，恰恰相反，由于比特币系统是完全开放的，它每时每刻都会受到来自全世界不同的技术、行动者，以及社会环境等因素的影响，并需要基于一种特有的运行模式来适应这些内在和外在的变化。比特币系统所创造的社会信任也不是静态的，而是在多方行动者的沟通及互动过程中不断形成、扩散、更新，继而又为新型群体及新式互动在数字世界中的进一步形成和发展提供了必要的基础。

接下来，我们将考察比特币系统是如何通过一种全新的运行模式，在一个开放的分布式网络中重塑着人与机器、人与人、人与组织之间的社会关系，从而在运行过程中支持并强化着人们对比特币及其分布式系统的信任。

一 人机协作："自动化系统"的信任机制

我们已经生活在一个"自动化"（automation）无处不在的世界，并且随着现代科学技术的不断发展，社会系统实现自动化的广度和深度仍在飞速扩张。"自动化"一般指机器或系统可以积极地选择信息、转化信息作出选择或控制过程的技术手段。[①] 自动化对于提高人类整体能力及推动社会经济发展具有极大的潜能。随着全球化和信息化的不断深入，人与自动化系统日益形成了紧密的"伙伴关系"，并通过日益加强的"人机协作"广泛且深刻地改变着现代人的社会经济生活。

然而，由于自动化系统通常十分复杂，其运作机理往往不能被使用者直观地理解并把握，所以也需要使用者对该系统的"信任"才能形成某种协作关系，不同程度的信任也会直接影响使用者与自动化系统的交互方式。大量研究表明，使用者对自动化系统的"过度信任"或"信任不足"都会造成严重的社会经济后果，前者会导致人们对自动化系统的盲目依赖和滥用，而后者会导致人们从根本上拒绝使用自动化系统。[②] 在人见不到人的网络世界中，人对自动化系统的信任是社会经济活动能否顺利展开的前提，然而只有当这种信任关系被维持在一个恰当的程度，人和机器才能形成一种良性的"人机协作"。因此，人对于自动化系统的信任并不是一个绝对的、非黑即白的问题，而是需要通过一种合理的信任机制来建立并维系的。

如何将"信任"的概念从人类系统延伸到自动化系统中，是"人机交互"（Human-comupter interaction）领域近年来的一个研究重点。迈尔等人在其关于组织信任问题的经典研究中，归纳了影响人类信任对象可信度的三个主要因素："能力"（ability）、"诚实"（integrity）及"善意"（benevolence）。[③] 人机交互领域的研究者则通过类比的方式，将影响自动化系统可信度的因素归纳为："性能"（performance）"过程"（process）及"目的"（purpose）。[④] 其中，"性能"（相对"能力"）指的是一个自动化系统完成特定任务的功能，及其是否具备可靠性及可预测性等特征。

[①] John D. Lee and Katrina A. See, "Trust in Automation: Designing for Appropriate Reliance", *Human Factors*, Vol. 46, No. 1, 2004, pp. 50 – 80.

[②] Ibid..

[③] Roger C. Mayer, James H. Davis and F. DavidSchoorman, "An Integrative Model of Organizational Trust", *The Academy of Management Review*, Vol. 20, No. 3, July 1995, pp. 709 – 734.

[④] John D. Lee and Neville Moray, "Trust, Control Strategies and Allocation of Function in Human-machine Systems", *Ergonomics*, Vol. 35, No. 10, 1992, pp. 1243 – 1270. Kevin Anthony Hoff and Masooda Bashir, "Trust in Automation: Integrating Empirical Evidence on Factors That Influence Trust", *Human Factors*, Vol. 57, No. 3, May 2015, pp. 407 – 434.

"过程"（相对"诚实"）针对该系统在运行中所使用的工具和手段，主要指系统运行过程的一致性。"目的"（相对"善意"）则更多指向一个自动化系统的设计理念，即人们设计这个自动化系统所希望实现的目标。这些研究指出，人们必须根据具体情境的变化，通过有意识的考察这三个维度来合理评判一个自动化系统的可信度，并相应地调整人与该系统的互动方式，才能避免盲目滥用或者弃用的情况。

在现代金融系统中，基于信息及网络技术的自动化系统已经成了金融交易的主要操作平台。这些由政府及金融机构集中负责建立并管理的自动化交易系统，日益构成了全球金融体系的基本运行框架，形塑着人们在信息时代进行经济交换的内容和形式。正如卡斯特所指出的那样，"我们的世界将被机器控制的噩梦似乎已经在成为现实的边缘——并不是以机器人取缔我们的工作，或是政府电脑巡视我们的生活的形式，而是一个完全基于电子化的金融交易系统"。[1] 在资本全球化的趋势下，资金的跨国流通及无时无刻的数字化交易已经超出了任何政府及金融机构的控制，导致系统中的复杂性和不确定性都达到了前所未有的高度。与此同时，任何区域性风险都能迅速扩散到全球，从而构成全球性金融危机的直接导火索。从某种意义上来说，2008年的金融海啸正是通过一种代价惨重的方式，为人们敲响了一次警钟，即人们已经不能再盲目信任这个由政府及金融机构负责运作，却无法有效管理的金融交易系统。

比特币代表了一种全新的自动化交易系统，即不需要任何控制中心，而是以一种分布式模式构建人们对于一种货币及其数字化交易的信任。我们也可以从性能、过程，以及目的这三个因素考察比特币自动化系统的信任机制与传统金融体系的差异。

首先，在"性能"上，比特币充分利用了信息及网络技术的发展，结合密码学、计算机科学、软件工程学等研究成果，使人们不需要通过第三方机构也能与互联网上的陌生人进行安全的交易，从而进一步摆脱人为控制而实现系统运行的"自动化"。正如以太坊创始人维塔利克·布特因（Vitalik Buterin）所言："大多数技术都是趋向于将自动化的技术应用在

---

[1] Manuel Castells, "Information Technology and Global Capitalism", *On the Edge: Living with Global Capitalism*, 2001, pp. 52–74.

边缘的地方去做一些琐碎的任务,而区块链是在中心实现自动化的。"①

比特币技术在执行交易一块儿已经被证明是十分强健的,它使电子支付像发电子邮件那般容易。所以在交易层面,比特币解决了信任的问题,就是说我不需要信任 VISA(信用卡公司)或者银行就能跨境转账。(访谈对象:大学比特币俱乐部主席 H)

其次,比特币系统在运行"过程"中所依赖的工具主要是计算机技术、密码学和数学原理,并以全新的运作机制简化了自动化系统在操作及执行过程中的不确定性,同时也简化了由于不确定性所引起的信任问题。

数学的问题是通过公式能够证明的,那么这个阶段就是把原来那部分捉摸不透的、看不见的不确定因素,下沉到你看得透的,或者通过一些工具能够自动去检验的东西。比如这边假设存在这么一个工具,首先,我这边这个系统是按照数学逻辑设计架构的,这个工具它说我能够自动去检验每一步逻辑,如果不符合就自动报错,那么那个时候实际上我们已经把信任问题简化了,简化到我们可以利用机器帮人去解决复杂的信任问题。(访谈对象:区块链技术研究者及创业者 B)

最后,比特币通过其去中心化及公开透明的理念,构成了人们对其作为一个自动化系统"目的"的信任。

比特币立志成为一个点对点的货币发行和转让系统,区块链的目的就是把 10 分钟内产生的所有交易打包成区块,然后让所有人来共同决定他们是否同意这些交易,它必须是公开的。我不会信任一个许可链②,像瑞波币(Ripple),它就是封闭的、中心化的,我看不出瑞波币哪点比法币好。(访谈对象:比特币爱好者及投资者 A)

---

① [加] 唐·塔普斯科特等:《区块链革命:比特币底层技术如何改变货币、商业和世界》,凯尔等译,中信出版社 2016 年版,第 18 页。
② "许可链"指每个参与节点都必须基于某个中心机构的许可才能够加入的区块链系统。比特币的"非许可链"则是一个完全开放,且不需要任何人或机构的许可就能够加入或退出的区块链系统。

因此，除了性能及过程之外，人们信任比特币系统的一个重要原因就是其背后的设计理念及目标——以一种分布式网络来取代权威机构的中心化系统。比特币通过一种与国家货币完全不同的理念及运作模式，重塑了网络空间中人与人、人与机器，以及人与整个自动化系统的社会关系结构，同时也重塑了人们的信任关系。

分布式要解决的问题是这样的，从人和人的关系来说，首先每个人其实都是一台小电脑，分布式的大计算机实际上是为了和人做一个完美的映射和对接，两者之间要有一个完美的结合。因为人本身是分开的，而不是集聚的，也不是一个人控制所有人，我们是希望一个扁平的模型，就是一个点一个点所有人都是分开的、离散的。所以分布式可以用更恰当、更安全的方式跟真实世界做对接。（访谈对象：区块链技术研究者及创业者 B）

在这个意义上，技术、机器和自动化系统实际上都是人类社会关系得以展开的媒介，而不同的"人机协作"模式则暗含着不同的系统运作方式及社会关系结构。比特币的自动化系统就好比一个"桥梁"，使真实世界中的行动者能够克服数字世界的不确定性，并在一个分布式系统中重建一种相对平等的社会关系结构，从而促进人们的社会交换及互动。在比特币的系统中，人们通过使用各自的数字设备参与到一个分布式网络中，再通过数学原理及计算机算法来确保交易过程的准确性和一致性，最后构成一个没有特定中心的、公开透明的自动化交易系统，从而在全球范围内实现了陌生人之间的交易和协作，并将社会信任的来源从权威的第三方机构，转移到了这个由分散在全世界的人和机器共同维护的自动化系统中。

二 开放协议："自组织网络"的治理机制

自动化技术虽然能够通过取代人为操作，大幅减少系统运作过程中的不确定性，然而目前还没有任何自动化系统能够完全具备"主动思考"的意识和能力来适应这个变动不居的世界，因此依然需要依靠人为力量来组织管理。比特币系统能否适应社会需求及社会环境的不断发展，也不能仅仅依赖于自动化系统，更需要基于一种治理机制的创新才能够实现。从系统治理的层面上来说，比特币最具创新性的特征，就是所有系统决策都不再由任何特定的人或机构来制定，而是完全通过一个"自组织网络"中的"开放协议"（open-protocol）机制建立的。因此，在比特币的运行过程中，人们不需要信任某个特定的"代理人"来对系统施行恰当的治理，而是需要信任其自组织网络能够通过公开透明的集体决议过程来化解冲突并推动系统实现有序优化。

在比特币的公开网络中，任何人都可以通过下载比特币软件而注册为一个节点（node），并且所有节点的权限都是完全平等的。每个节点都可以通过网络通信与其他节点随机连接在一起，可以随时加入，也可以随时撤出，从而构成了一个开放的、动态的、分布式的"自组织网络"。这里充斥着如软件开发者、矿工及矿场、硅谷投资人、华尔街银行家、政府监管机构、金融服务商、普通用户、社会激进分子及非法犯罪分子等各式各样的人或机构，都带有不同的利益诉求、资源禀赋、思维理念及行动逻辑，并且都希望可以通过施加自己的力量来影响比特币系统的运行及发展。一个社会系统或组织必须通过某种治理机制来协调不同利益相关者之间需求的冲突，并应对外部环境的变化及挑战，否则都将在冲突及矛盾中走向混乱，也就不可能维系人们对该系统的信任。那么，比特币系统是如何为这些完全不同的利益相关者提供了一个竞争及协作的平台，并在没有中央权威的情况下使各方行动者能够共同参与治理一个全球性系统呢？接下来，我们将考察比特币的分布式系统是如何通过一种"自组织"模式推动了一场社会治理模式的变革。

"自组织"（self-organization）指的是一个系统通过其内部的组织力量形成的一个从无序到有序的发展过程。[1] 不同于完全基于交易关系的"市场治理"，或基于权力关系的"层级治理"，自组织代表了一种基于认同和协作而形成的"自治理"模式，[2] 需要通过成员的积极沟通及有效互动来实现组织的自我管理及进化，类似于自然界中具有自我生长能力的有机体。

---

[1] Chris Lucas, "Self-Organization: Self-Organization and Human Robots", *International Journal of Advanced Robotic Systems*, Vol. 2, No. 1, 2005.

[2] 罗家德、孙瑜：《自组织运作过程中的能人现象》，《中国社会科学》2013年第10期，第86—101页。

我将比特币想成一个有机体。一个有机体需要从外界吸收能量，具备自我调节的机制，还需要自我修复，比特币就具备这些特征，它从外界吸收很大的能量，同时还有"心跳"，每 10 分钟一次（即新区块诞生的间隔）。在这个有机体中 Bug（故障）不断被修复，性能不断提高，创新不断出现，我认为没有东西可以杀死它，它不再是个婴儿了，它已经 7 岁大了。（访谈对象：比特币爱好者及投资者 A）

　　这位被访者将比特币视为一个能够自我进化的自组织系统，实际上与凯文·凯利在《失控：全人类的最终命运和结局》中将分布式系统喻为"活系统"的看法如出一辙。[①] 在比特币的分布式系统中，没有任何人对比特币系统的发展及演化具有绝对的主导权及控制权，而是基于一个"开放协议"机制使众多利益相关者可以共同参与比特币系统的治理及改善工作。

　　我们在第四章已经指出，由代码和算法定义的系统共识是比特币整个制度架构的根基，如比特币的最高发行量不能超过 2100 万个，形成一个新区块所需要的时间，每个区块所能容纳的信息量，挖矿的奖金额度等一系列规则及协议。随着比特币系统的发展和扩张，其开放式治理模式的一个关键特征，就是人们对于系统所达成的共识并不是固定不变的，而是会随着内部因素及外部环境的变化而衍生出各种新的发展方向。在"开放协议"机制下，所有人都可以通过提交"比特币改进方案"（Bitcoin Improvement Proposal，BIP），公开发表自己对于比特币系统的修改意见，然后通过公开讨论来决定其是否会被社区广泛接受。当比特币社区由于相互冲突的方案而对系统的发展方向产生根本性分歧时，就会通过对比特币区块链进行"分叉"（fork）来解决纠纷。区块链包含了人们对比特币协议及系统中所有历史交易数据所形成的一个唯一的、完整的、不可篡改的共识，是比特币系统保持连续性、一致性及完整性的根基。"分叉"则意味着区块链将会被一分为二，代表了对原有系统协议及社区共识的挑战。

　　"分叉"又可以分为"软分叉"（soft fork）及"硬分叉"（hard

[①] ［美］凯文·凯利：《失控：全人类的最终命运和结局》，张行舟等译，电子工业出版社 2016 年版，第 35 页。

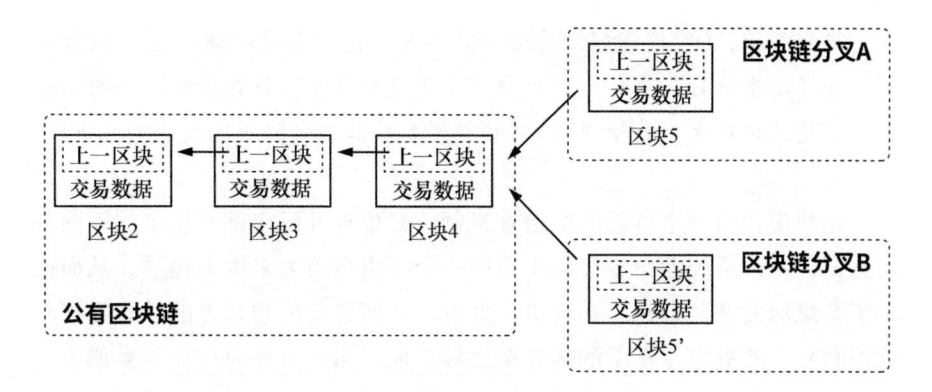

图 5-1　区块链"分叉"示意图

图片由笔者根据以下来源绘制：Blasetti Rob,（2017.3.22）, Brace Yourself For The Bitcoin Hard Fork, Decentralize Today：https://decentralize.today/brace-yourself-for-the-bitcoin-hard-fork-5c42e61e596c.

fork）。软分叉意味着新协议只是旧协议的一个改进版本，使系统具备了一些新特性，但依然可以被旧系统兼容，从而不会从根本上威胁比特币协议的共识。而硬分叉则代表了对旧协议的某种根本性否定，从而会出现一个无法被旧系统兼容的区块链分支，因此意味着比特币系统的一次根本性分裂及变革。一般来说，由于硬分叉会导致社区共识的根本破裂（如关于比特币总量及其稀缺性的共识），从而破坏整个比特币系统的价值，所以大多数利益相关者都会尽力避免。软分叉则是一种比较柔和的改进方案（如一种新的数字签名技术），可能会从某些方面提高系统性能从而使所有人受益。[①] 无论是哪种分叉，都代表了人们出于不同原因对比特币协议的发展方向产生了不同意见及诉求。在所有潜在的分叉方案中，获得社区认可及支持度最高的分叉将会胜出，从而推动系统在技术、制度、运行等层面的发展或变革。

　　　　区块链第一非许可，第二原生货币，第三去中心化的自组织，没有人去决定这个网络是怎么运行的，靠全网共识，共识达不成的情况下就分叉，这个是它的治理机制。你们既然想这样干，我们反正决定

[①]　[美] 阿尔文德·纳拉亚南等：《区块链：技术驱动金融》，林华等译，中信出版社2016年版，第93页。

要那样干，OK 没问题，那就分叉。分叉绝对不是坏事，去年以太坊分叉越来越好，今年比特币分完了也没啥事儿，好得很啊，分呗，这就是区块链带来的新现象。（访谈对象：知名区块链基金创始人 F）

比特币作为一个自组织的治理机制，是根据社区内部所提出的不同分叉方案，并由系统参与者集体决定哪一个方案会被大多数人接受，从而推动了系统的发展及进化。在这里，并没有任何特定的利益方能够获得绝对的控制权，并决定比特币的运作及发展方向，而是需要通过一种类似于民主化"投票"过程，决定究竟哪个方案能够获得最多的认可和支持。

比特币不是说现在技术就成熟了不变了，后面还有很多问题要解决，比如效率的问题，社区的认可对于这个币的发展是一个重要的锚定物。这个很有意思，你发现如果是中心化的方式，比如苹果（公司），手机上的接口我说换就换了，反正老子定的标准你都要认。但比特币这个社区最好玩儿的就是，它本身的技术发展就相当于大家投票，有多少人认可这个思路，认可这个方向，那我就参与进来，我不认可的时候我就换一个阵营，最后就看哪一个阵营在推广的过程中被市场认可，可以吸引更多的人。就好像宗教一样，哪个更亲民，更给大家解决问题，老百姓就愿意来信，其实不取决于你这个宗教的理论水平到底有多高。所以比特币硬分叉这块儿其实带来的就是这个担心，如果分成两拨人来开发，走两个不同的方向，那我不知道该买谁了，就好像要赌 50—50 的这么一个概念，他俩之间的汇率其实很有意思，[1] 其实就表示一个信心嘛，比如我 25% 投这个，75% 投那个，他俩的汇率就反映了信心的不同。（访谈对象：金融科技公司首席数据官 G）

简言之，人们对于比特币自组织网络的信任，不是通过任何权威机构的层级治理机制来维系的，而是通过社区自主推动的开放协议机制所提供不同的方案，并通过区块链的分叉机制来竞争，哪个分叉方案能够获得更

---

[1] 指原有系统中的"旧币"与分叉后产生的"新币"之间的汇率。因为"硬分叉"意味着出现了一个新的数字货币系统，并基于新的系统共识和新的货币符号而运行。

多的认同及社会资源的加入（通过参与该分叉的挖矿活动及购买其系统代币，等等），就代表了该数字货币系统的发展方向。这种基于区块链的开放式治理模式代表了社会治理机制在信息时代的一次重大革新。

  在工业社会的情况下，在一个物理空间里面，你要达到效率最高，成本最低，你的最优结构就是金字塔的结构，只能用金字塔式的中心化机构来塑造。但是在另外一个平行世界里，在一个数字世界里面，在信息社会，这一套治理机制是无效的，所以它必须有一套新的东西。那新的东西是什么？因为数字世界是一个你看不见的东西，（人们）互相之间在里面怎么构成一个新的关系？它不靠朋友，不靠亲戚，也不靠组织，你无法靠组织，那你总要靠一个东西啊，就出来区块链。区块链就是最底层的一个操作系统，因为它在管理所有数字经济所搭建出来的数字关系。等信息社会再往前走 50 年的时候，就会清楚地知道金字塔结构肯定是要崩溃掉的，它要有新的东西，一个分布式的、去中心的这套东西，变得越来越重要，这是一个管理数字世界的另外一个操作系统和架构。（访谈对象：知名区块链基金创始人 F）

在由数字信息构建的网络空间中，传统的社会组织无法将人们之间这些分散的、流动的、不受地域限制的"数字关系"纳入其层级式的管理体系之内，更无法对基于互联网的自组织系统施行有效的治理，因此也无法作为系统代理人来集中建立并维系人们的信任。新的社会环境需要新的治理机制，随着比特币的"开放协议"及"系统分叉"这类新型治理机制的出现，社会信任也得以突破传统组织的层级式结构，以一种更为开放、平等的方式，在一个自组织网络的自我进化过程中不断地生根发芽。

三　网络协同："自发性群体"的互动机制

协同及互动不仅仅是人的基本社会需求，也是社会群体得以存在的基础。不同的群体可以通过不同的组织模式及互动机制形成并维系不同形式的信任关系，简化协同过程中的社会复杂性和不确定性，从而降低协同的社会成本。1937 年，科斯在《企业的性质》这篇极具影响力的文章中，通过比较企业的内部组织成本和市场的交易成本，对"企业"和"市场"

这两种组织模式及其促进合作及交换的动力机制进行了剖析。① 自此之后，经济学普遍认为陌生人之间大规模的、有序的协同及互动，只能通过基于层级管理机制的企业模式，或基于价格机制的市场模式来实现。"企业"和"市场"也因此成了现代组织模式的两种"理想类型"，构成了人们进行社会经济交换的基本组织架构。然而，在互联网所构建的数字时空里，科斯所构建的这两种理想类型都面临着解构和重构的挑战。与此同时，一种新的组织模式——"网络"，则日益为人们在信息时代的社会经济活动提供了一种全新的互动模式。② 不同于具有明确边界及管理制度的企业模式，和基于价格谈判及签约制度的市场模式，"网络"代表了一种基于互联网的、结构松散的、由参与者的自发性分工所推动的协同及互动机制。克莱·舍基将这类组织模式描述为一种"后管理组织"，并指出它们代表了一种"无组织的组织力量"。③

比特币的兴起，代表了人类在数字世界中实现"网络协同"的能力又达到了一个新的高峰。比特币使全世界的陌生人得以突破区域性市场及传统社会组织的结构性限制，以一种不依赖于任何特定控制中心的方式在全球范围内实现安全且有序的金融交易。这种通过网络进行协同的力量不仅仅创造了一个全新的电子货币系统，更为人们在信息时代提供了一种"不需要组织"的集体协同模式。

> 未来几十年可能公司也会消亡掉，越来越多的人不需要通过公司去建立一个社会组织结构了，结构本身就会变成一个网络型的结构，我们只需要把标准定成协议放在里面。在全球化环境下，公司本身的结构是不方便的，在中国开一家公司，在美国做业务，有地方性的约束，但在区块链网络上，大家可以在全球的虚拟的共享空间达成协同。公司存在的目的也是推动社会协同，资金、人才、资源，能够通过公司这个组织为社会提供产品或服务，但当这种协同模式变得效率

---

① [美] 罗纳德·H. 科斯：《企业的性质》，奥利弗·E. 威廉姆森、西德尼·G. 温特：《企业的性质》，商务印书馆2009年版。

② Walter W. Powell, "Neither Market nor Hierarchy: Network Forms of Organization", *Research in Organizational Behavior*, Vol. 12, 1990, pp. 295-336.

③ [美] 克莱·舍基：《人人时代：无组织的组织力量》，胡泳等译，浙江人民出版社2015年版，第35页。

低下之后，它就有可能会被取代掉。还不知道未来的组织形态是什么，但公司也只有300年历史，很短暂的。（访谈对象：知名数字货币创始人S）

在这个意义上，区块链技术被视为是人们在虚拟的网络空间中进行资源组合及协同的一种新型社会工具，它使新的社会组织形态及生产方式成为可能。实际上，这种网络化的协同模式代表了社会互动在信息时代的一个普遍发展趋势。克莱·舍基将其称为"分布式协同"（distributed collaboration）——在没有层级管理、预算规划以及正式工作流程的情况下，就可以使分散于网络中的用户通过集体合作来完成某个任务的协同机制。舍基强调，分布式协同得以成功的基础，源于一个群体中"自发的劳动分工"。[1]

> 像我，未来工作非常简单，我没有公司，到处在哪儿一坐下来对着电脑就能干活，很多人都是这样的。理想的状态下未来所有的人都是对着计算机做一些工作，完了之后就不需要干什么，那些计算机到处去做各种各样的事情，而且（计算机做事情）会相对比较确定，造出东西的量也会比较确定。如果有人想做一个商业模式，他就可以通过写代码来实现它。有人会攻击这个系统，也会有人想办法去保护，大家都可以自由地选择。人和计算机融为一体的大世界以这个为基础就会迅速发展。（访谈对象：区块链技术研究者及创业者B）

这种基于自主选择的"自发性分工"，正是推动比特币社区快速发展的一个关键要素。比特币之所以能够在短短几年之内，从一个密码学小团体自娱自乐的项目迅速发展为一个全球性社区，就在于它能够不断吸引全世界的自愿者从各自不同的角度来为比特币系统作出自己的贡献，从而形成一个庞大的"自发性群体"，并推动整个生态系统的成熟和发展。在传统货币背后的集中式信任模式中，社会信任必须依赖政府和银行等机构的科层制组织来"集中生产"，并通过法律及制裁等强制性手段来维系人们

---

[1] ［美］克莱·舍基：《人人时代：无组织的组织力量》，胡泳等译，浙江人民出版社2015年版，第95页。

对于国家货币的普遍信任。在比特币的分布式网络中，社会信任不再依赖于某个结构化的、固定的组织及对象，而是依赖于一个庞大的自发性群体来共同构建并维持的。在这种基于自发性群体的网络协同模式中，社会信任源于共享及自愿分工，即人们相信每个参与者都将通过贡献自己特有的资源和能力使整个系统变得更加安全可靠，且所有人都能够从中受益。

正如克莱·舍基所言，随着新技术及新型社会化工具的出现，"具备新能力的群体正在形成，它们的工作无须遵循管理规则，克服了限制其有效性的传统桎梏"。① 比特币正是作为一种极具创新性的社会化工具，进一步扩大了这种基于自发性分工的群体合作及行动能力，同时为社会信任在数字世界的形成和发展提供了其必需的群体基础。

第三节 比特币分布式信任的运作原理

我们已经从人机协作、开放协议、网络协同三个方面考察了比特币系统特有的运行机制，并对比了比特币的分布式网络在自动化系统的信任机制、自组织网络的治理机制与自发性群体的互动机制和国家货币体系的根本性不同。那么，如果我们将比特币系统的"分布式信任"视为一种诞生于信息时代的、具有普遍意义的新型社会信任模式，其更为一般性的运作原理究竟是什么呢？接下来，我们将从系统秩序的数字化、基于反思性的持续优化，以及社会资源的货币化，来思考比特币背后的"分布式信任"是如何在网络空间的社会成员之间创造一种普遍的信任关系。

一 信息时代社会秩序的"数字化"

"秩序"和"信任"这两个概念之间存在着极为紧密的关系。从齐美尔开始，社会学家就普遍认识到"信任"是社会秩序之所以能够持续存在的重要前提之一。现代社会信任问题的研究者米兹太尔（Misztal），则从三个层面讨论了不同类型的社会秩序需要不同形式的社会信任作为其基础和来源，即（1）"稳定性秩序"（stable order）需要作为"习惯"的信任来维护系统的可预测性；（2）"凝聚性秩序"（cohesive order）需要作

---

① ［美］克莱·舍基：《人人时代：无组织的组织力量》，胡泳等译，浙江人民出版社2015年版，第19页。

为"情感"的信任来构建；(3)"合作性秩序"(collaborative order)则依赖于作为"政策"的信任来为人们的合作性活动提供必要的条件。①

在这个意义上，社会成员之间的普遍信任必须基于特定的社会秩序才能够持续存在，社会秩序的发展及变迁也会直接影响社会信任模式的变迁。每当社会进入一个快速转型期，秩序变革对于社会信任的影响就会表现得尤为突出。当社会系统处于有序发展的稳定时期，信任一般都作为某种社会成员之间共享的"背景期待"，一种不言自明的"既定社会事实"，以某种特定的符号体系及人们对外部世界的解释框架"隐含于"人们的日常生活中。在这种社会稳定期，"信任"一般都不会被视为是某种重大的社会问题，它甚至不会被人们想起或提及。只有当社会进入了一个快速变化、动荡不安的时期，迫使人们不得不重新寻找构建社会秩序的基础及规范时，信任才会作为一个"显著的"社会问题进入人们的视域。② 这正是由于，信任作为一种社会关系，只能在人们的互动中产生，而只有当社会系统中存在某种秩序，互动才可能展开。因此，社会信任既需要一定程度上的社会秩序作为基础，也会通过促进社会交往推动社会秩序在实际生活中的延伸和扩展。随着社会时空环境的不断扩张，社会秩序和社会信任都必须寻找到新的基础和模式，才能在更广泛的时空领域中促进社会活动的有序展开。

比特币及区块链技术的一个根本目的，就是通过基于信息及网络技术的分布式系统，取代权威机构在全球金融体系中的垄断性地位，为信息时代的社会经济秩序提供一种全新的基础。

> 比特币其实是一种数字世界的有序化，就是新的世界出现以后，在新的规则体系下，原来那个世界看上去是无序的，所以说大家都希望创造一种新的、有序的东西。比如说大家都觉得垄断不好，是因为它在这个新的世界里变成了一种无序的东西，变得很乱，所以我们希望通过一种新的秩序把这些（无序）都整理干净。(访谈对象：区块链技术研究者及创业者 B)

---

① Barbara A. Misztal, *Trust in Modern Societies*, Cambridge：Blackwell Publishers Inc., 1988, p. 101.

② Ibid., p. 62.

这位被访者所谓的"数字世界的有序化",实际上体现了吉登斯所谓的"时间—空间转换"及如何"对社会关系进行反思性定序与再定序"的发展过程,并从根本上体现了现代社会在信息时代的转型及扩张。① 吉登斯认为社会学所谓的秩序问题实际上就是尝试理解"在时空向度上得到有序安排的各种社会实践"②。莱布尼茨(Leibniz)作为人类历史上最重要的哲学家及数学家之一,也将"秩序"与"时空"问题紧密联系在一起,指出"空间"实际上就是一种"并存的秩序",而"时间"则是"延续的秩序"。③ 从这个角度出发,随着数字技术日益突破了物理性及地域性限制,导致信息的洪流不断冲击并解构着传统社会时间及空间的转换形式,也就同时改变了世间万物"并存"及"延续"的秩序,从而推动人类社会进入了一个动荡不安的年代。在这个意义上,新型秩序是新型社会空间及社会关系能否形成并得到发展的一个根本性前提。

被称为"信息时代之父"的维纳,尝试通过一种"人与人之间、机器与机器之间以社会作为时间事件序列的通信理论"来理解社会秩序及社会系统。④ 维纳指出,信息的集合使一个系统可以对抗走向混乱的"熵增加"趋势⑤,人类只能通过通信和控制的手段,来和组织性不断降低的自然趋势抗争⑥。在维纳看来,正是通过特定的"言语样式",人类社会才能构建一种"信码化了的和符号化了的行动系统",一个社会的"语言机制"也从根本上决定并限制了其所能涵盖的范围。⑦

比特币正是一个基于计算机技术、密码学及数学的逻辑而构成的"数字化通信系统",使信息得以跨越"地域性语言"的限制在网络中流动,从而在全球范围内实现了系统秩序的"数字化",并为人们在数字世

---

① [英]安东尼·吉登斯:《现代性的后果》,田禾译,译林出版社 2011 年版,第 14 页。
② [英]安东尼·吉登斯:《社会的构成:结构化理论大纲》,李康等译,中国人民大学出版社 2016 年版,第 2 页。
③ [德]莱布尼茨、[英]克拉克:《莱布尼茨与克拉克论战书信集》,陈修斋译,商务印书馆 2009 年版,第 18 页。
④ [美]维纳:《人有人的用处——控制论与社会》,陈步译,北京大学出版社 2010 年版,第 20 页。
⑤ 热力学第二定律告诉我们,自然界中的所有事物都在缓慢地向混沌和无序发展,即所谓"熵增加原理"。
⑥ [美]维纳:《人有人的用处——控制论与社会》,陈步译,北京大学出版社 2010 年版,第 12 页。
⑦ 同上书,第 68、77 页。

界中克服系统不确定性和复杂性提供了新的手段和工具。

以区块链为核心的这套系统，这里面其实有一个很重要的变化，一个新的逻辑，就是它里面每个人其实都变成了"私钥"①。私钥跟人可以是对应的，然后私钥和这个世界的交互关系也是可以用数学方式呈现的。它可以是一把私钥对应一个签名和一个交易，也可以是多把私钥对应一个交易，就是要通过多个人签名来把这个交易解开。每个人可以拥有多把私钥，私钥本身又可以产生"子私钥"或"子子私钥"，私钥之间可能也有各种各样的联系。这就变成一个数学世界了，人通过（区块链）这么一个入口，进入了一个数学的世界。一旦进入到数学世界之后，你借助这个入口去操作一个设备与别人进行互动的时候，它就以一个"交易"为单位，实际上就是两个分布式节点之间的一个数据状态的变更，从我信任这个系统的角度来讲，这个状态变更应该是确定的，这样我才知道未来会怎样，才能够去信任它。在比特币系统里，这些状态的变更，作为交易被打包成一个大的区块，这个区块又通过一个共识机制去实现，然后让全网的状态一起变更过来。（访谈对象：区块链技术研究者及创业者 B）

在这个由数字信息和代码构建的网络世界中，人和人之间的交易关系日益表现为一种由"数据状态的变更"所构成的"数字关系"，行动者的"声望"和"信任度"等重要社会属性也可以脱离个体的真实身份，在网络空间中以"代码化"的形式构建并传播。在基于互联网的经济交换领域中，人们可以不透露自己在现实世界中的真实身份，而是通过利用"私钥"等密码学工具和认证体系就能够进行可靠的交易，并遵循数学的逻辑构建一种新型秩序。社会信任作为一种社会成员之间普遍存在的"联结及整合"及对社会生活的"期望的信心"，也因此具有了全新的基础及内涵。

比特币系统秩序的数字化，意味着全世界对于如何管理基于比特币交易所产生的"数字关系"形成了一种全球通用的标准及框架，让使用者

---

① 私钥（Private Key）是一串由数字信息构成的"字符"，是一种基于密码学的加密算法，私钥代表了比特币的所有权，拥有私钥就类似于拥有一个银行账户的密码。

不需要依赖任何特定的权威机构,也能够与陌生人进行安全可靠的交易,使新型社会经济活动得以在更广泛的时空领域中有序展开。比特币之所以能够获得人们的信任,来源于它能够在这个"旧秩序"不断瓦解的年代,以一种基于数学原理的"标准化语言体系"及"代码化的信任"超越传统社会结构的限制,在一个分布式网络中为人们的社会活动提供了一种"新秩序",从而为社会信任提供了新的基础。

二 源于反思性合作的"持续优化"

在传统社会中,由于社会时空环境相对稳定,社会成员之间的信任主要基于日复一日的交往和接触,建立在熟人关系及日常生活中的道德、习俗等基础上,因此更多的来源于一种"无意识行为"。正如费孝通所言,"乡土社会的信用并不是对契约的重视,而是发生于对一种行为的规矩熟悉到不假思索的可靠性"[①]。然而在现代社会中,信任关系日益从一种被动的、凝固的状态,转变为一种积极的、需要人们持续反思及调整的状态,并作为"有意识行为"的前提和结果,构成人们现代生活的基础。比特币正是在一个开放的分布式系统中,通过基于反思性的"持续优化"过程不断地建立并更新着社会信任的基础。

吉登斯指出,现代性的"反思性"是使其有别于传统社会的一个关键特征,即人们总是通过"一个连续不断的、从不松懈的对行为及其情境的监测过程",使"思想和行动总是处在连续不断地彼此相互反应的过程之中",并由此构成了现代社会系统及其再生产的基本模式。[②] 在这个基础上,"信任"的性质及形成方式也发生了根本性转变。面对各种不同的行动方案及可能性,人们必须要"积极地创造和建立"与他人之间的信任关系。这种"积极信任不再依赖预先给定的联合,它比以往的信任关系形式更加具有相机性,更受条件限制。"同时,"积极信任要求增加社会关系的'透明度',但也积极地提高这种'透明度'"[③]。卢曼在分析高度分化社会中的信任问题时也指出,"文明的信任具有一个明显的特

[①] 费孝通:《乡土中国》,生活·读书·新知三联书店1985年版。

[②] [英]安东尼·吉登斯:《现代性的后果》,田禾译,译林出版社2011年版,第32、33页。

[③] [英]安东尼·吉登斯:《超越左与右:激进政治的未来》,李惠斌等译,社会科学文献出版社2009年版,第74页。

征，即它包含反思性因素"。他将这种基于反思机制而形成的信任称为"对信任的信任"。这种信任不再关涉于某种事物的"基本真相"，而是在于一个系统能否发挥其简化社会复杂性的功能，并在持续的运行过程中进一步得到证明。①

随着人类社会迈入信息时代，全球化和信息化的浪潮将所有事物都推入了一种持续的不稳定状态，社会正在以一种前所未有的速度发展。人们似乎只能不断地通过创造新技术及新工具来扩展自我和社会的边界，来"创造"未来。如凯文·凯利所言，"乌托邦"（utopia）已经不是人们追求的目标，一种永远都在进步的"进托邦"（protopia）才是现代社会的发展方向。"进托邦并不是目的，而是一种变化的状态，是一种进程。在进托邦的模式里，事物今天比昨天更好，虽然变好的程度可能只是那么一点点"②。因此，"进托邦"意味着人们必须通过积极的、有意识的反思性活动来推动一个社会系统的"持续优化"。

在这个意义上，人们对于一个社会系统的信任也就无法凝聚于某种固定的状态中，而是需要通过不断的创新和反思性活动来建立并更新。人们对比特币系统的信任就代表了一种基于反思性的、由一个开放式社区成员共同建立的社会信任模式。比特币正是基于密码学、数学及计算机等技术及工具，并通过人们对这些工具的反思性应用来推动系统的"持续优化"，才能够不断创造并维系着人们对其货币系统的信任。

> 现在我们（数字货币）这一块主要的工具还是数学。包括现在的计算机一个根本的基础，还是数学。其实人是从不断对数学的追求和对数学工具的使用这个角度，来使整个系统更加强大。数学工具的使用，能够达到怎样的一个效果，它是一个更优解。数学本身也是所有人探险的一个过程，有很多探险家，他（们）会去一些未知的数学领域探险，突然就发现了一个能够攻破原来那个数学题目的方法，那么可能会导致整个系统的一个系统性风险。假设，举个极端例子，现在所有的钱都用区块链管理，结果出现了某一种（数学的）攻击

---

① [德]尼克拉斯·卢曼：《信任：一个社会复杂性的简化机制》，瞿铁鹏、李强译，上海人民出版社2005年版，第91页。

② [美]凯文·凯利：《必然》，周峰等译，电子工业出版社2016年版，第8页。

模式，把整个系统所有的钱都拿走了，那么这个系统就崩溃掉了。所以说这里面会有这样的情况出现，但是能够解决（这种风险）的方法依然是数学，因为没有其他的方法能够帮你解决这样的问题，你总能找到更优解，这个是无止境的，因为数学这个东西本身就是无止境的。（访谈对象：区块链技术研究者及创业者 B）

在这个由数字信息和代码构建的网络空间中，系统的运行和优化都必须基于计算机及数学工具来实现，而且这个优化过程是"无止境的"。在这个人造的数字世界中，潜在的风险和混乱将永远存在，而人们也只能通过数学手段及反思性监控的方法来实现系统的持续优化。因此，使用者对一个数字货币系统的信任也必须依赖于数学及人们使用这些数学工具的能力。

比特币与传统货币系统的一个根本性不同，就是其推动系统优化的过程不依赖于某些特定的个人或机构的能力，而是基于一个"开源社区"及其自愿参与者之间的沟通和互动。哈贝马斯在其"交往行为理论"中指出，基于语言的沟通从根本上是一种"行为协调机制"，公开的沟通使"言语者和听众同时从他们的生活世界出发，与客观世界、社会世界以及主观世界发生关联，以求进入一个共同的语境"。[1] 哈贝马斯认为一种"理想言语情境"就是当每个人都具有均等参与讨论的机会和权力，不受任何强制性力量的影响，而是通过"反思"及"协商"的方式，促进人们展开更为全面的、充分的交往行为。[2]

不同于传统货币系统的集中式管理模式，比特币的发展就是基于一个分布式的开放系统中，使所有的思想能够迅速地碰撞，迅速地擦出火花，并推动系统的持续优化。因此，系统的运行和优化不再依赖于特定权威机构的"闭门造车"模式，而是通过将系统源代码向所有人公开构建一种开放式的"言语情境"，使所有自愿者都能够围绕某一个目标进行探讨和协商，从而在集体反思的过程中推动系统的发展。

---

[1] ［德］尤尔根·哈贝马斯：《交往行为理论》，曹卫东译，上海人民出版社2004年版，第95页。

[2] 刘志丹：《哈贝马斯理想的言语情境理论：阐释与批判》，《内蒙古大学学报》（哲学社会科学版）2014年第46期第3卷，第75—79页。

分布式就是用很多电脑来做同一件事,提高效率。(软件)开发规范就以开源的形式公开。比如说比特币的社区,最开始这波人,就相当于一个松散的组织,每个人去写一些代码然后贡献出来,大家一起来开发一个模块,开发完了去上线,这其实在互联网、计算机这块非常的常见,很多开源代码都是这样一群人来贡献的。比特币,后来的以太坊和超级账本,都是这样。他们之间的流派和思路渐渐会有演化,会有不同的分支出来,这些都是在解决我这个系统的性能和服务效率的问题。在比特币发展的过程中你就发现,它一直有坏消息,然后又有好消息,其实就是反复地质疑、证明这么一个过程,它真正地经历了历史考验,这也是为什么它的价格能够持续走高的一个原因。(访谈对象:金融科技公司首席数据官 G)

从这个角度出发,比特币所包含的社会信任不存在于某种固化的社会传统及规范中,而是通过一种促进公开对话及合作的"言语情境",使人们能够在基于"反思性"的质疑和证明中推动系统的"持续优化",从而维系并更新人们对于整个系统的信任。

三 网络空间社会资源的"货币化"

卢曼将"货币"视为"系统信任"的突出代表,认为正是通过货币这种象征符号作为一个社会的"泛化交往媒介",个体才能在行动中与他人产生普遍的联系,从而构成一个高度分化却又紧密联结的现代社会。同时,人们对货币的"普泛化信任",则建立在"连续的、肯定性的使用货币的经验"之上,是在使用货币的过程中自然而然"习得的"。[1] 因此,一种货币能否获得人们的信任,实际上取决于人们能否使用货币与他人进行交易,并在更广泛的社会领域中换取更多的社会资源。在这个意义上,拥有货币,就意味着拥有这种象征符号所"许诺"的社会资源。比特币作为一种诞生于互联网的数字货币,之所以能够在全球广泛地吸收人们的信任,也来源于其所能"许诺"的社会资源。比特币的一个重大创新,在于它能够把那些在传统市场结构中难以参与生产及流通的社会资源

---

[1] [德]尼克拉斯·卢曼:《信任:一个社会复杂性的简化机制》,瞿铁鹏、李强译,上海人民出版社 2005 年版,第 63 页。

"货币化",并以一种新的"象征符号"构成数字世界中的"泛化交往媒介",从而促进社会资源在网络空间中的形成及流动。拥有比特币,就意味着人们拥有了进入一个快速膨胀的数字经济体的"入场券",并通过聚集越来越多的社会资源支撑并加强着人们对于整个比特币系统的信任。

随着"数字经济"逐渐成为推动现代社会经济增长的主要来源和动力,如何以一种新的社会生产及交换方式释放数字经济的势能,已经成了各国国家发展战略的重要组成部分。2016 年的 G20 杭州峰会通过的《二十国集团数字经济发展与合作倡议》,将"数字经济"定义为"以使用数字化的知识和信息作为关键生产要素、以现代信息网络作为重要载体、以信息通信技术的有效使用作为效率提升和经济结构优化的重要推动力的一系列经济活动",并充分强调了数字技术对于改变社会互动方式及推动全球经济增长的重要性。在这个意义上,比特币正是通过利用一系列数字技术,以分布式和自组织的模式在这个迅速扩张的数字世界中创造了一种新型"泛化交往媒介",从而为人们参与一个全球性数字经济体开启了一扇大门。

> 光是比特币它价格涨不到那么高。因为比特币它是一扇门,后面有一大堆人在那等着,各种各样的项目,每个项目都十几二十个人等着吃饭,这么多人在一起作出了这么多项目,所以它值这么多钱。比特币就是进入到这个圈子里其他币的一扇门,因为都可以拿比特币进行兑换,买这个币,买那个币,买了之后呢这些项目就暴涨,然后这些项目的持有人就收割一下,然后就有了养活这个团队的资金。这个轮子不断这么转,比特币如果涨到十几二十万,其他项目肯定在它的掩护下也涨到七千八千,借着比特币这面大旗就可以把社会资源往整个圈子引。(访谈对象:区块链技术研究者及创业者 B)

由此我们可以看出,比特币的价值不来源于其自身,而是来源于其背后由人、技术,以及各种社会资源的聚合所形成的"圈子",比特币只是人们参与到这个"圈子"的入口和媒介。随着互联网从人们只能作为被动信息受众的 Web 1.0 模式,进入了一个人们即是信息接收者也是信息发布者的 Web 2.0 模式,各种基于双向交流的"圈子"就在数字世界中生根发芽,成了人们传递信息和知识的交互平台。然而只有信息的交互并不足以推动数字经济的全面发展,如何使"数百万人在同一虚拟空间中共享知识,把这种能力资本化,是 Web 2.0 关注的问题"。①"资本化"的含义是以资本为纽带,将不同的社会资源及生产要素组合起来,在追逐利润的动机下创造价值并推动经济增长。② 资本化就意味着人们能否通过"投资—回报"以及"成本—收益"的资本运作框架,通过特定的商业模式将潜在的社会资源组合在一起,并转化为可预期的回报。③ 在这个意义上,只有当人们能够将潜在的社会资源以某种货币符号来表达,从而将其"货币化",才能够运用资本的逻辑,将这些社会资源组合起来并转化为一种可以生产利润的商业模式。

2017 年 5 月份在比特币等通用数字货币平台上爆发的 ICO(Initial Coin Offering)现象,即"首次代币发行",直接揭示了比特币等数字货币通过将潜在的社会资源货币化所能够释放的势能。所谓 ICO,指的是一个项目的发起方可以通过比特币及以太坊等主要数字货币平台,对公众发行该项目的"初始代币",从而在市场中进行公开募资的行为。"代币"可以代表各种不同的权益,如该项目未来的使用权、投票权等,如果这个项目真的能够实现预期的成果并获得人们的认可,就会吸引更多的人来参与,那么项目代币的价值也会相应增长。ICO 的运作机理类似于传统证券市场的"首次公开发行"(IPO),但是与受到政府严格监管的 IPO 不同,ICO 是在一个没有国家、没有政府、没有金融机构的网络空间中展开的募资活动,人们无法用法定货币来参与 ICO,而只能用比特币及以太币等通用数字货币来购买代币。在短短几个月中,ICO 就成了一个全球性社会现象,在世界各地吸引着大量的社会经济资源向基于比特币等数字货币而形成的"加密经济"(crypto-economy)流动。据统计,截至 2017 年 10 月,ICO 的全球融资金额已经超过 30 亿美元,达到了整个加密经济领域融资总额的 80% 以上(图 5 - 2)。

---

① [美]查尔斯·李德皮特等:《网络协同》,欧阳武等译,知识产权出版社 2011 年版,第 19 页。

② 中国经济增长与宏观稳定课题组:《资本化扩张与赶超型经济的技术进步》,《经济研究》2010 年第 5 期,第 4—122 页。

③ 张海东、杨隽:《转型期的社会关系资本化倾向》,《吉林大学社会科学学报》2000 年第 1 期,第 53—57 页。

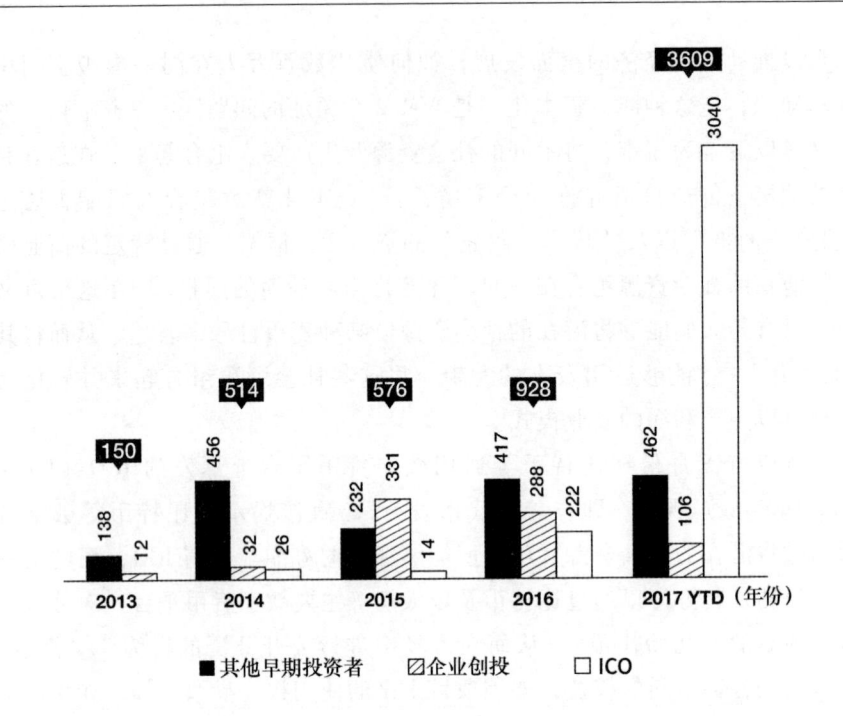

图 5-2 "加密经济"投资渠道及投资额累计增长（单位：百万美元）

图片由笔者根据以下来源绘制：https://next.autonomous.com/thoughts//over-100-crypto-hedge-funds-over-3b-in-icos.

  所有的ICO都是针对开源项目，开源，就变成免费，因为是个开源软件，使用也是免费的，所以在没有ICO之前所有开源的东西是不具备商业模式的，你也无法融资，后来有了ICO之后，一些开源的东西就具备了商业模式。这是个好事情，很多身怀绝技的技术极客们在家里写几个白皮书，就能拿到钱，做开源的东西大家用，不是挺好的嘛。（一个项目有）100%的代币，比如总共发1000万的币，我自己留10%，50%发出去，剩下的我奖励那些系统上线之后，继续为这些系统做贡献的人，我就留10%，那你（项目代币）一涨，我就赚钱了，我拿着这个币就够了。（访谈对象：知名区块链基金创始人F）

  应该说，比特币之所以能够持续吸取并支撑人们对它的信任，实际上也源于它能够将社会资源货币化的运作原理——将网络空间中那些无法被传统的社会组织及商业模式利用的社会资源，以一种新型"象征符号"在数字世界中实现交换及流通，从而使原本没法被资本化的开源项目也能够创造价值，并吸引着无数的开发者、投资人，以及创业者前赴后继地提供各种新型数字化商品及服务，进而围绕比特币构建了一个快速扩张的全球性数字经济体。

第四节 小结：从分布式运行到分布式信任

社会信任不能停留在抽象的制度框架中，而是需要通过社会成员在实践过程中的沟通、互动，以及社会系统的有效运行而不断被创造、更新。只有当一个系统能够使行动主体间的交往和互动顺利展开，并使人们对这个系统的运作及功能抱有"稳定期待"，一种"普遍化"的信任才能够形成。这种普遍化的信任又会进一步推动人们的交往行为在更大的时空范围内展开，从而在系统的持续运行中强化着"信任"与"行动"之间不断循环的互构关系。在这个意义上，一个社会系统的运行模式及信任模式的形成，从根本上是一种互为表里、相互构建的社会过程。因此，社会技术及环境的变迁，也势必会推动系统运行模式及社会信任模式的同时变迁。

在这一章中，我们从比特币系统的功能基础、运行机制，以及其分布式信任的运作原理考察了比特币是如何通过一种分布式运行模式推动并强化了一种分布式信任模式的形成和发展。比特币作为人类历史上第一个"去中心化数字货币"，代表了信息时代一种货币技术的革新，而人类只有通过使用货币技术，才有可能在更大的社会规模中使"个体自由"和"有序合作"的结合成为可能。[1] 比特币系统正是通过一种新型运行模式，使人们得以在数字世界中实现个体与社会的联结及整合，从而推动并维系着一种新型社会信任模式的形成。

正如卢曼指出的，"信任"来源于一个"学习过程"，需要人们在贯穿一生的生活道路中不断地学习并检验。[2] 人们对比特币系统的信任也不是自然而然地建立在某种技术或制度之上，而是在系统运行的过程中通过

---

[1] Wesley C. Mitchell, *The Backward Art of Spending Money: and Other Essays*, New York: A. M. Kelley, 1950, p.170.

[2] ［德］尼克拉斯·卢曼：《信任：一个社会复杂性的简化机制》，瞿铁鹏、李强译，上海人民出版社2005年版，第37页。

不断经受住新的变化及考验、不断聚集社会活动能量来支撑并维系的。

  需要强调的是，这些推动系统运行的社会能量并不是无中生有的，而是需要在特定的文化土壤中寻找到坚实的根基，才能不断地从中获得养分。下一章，我们将从比特币的文化体系来考察其背后的信任革命。

第六章

比特币信任革命的文化土壤

我们已经从制度的层面研究了人们"为什么信任比特币",并从系统运行的层面考察了人们"如何信任比特币"。这一章,我们将从比特币的文化环境、意义系统和围绕其所形成的网络空间的社会共同体,来理解人们主要是基于什么样的思想观念、道德判断及社会认同来思考"是否应该信任比特币"的问题。

第一节 比特币的文化环境

> 确实有一种共通的文化符码。它由许多文化、许多价值、许多计划所组成,穿越了参与网络的各种成员的心灵,影响了其策略,随着网络成员的步调而改变,并且随着网络单位的组织与文化转变。[1]
> ——曼纽尔·卡斯特

作为一种没有任何物质形态的数字货币,比特币似乎创造了一个"无中生有"的神话。但是,比特币并不诞生于社会真空中,而是同历史上所有的货币一样,是一系列思想观念、习俗,以及传统在不同历史时期中形成及发展的产物。比特币这种"去中心化数字货币"之所以能够在全世界范围内获得人们的信任,也源于信息时代特有的文化基因。只有当比特币背后的文化土壤能够通过一系列符号及象征体系,构成某种超越个体的、共享的意识形态及思维模式,才能够使人们对比特币的信任超越所

---

[1] [美] 曼纽尔·卡斯特:《网络社会的崛起》,夏铸九等译,社会科学文献出版社2001年版,第569、244页。

有具体的交换关系，在信息时代获得持续的、丰富的养分，并在全球范围内蔓延及扩散。

这一节，我们将从"技术文化""反主流文化""虚拟文化"以及"匿名文化"，来理解人们对比特币的信任是在什么样的环境中生根发芽、蓬勃成长的。

一 技术文化：从"科技"到"文化"

科技已成为我们的文化，我们的文化技术。[①]

——凯文·凯利

现代信息及网络技术经过短短几十年的发展，已经如同毛细血管般渗透到了人类生活的方方面面。这场技术变革的发展速度之快，延展范围之广，可谓闻所未闻。现代信息及网络技术已经如同空气一般成了社会生活中最平常的必需品，作为某种不经思索的既定事实构成了所有现代人社会行动的前提。然而，技术的变革究竟是如何引发了如此广泛且深刻的社会影响，仍然是一个十分模糊并极富争议性的问题。实际上，若想剖析信息技术革命的社会意义，必须认识到它不仅仅是关于信息处理及沟通手段的技术变革，更是一场文化变革，并从内到外重构着人们的思维方式及文化环境。

技术变革与文化变革之间绝不是某种单向的、线性的因果关系，而是作为一个整体的不同侧面，随着人类社会的发展而相互建构着。在这个动态发展过程中，技术系统既是特定文化及其历史延续性的产物，同时也推动着文化系统的进一步演变和扩散。以互联网技术为例，最初是由美国政府创办的研究机构——美国国防部先进研究计划局（ARPA）在20世纪60年代引领开发的。美国研发互联网技术的初衷，是为了在与苏联的军事对抗中，建立一个不容易被核弹摧毁的新型通信网络，使整个系统即使失去了控制中心，也能实现系统信息的传递和重组，从而大大提高整个网络的安全性及效率。虽然从体制来看，APRA隶属于美国政府机构。然而

[①] ［美］凯文·凯利：《新经济新规则：网络经济的十种策略》，刘仲涛译，电子工业出版社2014年版，第37页。

从组织文化来看，该机构实际上是一个极具创新性、自主性、灵活性且充满了协作精神的扁平化组织。正如其关键负责人鲍勃·泰勒（Bob Taylor）所言，"我们当然是一个国防机构，但是我们所发起的研究从来没接到过任何明确的指导方针，或要求我们服务于某个具体的军事目的"[①]。作为具有高度自主性的科研机构，ARPA 的核心原则是为美国的技术性人才提供充分自由的创新环境，目的是要创造出具有高度互动性的计算机系统，并通过技术手段来解决"全人类"所面对的问题，而不仅仅是美国面临的军事挑战。ARPA 的文化内涵使其像是一支"技术的十字军"，这些技术的开拓者们相信人和机器可以更好地合作，相信科技可以改变世界[②]。如今，"科技改变世界"的观念已经深深植入了信息时代的文化基因，并可以由凯文·凯利的一个观点清晰地表述出来："所有的进步，甚至是道德进步，说到底都是人类的发明。它是我们意愿和心智的有用产物，所以也算是科技。"[③] 换言之，这种思想认为社会进步只能源于人类的自主创新，而不是上帝的恩宠或者统治者的慈悲。

比特币的创始人中本聪没有成立任何公司，也没有投入任何初始资本，甚至没有透露自己的真实身份，只是在互联网中发表了一篇技术论文，以及一个测试版的开源软件，就在网络论坛中激发了技术爱好者们对这个项目极为浓厚的兴趣，并促使他们热切地参与到比特币系统的研究及开发过程中。这些早期参与者对于比特币及其科技创新所产生的热情，可以从被称为"比特币布道者"的安东诺普洛斯在 2014 年的一次演讲中明显感受到：

> 当我开始读（中本聪）那篇论文，一个灯泡在我脑中点亮了，超新星般大小的灯泡，我完全被它的光芒所淹没了……这种感觉在我的职业生涯中曾发生过四次：我的第一台计算机；第一次连入因特网；第一次浏览网页；还有第一次下载 Linux 系统。这些对我而言都是极具启示性的经验，并使我进入了一种彻底痴迷的状态……我的体重急速减少，我的家人不得不出面干涉，因为我已经沉迷到不吃饭

[①] John Naughton, *A Brief History of the Future: the Oringins of the Internet*, London: Weidenfeld & Nicolson, 1999, p. 83.

[②] Ibid., pp. 82、83、217.

[③] ［美］凯文·凯利：《科技想要什么》，熊祥译，中信出版社 2011 年版，第 47 页。

了。比特币对我就有这么大的冲击,因为它将我对科技的兴趣及热情与我的核心原则,如社会正义、和平,以及结束战争联系在一起,你知道的,那些明显不可能但你却依然向往的东西。所以比特币对我就是把一个不可思议的"破坏性科技"(distruptive technology),和它从内在赋予人们权利的能力完美结合在一起。①

由此可见,比特币对于这些"技术信仰者"而言,绝不仅仅是一个货币系统,而是一种能够改变世界,赋予人们权利,并且实现人们最高理想的渠道和平台。因此,这些人对于比特币系统的信任也绝不仅仅是建立在认知和经验的基础上,同时也包含了一种基于"信念"的情感因素。正如吉登斯所指出的,人们对于社会系统的信任实际上表达了一种"对抽象原则(技术性知识)之正确性的信念",这种信念不同于从经验和知识中获得的信心,而总是具有"盲目的"成分,因而意味着一种"对自己命运的道德抵押"。② 如百度 CEO 李彦宏在一次演讲中所言,"无论是百度还是我个人,我们都相信技术,我们是技术的信仰者,我们觉得技术可以推动社会的发展,可以为人类造福"③。对比特币的信任,也在很大程度上蕴含了这种科技创新能够改变人类命运的信念及价值观。

  任何一个技术或者思想方式的转变就会带来很多变革。就像最传统的打纸卡片计算机,和后边的 C 语言出现了,然后图形界面出现啦,然后手机,模拟信号到数字信号,这个都是革命性的。比如手机,全世界的人都在使用这块屏幕,它的革新意味着很多东西。因为一个技术有好多种应用的方式,比如乔布斯发明的手指触摸的这块屏幕,产生了多少不同的应用。有时一个很小的技术革新,但它意味着很多,就是蝴蝶效应嘛,我拍了个翅膀那边都下雨了。只是你发明的时候还没想到那么远,用的时候(影响)就远了。区块链就是这种技术革新,就是它如何存储(数据),并且是不记名的存储,因为私

---

① 演讲内容由笔者译:Andreas Antonopoulos, *Los Angeles Bitcoin Meetup*, 2014.1.9, Youtube (https://m.youtube.com/watch? t = 249s&v = bTPQKyAq − DM)。
② [英] 安东尼·吉登斯:《现代性的后果》,田禾译,译林出版社 2011 年版,第 29 页。
③ 李彦宏:《"推销"人工智能:百度是技术信仰者》,2015 年 12 月 18 日,搜狐财经(http://business.sohu.com/20151218/n431724957.shtml)。

钥都是掌握在不记名的人手里，就是（比特币）钱包的主人手里。所以我们认为这个技术解决问题是我们比较看好的东西，可能会推动整个社会往一个新的方向发展。（访谈对象：比特币矿机软件研发及创业者 W）

这位受访者对于区块链技术的认可，也体现了他对于"科技改变世界"的信念——相信科技创新能够通过某种强大的、普遍的、"蝴蝶效应"般的连锁反应，对人类各个领域的生活产生难以预计的影响。正是这种的信念，不断鼓舞着全世界的技术信仰者参与到比特币所掀起的革命性浪潮中，并作为一种共享的意识形态及思维模式，支撑并维系着人们对比特币系统的信任。

因此，人们对比特币这种数字货币的信任绝不是空穴来风，而是基于现代信息及网络技术过去几十年的发展，以及一种普遍蔓延的技术文化不断广泛且深入地形塑人们思维及互动方式的结果。正如比特币社区用"我们信靠代码"（In Code We Trust）取代了美元背后"我们信靠上帝"（In God We Trust）的标语，现代科学技术正在取代宗教及国家等传统型权威，日益成了人们把握自身及时代命运的精神支柱和寄托。

二 反主流文化：从"嬉皮士"到"密码朋克"

20 世纪 60 年代，与互联网技术几乎同时出现的，还有由美国年轻人引领的一系列民权运动和言论自由运动，以及利用精神药物和摇滚乐来解放人性的嬉皮士运动，人们将这些非主流人士引领的社会运动统称为"反主流文化运动"。这些看似怪异的"嬉皮士"渴望打破美国社会由于技术的快速集中所造成的技术统治及压抑性文化，反对那些由少数技术专家及权力精英所维护的"技术官僚主义"，并尝试通过拓展个体意识和强化亲密关系来建立一个人人平等的新国度。[①] 虽然"嬉皮士"是一个游离在社会边缘的亚文化群体，但在很大程度上，正是他们追求"个人化"和"去中心化"的精神，推动了后来的个人计算机（personal computer）及新型互联网的诞生。1995 年的《时代》杂志刊登了一篇名为《一切都

---

① ［美］弗雷德·特纳：《数字乌托邦》，张行舟等译，电子工业出版社 2013 年版，第 23、24 页。

归功于嬉皮士》(We Owe It All to the Hippies)的文章，指出我们应该感谢这些披着长发、唱着摇滚的吸毒者对于中心化权威所提出的挑战，因为正是他们引领的"反主流文化"，为一个"没有领导者的互联网"以及"个人计算机革命"的诞生提供了哲学基础。①

在个人计算机的发展初期，位于美国旧金山的科技先锋们受到了反主流文化思潮的影响，并不断将"个人化"和"去中心化"的理念融入他们的产品设计中。苹果公司于1984年1月24日推出了世界上的第一台量产个人计算机——"苹果麦金塔电脑"(Apple Macintosh)，代表了计算机发展史上的一个重大里程碑。苹果麦金塔电脑在当年美国超级碗（Super Bowl）的中场广告中首次面世，广告剧情效仿了乔治·奥威尔（George Orwell）的长篇政治小说《1984》，将麦金塔电脑塑造为一个可以粉碎独裁者和集权统治所铸造的思想牢笼、解放人性，并使人们获得思想自由的武器。广告最后的结语是，由于麦金塔电脑的诞生，"1984将不会像《1984》"。② 其背后的核心思想就是，个人计算机不仅仅为人们带来了一种新的信息技术及工具，更能够赋予人们反抗权威并改变自身命运的力量。

作为人类历史上第一个"去中心化数字货币"，比特币的兴起代表了"反主流文化"在21世纪的又一次复兴。比特币之所以能够成功，也绝不是中本聪一个人一蹴而就的成果。无论是其背后的技术还是理念，都是众多人，经过众多努力的历史积累和成果。自20世纪80年代起，一个名为"密码朋克"（cypherpunk）的组织就已经提出了创建"加密货币"（cryptocurrency）的设想。同20世纪的嬉皮士们一样，这些迷恋密码学的技术极客也是一个游离在社会边缘的亚文化群体，他们也对社会统治阶层的集权感到深恶痛绝，并延续了嬉皮士对于"个人化"和"去中心化"的追求。"密码朋克"作为一个社会组织的使命和愿景，就是在互联网时代通过密码学技术保护个人隐私，同时反对政府集权。该组织的创始人蒂莫西·梅（Timothy May）在其20世纪90年代发表的《加密无政府主义者宣言》中这样说道："正如印刷技术削减了中世纪的行会的权力并改变

---

① Stewart Brand, We Owe It All to the Hippies, 1995.3.1, Time（http：//content.time.com/time/magazine/article/0，9171，982602，00.html）.

② Mac History, 1984 Apple's Macintosh Commercial, 2012.2.1, Youtube（https：//www.youtube.com/watch? v = VtvjbmoDx - I）.

了社会权力结构，密码技术方法也将从根本上改变机构及政府干预经济交易的方式"[①]。

在密码朋克的推动下，早在1982年就出现了创建不依赖于国家主权的加密货币的尝试，其中最著名的包括大卫乔姆的Ecash（1983），戴伟的B-money（1998），以及尼克萨博的Bitgold（2005）等。中本聪在比特币白皮书中引用的第一篇文章就是戴伟关于B-money的论文。在这篇文章中，戴伟描述了一种匿名的、分布式的电子现金系统，并希望这种新型货币的出现能够使"加密无政府主义（crypto-anarchy）从一种理论上的可能性迈向一种实践"[②]。虽然创建各类加密货币的尝试由来已久，但由于它们都需要依赖于某个固定的发行机构，所以都受到各国政府的强力监控并最终被彻底取缔。中本聪则吸取了这些密码朋克前辈们的成果及教训，第一次真正地实现了"去中心化"，使比特币可以不依赖于任何发行主体，而是完全基于一个分布式网络运行，导致政府根本找不到任何可以有效打击并将其取缔的对象。

作为加密货币领域的一次革命性突破，比特币直接继承了密码朋克的"反主流文化"思潮，并把"去中心化"的理念付诸实践。实际上，这种反主流思潮所针对的不仅仅是政府，同时也指向全球各大金融机构及互联网科技巨头（如微软、谷歌、百度、阿里、腾讯等）。这些权威机构都通过在各自的领域形成某种垄断性势力，主导着现代社会经济的发展。相比之下，比特币是诞生并成长于互联网草根阶层的产物，并把科技改变世界的方向盘从传统社会的"权力精英"手中交给了那些无名无姓的"屌丝程序员"。

> 你知道当年比特币为什么那么流行吗？是因为，从我们的角度，我是这么看的，那个时候程序员永远是附属的，只有比特币，是程序员决定一切，所以那个时候就特别有成就感。那个阶段，这是唯一一个，就是完全靠技术解决的事儿。你看现在也没有太多纯技术的事儿，就是AI（人工智能）也都得有行业应用嘛。只有比特币是纯技

[①] Timothy C. May, *The Crypto Anarchist Manifesto*, 1992.11.22（http://www.activism.net/cypherpunk/crypto-anarchy.html）.

[②] Wei Dai, B-money, 1998, Weidai.com（http://www.weidai.com/bmoney.txt）.

术，所以我们这些人就比较感兴趣。（访谈对象：比特币矿机软件研发及创业者 W）

作为一个比特币矿机软件程序员及创业者，这位被访者在 2012 年比特币还没有大规模获得市场认可的情况下就已经全身投入到比特币领域中。可以看出，这些程序员之所以被比特币吸引，不光是受到利益动机的驱使，同时也来源于他们渴望摆脱其"附属"于社会主流势力的被动角色。比特币作为一个不受任何主体控制的开源系统，正是为这些互联网的草根阶层提供了一个聚集与联合的平台。

开源可以说是很多屌丝人群，或是新兴的利益集团的代表。对于那些资金体量不够的人，最好的方式就是（参与）开源社区。大家会结盟，会互相保护，因为优胜劣汰嘛，结盟永远会大于个体的作战能力，这群人的综合实力一定是超过（某个人）单独作战想要把其他人都咬死的力量。（访谈对象：区块链技术研究者及创业者 B）

这位被访者所谓的"屌丝人群"，指的就是那些在传统企业的科层制结构中处于边缘及附属地位的程序员。随着开源社区的出现，这些"反主流"的技术极客获得了对抗既有利益集团的新的能力、新的工具及新的结盟方式。

其实你要知道，（比特币）这个圈子做技术的人都明白自己在做什么，他都是闭着嘴不说，这是一场无声的战争，也是一场无声的革命。你不需要说出来，不需要搞得轰轰烈烈，扬着国旗上去抗大炮什么的，不需要，你就盯着电脑，躲在世界某个角落，把事情干完，放出去，人家愿意接受，好，这场无声的转变过程就完成了。我是不希望讨论意识形态的，我只做技术就行了，一方面是不希望把团队和我自己放在比较危险的位置；另一方面是你做这件事的时候，专注做好自己的事反而获得的更多，风险也更小。而且这个（结果）由市场自己决定，谁也控制不住。（访谈对象：区块链技术研究者及创业者 B）

在由数字信息构建的网络空间中，人们反抗集权的方式已经发生了根本性的不同，也使信息时代的反主流文化具备了新的形式及内涵。比特币延续了密码朋克的反主流文化，并通过技术创新使其获得了崭新的生命力，代表了技术变革和文化变革相结合的又一次里程碑。对于这些反主流人群而言，"是否应该信任比特币？"并不完全是一个技术问题，也不是一个利益问题，而更多的是一种"道德判断"，体现了人们对占据社会主流地位的权力精英在意识形态上的某种根本性不满，以及对一种"美好新世界"的向往。

"电子前哨基金会"的创始人约翰·巴洛（John Barlow）被普遍认为是第一个提出"赛博空间"（cyberspace，或译为"网络空间"）概念的人，他在1996年发表的一篇《赛博空间的独立宣言》中表述了一种信息时代反主流文化的"精神向往"，并在互联网世界引起了广泛共鸣。文章的开头和结尾是：

> 来自工业世界的政府们，你们这些令人厌烦的铁血巨人，我来自赛博空间，一个全新的精神家园。我代表未来，要求来自过去的你们不要来管我们。我们这里不欢迎你们。在我们聚集的地方，你们没有主权。
> ……
> 我们将在赛博空间中创造一种精神的文明。但愿它将比你们这些政府所创造的世界更加人道和公正。[①]

正如安东诺普洛斯相信比特币可以创造"社会正义"及"世界和平"一样，这些信息时代的社会激进分子之所以会将自己的热情、资源和时间投入到比特币中，在很大程度上是因为他们反对权威机构对社会所施加的集权统治，并相信比特币能够通过一场"去中心化革命"来创造一个更加"人道"和"公正"的世界。在比特币诞生的初期，正是这种基于反主流文化而形成的"信念"，潜移默化地助推着人们对比特币的信任，并引领他们不断投身到比特币所畅想并许诺的"新世界"中。

---

① John Perry Barlow, *A Declaration of the Independence of Cyberspace*, 1996.2.8, Electronic Frontier Foundation（https：//www.eff.org/cyberspace-independence）.

三 虚拟文化：从"虚拟符号"到"客观价值"

> 只要立足于可能性，就能产生某种现实感。①
> ——海洛·庞蒂

由于比特币没有任何物质形态，只是作为计算机软件中的数字符号而存在，因此时常被称为"虚拟货币"。针对比特币的"虚拟性"，中国人民银行数字货币研究所所长姚前指出，"所谓的'虚拟'这一限定词，个人理解即为尚不够格之意"②，也就是说比特币还没有具备作为真正货币的条件，更不要说对国家法币造成任何威胁了。尽管比特币的"虚拟性"使其在发展过程中备受争议，但近年来比特币价格及社会影响力的不断攀升，已经证明了有越来越多的人愿意"相信"比特币的价值是现实存在的。人们对于比特币系统及其价值的信任，反映出现代社会中"虚拟"与"现实"的边界已经越来越模糊。在信息时代，"虚拟的数字"正不断取代"真实的物质"，成为引领整个现代社会—经济前进的力量。这一节，我们将考察比特币是如何在虚拟文化的基础上，通过一种"文化符码体系"及人们对其货币符号稀缺性和客观性的认可，构建了人们对比特币"客观价值"的信任。

我们在第五章考察比特币的功能基础时，已经讨论了其如何通过区块链技术建立了人们对交易信息"真实性"的信任。然而，比特币系统信息的真实性不足以使其成为一种人们普遍渴望拥有的货币，更需要在意识形态层面建立人们对这种价值符号的"现实感"，并在拥有这种价值符号时感受到金钱所带来的"安全感"，比特币才能够从一种"信息管理手段"变为一种"价值贮藏手段"。

> 我用比特币作为价值储存。过去几个月它从一个非常坏的投资变成了一个非常好的投资。我认为货币代表了一种"能量"，持有比特

---

① [英]安东尼·吉登斯：《社会的构成：结构化理论大纲》，李康等译，生活·读书·新知三联书店1998年版，第141页。
② 姚前：《数字货币的发展与监管》，2017年6月2日，雷锋网（https：//www.leiphone.com/news/201706/KdlqpqQvGBCqBJE0.html）。

币就是为未来储存能量,来增加我未来的购买力。(访谈对象:比特币爱好者及投资者 A)

这位被访者认为比特币作为一种价值储存及投资手段,能够把价值转移到未来的某个时段。他认为这些"虚拟符号"代表了一种"能量",能够增加他在未来进行购买及消费的可能性。正是这种未来的"可能性",形成了他对于比特币价值的"现实感"。后现代社会理论家让·鲍德里亚,对于这种基于"符号编码体系"而形成的"消费社会"及其文化形态进行了极为深刻的剖析与批判。鲍德里亚指出,随着社会的快速发展,一个普遍的社会代价就是劳动力的快速流动及其所引起的不稳定性,并在人们内心制造了一种强烈的"不安全感"。然而,人们对抗这种不安全感的方式,却只能通过进一步追求"增长"和"丰盛"来实现。在鲍德里亚看来,消费社会中所谓的"丰盛",实际上是虚拟符号对现实"抽象地重构"后所产生的幻象,在这个意义上,"'富有'其实只是幸福的符号的累积"。在这个快速流动的社会中,对于符号及其象征意义的信仰可以使人产生安全感,导致现代人只能通过"对符号的消费"来对抗内心与日俱增的焦虑。[1]鲍德里亚对这种基于虚拟符号而形成的文化符码体系进行了深切的批判。然而他自己也承认,"消费"甚至是"浪费",对于社会发展所具备的积极功能。因为"在起码的生存之外,任何生产与消费都可以冠以浪费",并且"个人与社会一样,在浪费出盈余或多余的情况时,才会感到不仅是生存而且是生活"。在这个意义上,"浪费远远不是非理性的残渣。它具有积极的作用,在高级社会的功用性中代替了理性用途,甚至能作为核心功能"——那就是"表现差别、价值和意义"。[2]

从这个角度来看,比特币作为一种没有任何物质形态的数字货币,正是虚拟文化在信息时代进一步发展的体现。它意味着人们能够进一步突破物理世界的时空限制,以一种全新的文化符码体系重构现实。然而,并不

---

[1] [法]让·鲍德里亚:《消费社会》,刘成富等译,南京大学出版社 2008 年版,第 8、11、18、71 页。

[2] 同上书,第 22 页。

是所有的数字货币符号都能够成为"差别、价值和意义"的载体。比特币之所以能在全球范围内获得人们的信任，还需要人们对其"稀缺性"及"客观性"形成普遍的认可。

  我 99.9% 确定这个世界上最多只能有 2100 万个比特币。而我根本不知道到底存在多少加币，而且我很确定它们（加拿大政府）还会以指数增长的方式越造越多。所以我认为把信任托付给比特币是完全适当的。（访谈对象：比特币爱好者及投资者 A）

在这位被访者看来，比特币的稀缺性比国家货币的稀缺性更加真实可信。这是由于比特币的最高发行量是由代码限定的，并由全网参与者基于区块链的共识机制作为保障，因此没有任何人或者机构能够"更改"或者"控制"比特币的数目及发行速度。虽然比特币的稀缺性也是"人为构建"的，而不像黄金的稀缺性那样建立在客观存在的物理基础上，但是由于比特币的稀缺性是由一个分布式网络集体确立并认可的，因此使其能够摆脱任何特定个人或机构的主观因素影响，从而具备某种独立于所有具体对象的、普遍存在的"客观性"。

  其实可能大家都是骗子，他可能觉得你是骗子，但其实你认为他是骗子，它是一个洗脑和反洗脑的过程。所以实和虚的问题，其实都是虚的，只是谁更被认可的问题。当越多的人参与进来做贡献，他往往会更接近客观事实。而不是一两个人说"这个就是这个"，因为那时候他的主观意识特别多。所以当比特币这个系统堆积的智力越来越多的时候，它就相对客观一些，趋势是这样。（访谈对象：区块链技术研究者及创业者 B）

从这段话中我们可以看出，这位被访者对于比特币的认可实际上来源于参与该系统的人数和它所能积累的智力活动。在这个意义上，比特币及其价值的"客观性"是基于大多数人的意志而集体构建的产物，代表了人们对于一种符号编码体系及其作为"表现差别、价值和意义"的标尺所形成的共识。正如普林斯顿大学的纳拉亚南教授所言，"这是比特币系统的一个终极真相：拥有比特币就是其他的节点对给定的一方拥有这些比特币的共识"①。

比特币之所以能够模糊"虚拟"与"现实"的边界，在于它能够以一种分布式模式突破地域性文化的局限，在由数字信息组成的虚拟世界中构建了一套通用的文化符码体系，并形成了人们对其货币符号稀缺性及客观性的共识。正是在重塑"现实"的基础上，比特币也同时重塑了社会成员之间的信任关系，使人们能够超越具体的对象，在由网络构建的虚拟世界中形成的一种普遍化的信任基础。

四 匿名文化：从"匿名交易"到"分布式信任"

> 对一个电子时代的开放社会来说隐私是必要的。隐私不是秘密……隐私是人们可以选择性地向世界呈现自己的权力。②
> ——埃里克·休斯《一个密码朋克的宣言》

比特币的"匿名性"是其极为重要，却也极具争议的特征。③ 我们已经多次讨论到，比特币是一个完全开放的系统，比特币的区块链也是一个"公开透明"的账本系统，也就是说所有的比特币交易信息都需要对整个网络公布，并且任何人都可以随时查询。然而，在这个交易信息完全透明的系统中，人们却可以不揭示自己的真实身份，而是以一串由信息符号组成的"比特币钱包地址"（类似电子邮箱地址）作为"交易标识"，就能够与互联网中的任何陌生人进行交易。④ 因此，比特币系统在所有交易信息公开透明的基础上，可以利用加密技术掩盖使用者的真实姓名和身份，同时也不需要任何权威机构对交易双方进行身份验

---

① [美]阿尔文德·纳拉亚南等：《区块链技术驱动金融：数字货币与智能合约技术》，林华等译，中信出版社2016年版，第62页。

② Eric Hughes, *A Cypherpunk's Manifesto*, 1993, Satoshi Nakamoto Institute（http：//nakamotoinstitute.org/static/docs/cypherpunk-manifesto.txt）.

③ 比特币系统并不是完全匿名的，而是一个"化名"（pseudonymity）系统，需要以一串符码作为"交易标识"，并且所有交易信息都是公开的，只是基于密码学技术"隔断"了交易信息和交易者真实身份之间的联系。然而化名系统的问题在于，如果人们能够将交易者身份与比特币钱包等交易标识联系起来，那么，这个交易者历史上所有的交易记录实际上都是公开信息。这也是为什么比特币的匿名性一直是个极具争议性的问题。

④ [美]阿尔文德·纳拉亚南等：《区块链技术驱动金融：数字货币与智能合约技术》，林华等译，中信出版社2016年版，第182页。

证,所以经常被视为是一个具有高度匿名性的交易系统。

从传统意义上来看,"匿名"与"信任"似乎是一对相互矛盾的概念。毕竟,如果我们连一个人或机构的真实身份都无从知晓,我们又如何能够信任其所作所为呢。实际上,这正揭示了比特币基于网络社会的分布式信任模式,与传统社会信任模式的一个根本性不同——那就是"信任"不再附属于任何具体的对象及其身份,而是基于密码学原理、计算机技术及其分布式共识所构建的系统结构,建立并维系着人们对其分布式系统作为一个整体的信任。应该说,中本聪设计比特币的目的,就是在由匿名的陌生人组成的网络空间中,将对某个具体对象及可信第三方的"特殊信任",转变为对一个分布式系统的"普遍信任"。因此,交易所需的信任不再依赖于人们的真实身份,而是由比特币的整个系统结构来保障的。在这个意义上,"匿名"不再是"信任"的对立面,而是比特币及一种新型社会信任模式背后一个重要的文化基因。

"匿名"和"隐私"是两个紧密相关的概念,一般而言,匿名可以被视为人们保障隐私的一种手段。中本聪在比特币白皮书中就明确指出了隐私的重要性。然而,传统货币系统保护人们隐私的方式,是通过可信第三方严格的身份验证并控制信息的访问权来实现的;比特币则是通过加密技术,隔离人们在交易过程中所使用的"身份标识"与其"真实身份"的联系来保护使用者的隐私。[①] 因此,同样是为了保障隐私,人们在使用基于法币的电子交易系统时,只能将自己的全部信息交给政府和金融机构等可信第三方来管理,信任它们不会将这些重要的信息泄露出去,并且不会在自己没有授权的情况下不当地使用这些信息。比特币系统则是依靠密码学在数字环境中实现"匿名的交易",并且将使用者的财产及身份信息的管理权交还给了使用者本人。

"密码朋克"作为加密货币的先驱,其根本原则就是希望把人们从政府及权威机构所控制的中心化信息系统中解放出来,并且使用密码学技术来保护个人隐私不受到这些权威机构的监视和侵害。埃里克·休斯(Eric Hughes)在1993年发表的《一个密码朋克的宣言》中指出:

[①] Satoshi Nakamoto, *Bitcoin*: *A Peer-to-peer Electronic Cash System*, 2008(https://bitcoin.org/bitcoin.pdf)。

第六章 比特币信任革命的文化土壤

> 一个开放社会中的个人隐私需要由匿名的交易系统来实现……一个匿名的交易系统并不是一个秘密的交易系统。一个匿名系统赋予人们可以选择性地呈现自己身份的权利,即在他们希望且仅当他们希望时——这就是隐私的实质。①

由此可见,"匿名"不仅是一个技术问题,更是一个道德问题。在"密码朋克"的文化理念中,匿名被视为是一个"开放社会"成员所拥有的"正当的",并且是极为"必要的"工具和手段。因为这种通过密码学技术来"保持匿名的可能性",为人们在数字世界中的社会生活中提供了保护自身隐私的能力,而不是必须没有选择地暴露在公众的眼光之下,或者只能依赖由第三方机构集中管理并监视的信息黑箱。比特币作为一个"去中心化数字货币",实际上直接继承了"密码朋克"以密码学技术和匿名交易系统来维护隐私的文化基因。

> 我觉得(比特币)不记名这件事影响最大。原来是不可能出现的。现在靠密码学就可以识别任何交易。因为不记名所以整个交易方式都改变了。因为我们是做技术的,我们会有这种敏感性。你看黑客都喜欢隐藏自己,我们上网都没有太多习惯会留下痕迹,但现在没办法了,因为太多东西要留下了。像之前我们还要删cookie,因为我们做计算机出身的,天生敏感。所以我觉得这个(匿名)特别酷,因为别人不知道我在干吗。其实我也不知道为什么,我就是觉得匿名特别好。本来互联网就是匿名的,后来不知道为什么都实名了,特别不好。(访谈对象:比特币矿机软件研发及创业者 W)

对于这些敏感的技术人士而言,"匿名"是比特币系统最具吸引力的特征之一。这种对维持匿名的向往更多的是出于一种"偏好",自身就包含了重要的意义和价值,而不是出于任何功利性原因。正是在这种偏好匿名的文化环境中,比特币才能够不断地获得这些技术爱好者的支持和认可。

---

① Eric Hughes, *A Cypherpunk's Manifesto*, 1993, Satoshi Nakamoto Institute(http://nakamotoinstitute.org/static/docs/cypherpunk-manifesto.txt)。

然而，由于比特币系统在实现匿名的同时，也使人们可以摆脱现实社会中的身份属性如性别、年龄、外貌、民族、职业等因素的制约，并且随意地生成各种"数字身份"来展示或隐藏自己，导致人们难以再依据对方的身份将信任赋予任何具体的对象。

> 我对系统中任何人都没有长期的信任。唯一的例外是"暗网"①上的一个商家，我跟他有过几次成功的交易，但是我们从来没有见过并且一直保持匿名。我认为这是比特币带来的一个有趣的现象。（访谈对象：比特币金融软件程序员T）

虽然所有人都是匿名的，但是这位比特币使用者却可以根据自己过去的交易经验来建立信任，并愿意持续的跟一个匿名对象维持信任关系。这正是由于，比特币能够通过一个分布式系统，以人们对"交易系统的信任"代替了人们对"交易对象的信任"。

从社会发展的整体趋势来看，人类的各种社会关系都在超越具体的个人而存在于更具抽象、客观，以及普遍性的社会系统中。正如齐美尔曾深刻洞悉的那样，随着社会分工和人类需求的不断复杂化，我们已经越来越需要依靠社会才能生存，与此同时，"我们却能够最大限度地独立于这个社会中任何个别的成员，因为他对于我们的重要性已经被转移为一种具有单向客观性的贡献中了"②。可以说，中本聪在创造比特币时所面临的一个关键问题，就是如何在所有成员完全匿名的情况下，依然能够建立一个可靠的信任系统。在这个意义上，"匿名"和"信任"作为人们同时渴望，然而在传统信任模式中却相互矛盾的事物，在比特币的信任模式中实现了某种程度的合一。

与此同时，人们对匿名系统和个人隐私的追求，在很大程度上也是出于对政府等权威机构及其中心化信息监控系统的抗拒。

> 政府这边监控、监管，或者说打击得越厉害，（反对派）那边保护隐私的技术就越厉害，就是说这边的作用力越强那边的反作用力就

---

① 暗网：这里指的是一个网上黑市。
② Georg Simmel, *The Philosophy of Money*, London: Routledge, 2004, p. 322.

会越强。所以完全是因为（权威机构）暗箱操作的出现，才出现了这样的技术，而且它的市场会持续扩展，不管是在中国还是美国，总有一些这样的作用力导致另外一边的反作用力会越来越强。（访谈对象：区块链技术研究者及创业者 B）

随着数字化生活在现代社会中占据了越来越重要的位置，匿名技术的发展，不仅仅是代表了一些个人的偏好，更揭示了数字世界中普遍存在的权力斗争。"匿名"对于那些反对集权化管理和信息垄断的人来说，被视为是在一个开放社会中重获隐私权的必要手段，也代表了一种开放社会所必须实现的"道德准则"。比特币系统尝试在"匿名"的基础上推动网络空间中的"分布式信任"，解构并重构了社会信任在信息时代的形式及含义。在这个越来越数字化的世界中，正是在这种崇尚"隐私"并反对"集权管理"的文化土壤中，人们对比特币的信任才得以生根发芽并不断蔓延。

第二节　比特币的意义体系

由于历史演变与技术变迁的汇聚，我们已经进入社会互动和社会组织的纯文化模式之中。这便是为何信息是我们社会组织的主要成分，以及为何网络之间的信息和意义流动构成了我们社会结构的基本线索。[①]

——曼纽尔·卡斯特

卡斯特认为，信息时代的一个重大社会及文化变迁，就是人们基于工业社会的运作方式及时空环境而构建的"结构性意义"正在不断地消失。与此同时，社会文化及意义体系也日益脱离了人类生存的物质基础而获得了"自主性"。[②] 韦伯曾指出，人类的独特性，就在于人类行动是由行动者赋予它的意义导向的。当人们的行动及其所包含的主观意义牵涉"他

---

① [美]曼纽尔·卡斯特：《网络社会的崛起》，夏铸九等译，社会科学文献出版社2001年版，第578页。
② 同上。

人"时，就构成了一种社会行动。① 在韦伯看来，社会学的主要任务，就是"理解"社会行动的意义，并找出某种具有普遍性的规律。因此，我们也需要从比特币的意义体系出发，来理解这场信息时代的信任革命。

当然，比特币背后的意义体系是极为多样、复杂且难以被完全概念化的。本书将从"信息主义""自由主义"以及"世界主义"这三个较为突出的层面出发，尝试理解这些意义框架对于比特币及其分布式信任模式的形塑及推动作用。

一 信息主义："信息就是金钱"

韦伯在《新教伦理与资本主义精神》中的核心观点，就是现代资本主义社会的形成和发展，是源于基督教的宗教改革及其带来的新教伦理所推动的一种"资本主义精神"。韦伯认为，正是这种清教徒所共享的"精神"和"价值观"，为一种"普遍主义社会信任结构"奠定了基础，并使现代资本主义活动突破了血缘和氏族的共同体，推动了新型社会联合体及经济类型的形成。随着现代社会从工业时代迈入了信息时代。卡斯特则延续了韦伯对于"资本主义精神"的思考，用"信息主义精神"一词来描述现代经济社会的文化内涵。卡斯特指出，"信息主义精神"不由任何一组具体的文化或制度构成，而是代表了一种转瞬即逝的文化，主要表现为人们利用信息科技手段，以"网络"为组织单位，对社会的生产、生活及思维方式进行广泛、持续的"创造性破坏"（creative destruction）的过程②。在由信息构成的网络空间中，现代社会的技术与文化已经形成了一个相互渗透、相互影响的信息回馈系统，并通过"创造性破坏"不断推动着社会文化及其意义体系的变革。

在《新教伦理与资本主义精神》中，韦伯将本杰明·富兰克林（Benjamin Franklin）所谓的"时间就是金钱"视为是"资本主义精神"的代表性观念，即人们只有在劳动中有效管理并利用自己的时间，才能够创造社会价值并获得财富。韦伯认为，这种观念所表达的并不仅仅是一种基于功利性动机的"从商的精明"，更是一种具有普遍意义的"精神气

---

① ［德］马克斯·韦伯:《社会学的基本概念：经济行动与社会团体》，康乐译，广西师范大学出版社 2010 年版。

② ［美］曼纽尔·卡斯特:《网络社会的崛起》，夏铸九等译，社会科学文献出版社 2001 年版，第 245 页。

质",是基于某种道德情感的伦理追求。① 随着"信息"——凝聚了人类思想及心智的符号及代码——已经日益取代了体力劳动,成了主要的社会生产力,如何有效利用信息,就成了创造社会价值的根本来源和动力。因此,"信息就是金钱"也可以被视为是"信息主义精神"的集中体现。比特币从本质上就是一串数字信息,能够在短短几年的时间就成为一个价值超过千亿美金的货币系统,也正是信息主义作为一种精神气质在人们社会生活中的具体表现。

> 我觉得特别有意思的是,我只需要在脑子中记住一串信息就可以储存货币,然后到任何地方旅行时,都可以相当可靠的把它兑换成其他的货币并且生活一段时间。这种能够穿越边境的能力,并且拥有一个完全不受这些边境影响的货币,实在很神奇。(访谈对象:比特币金融软件程序员 T)

应该说,由于比特币没有任何内在价值,并且不依赖于任何政府及机构的背书,而完全是以数字符号的形式存在于一个分布式计算机网络中,因此直接表述了"信息就是金钱"的基本含义。正如卡斯特所言,信息主义背后的一个基本观念,就是人们可以通过创造并操控"符号"来实现社会财富的生产与分配,这就意味着"人类的心智成为一种直接的生产力,而不仅仅是生产体系中的决定性因素"。② 比特币正是通过创造一个基于分布式网络而存在的"符号编码体系",以一种全新的方式在基于互联网的社会空间中推动了社会财富的生产及分配。

> 我的一个哲学观念是,这个世界上其实真正值钱的依然是智力。很多人都认为(比特币)不就是一个虚拟的货币吗,有什么价值,他看不到这个冰山下面的一大堆东西,超级多的东西,那里都是智力集中的地方,原来那些开源社区里面的人,搞程序开发的那些人,都找不到赚钱的方法,现在有了。他们这些脑子都挺好用的,能作出很

---

① [德] 马克斯·韦伯:《新教伦理与资本主义精神》,于晓等译,生活·读书·新知三联书店 1987 年版,第 36 页。

② [美] 曼纽尔·卡斯特:《网络社会的崛起》,夏铸九等译,社会科学文献出版社 2001 年版,第 37 页。

多很多的东西，现在把它"代币化"，它这个圈子就盘活了。（访谈对象：区块链技术研究者及创业者 B）

从上面的访谈中我们可以看出，这位受访者之所以认可比特币，在于他将"智力"视为现代社会的核心资源及价值所在。因此，比特币在信息技术革命的基础上，从根本上就是将包含着人类智力的"信息"以一种分布式模式重新组织起来，不仅改变了社会财富的生产及分配结构，更代表了一种意识形态的变革。

这是一场真真正正的思想革命，是前所未有的，这一次是人加计算机一个整体的力量，正在远远超过之前的（革命力量）。所以人们也不是简简单单的对区块链本身的信任，而是对区块链加人，以及这一整套设施的信任。我相信中间会有某个特别的项目，积聚起马太效应，把大量的智力组织起来之后，会远远超过其他的项目。这个项目的统治地位完全取决于它智力上迭代的速度和更新的速度，以及市场接受的程度，它的统治地位的门槛完全是由智力维系的。（访谈对象：区块链技术研究者及创业者 B）

可见，很多支持者对于比特币系统的信任，不止是对比特币一整套技术设施的信任，更是对其背后智力活动的信任。在这个意义上，"信息就是金钱"同时包含了"智力就是金钱"的观念。实际上，不仅仅是数字货币，所有货币的发展都依赖于人类智力的发展以及对事物进行抽象化的能力。正如齐美尔指出的，只有当人们可以通过抽象的符号，在原本不相关或没有相似性的物品之间建立其抽象的价值关系，并能够对其进行比较，货币经济才有可能发展起来。因此，货币从本质上而言，就是源于"思维的根本性力量及其形式的产物"[1]。在信息时代，正是这种将"信息"及其所包含的"智力"视为社会发展根本性动力的观念，为人们对于比特币的信任提供了必要的认同及支撑，也代表了信息主义精神在信息时代的进一步深化和扩张。

---

[1] Georg Simmel, *The Philosophy of Money*, London：Routledge, 2004, p. 156.

二 自由主义:"技术赋权"与"信任的解放"

> 如果我们解释的恰当,它对自由主义者是极具吸引力的。[1]
> ——中本聪

虽然比特币领域充斥着来自各种不同背景及政治阵营的社会行动者,但"自由主义"(libertarianism)无疑是促使比特币诞生及发展的一个极为重要的思想渊源。"密码朋克"就是由一群崇尚自由主义的激进分子组成的,该组织的核心目标就是通过现代密码学及计算机技术,来打破由传统权力精英阶层所维系的集权统治,并赋予个人更多的自由和权利。比特币在很多层面上吸取了密码朋克的技术及理念,并在全世界范围内深受"自由主义者"的追捧。虽然"自由主义"作为一个思想流派已经在其漫长的发展进程中经历了多次转型及分野,并且表现为不同的政治思想和学术阵营,但是无论是哪种自由主义,从根本上关心的都是"人的自由"。在这一节,我们将考察比特币的兴起如何体现了人们在信息时代对于自由的追求,以及比特币背后的分布式信任如何代表了人们从权威机构的控制中"解放信任"的向往。

我们在第四章已经介绍了"开放源代码运动"(简称开源运动)及其技术成果"开源软件",都是比特币之所以能够诞生的必要前提。实际上,"开源运动"的前身是20世纪90年代的"自由软件运动"(Free Software Movement),起源于理查德·马修·斯托曼(Richard Matthew Stallman)在1984年创办的"自由软件基金会"。后来,由于"开源"的概念相比"自由"更注重技术因素、更为中立,并且不直接涉及道德伦理的问题,因此更容易被社会广泛接受而得到普及。作为该运动的奠基人,斯托曼还特地撰文抨击了"开源"这一用语为什么从根本上模糊了"自由软件运动"的核心思想。他指出,"'开源'是一种开发方法,而

---

[1] 参见中本聪在2008年11月写给密码朋克成员哈尔·芬尼(Hal Finney)的邮件。中本聪在这封邮件里指出通过运作比特币节点,人们会感觉正在为世界作出一些有益的贡献,并自愿提供自己的计算机资源来维护整个系统。中本聪认为这种"利他性"(altruism)可以帮助维持整个网络的有效运转(https://www.mail-archive.com/cryptography@metzdowd.com/msg10001.html)。

'自由软件'是一个社会运动。对自由软件运动来说，自由软件是一种道德责任，是对用户自由的基本尊重"。在这个意义上，"软件自由"就好比"言论自由"，是人们在这个日益数字化的世界中拥有基本自由的重要组成部分，而"开源的哲学只是考虑如何使软件更好用等问题——仅作为一种实用性目的"。①

当现代社会进入了信息时代，所谓"自由"的形式、内容及获得手段都发生了深刻的转变。比特币的兴起，实际上意味着人们可以利用全新的技术，以全新的方式联合起来，在信息时代表达人类社会对于自由的恒久追求。

> 这里（指开源社区）一定会有一群人，意识形态接近，思考的不光是利益问题。比如我这群人，他就是要搞自由主义，虽然也不知道未来方向怎么样，也知道自己竞争的对手无限强大，反正闯来闯去都是如来佛的手掌，因为整个利益体系就是扎在那里面的，可不管怎么走，他的目标就是要跑出手掌心。那么这群人就聚在一起，说我们一起来跑出手掌心，这就是意识形态的问题，他不在乎能挣多少钱，只是为了脱离手掌心。但利益是自然会跟上的，这群人说要跑出去，马上一群人就跟上来一起去干。所以大部分人是看利益的，少部分人是有目标的，他知道要做什么。（访谈对象：区块链技术研究者及创业者B）

因此，"开源"作为一种软件技术，无疑为这些自由主义者提供了一种挣脱权威机构的手段，但真正驱动这些人奋力逃出"如来佛手掌心"的深层动机，是他们赋予"自由"的价值及意义。比特币这种能够通过技术取代人们对于权威机构的依赖，从而实现"自我赋权"（self-empowerment）的能力，是其获得支持者们普遍认可的一个重要原因。

> 比特币代表了一种自我赋权，它使人们获得了控制自己的金钱的能力，这是它最吸引我的地方。但它也带来了很大的责任，人们

---

① Richard Stallman, *Why Open Source misses the point of Free Software*, 2007, GNU Operating System（https://www.gnu.org/philosophy/open-source-misses-the-point.en.html）.

需要知道怎么保管自己的比特币，怎么使用自己的比特币，而且还必须承担自己任何失误所造成的后果。（访谈对象：比特币金融软件程序员 T）

因此，比特币作为一种不需要政府及银行的"去中心化数字货币"，从根本上代表了一种权力的转移，同时也是责任的转移。比特币的分布式模式使人们可以摆脱权威机构通过控制货币系统对其社会经济生活施加的支配性力量，并推动一种新的社会权力结构的形成。在这个意义上，比特币技术为人们基于互联网社会经济活动开辟了一种新型交易平台及公共社会空间，在这里，决定社会发展方向的不再是传统的权威机构，而是基于无数个体自由意志的市场行为。在这个由比特币及区块链所搭建的数字化平台中，纯粹的市场化行为也可能会导致不良的社会经济后果，但自由主义者普遍相信市场的自我调节功能，并且反对任何形式的集权控制。

有一些项目它完全是一个传销的行为。这些项目放在区块链上面它是停不下来的。它可以自动地吸收大家的资金，自动地崩盘，然后第二天它又自动地重启了，就像赌场，是完全停不下来的，总会有人愿意玩儿。只是说人们愿意接受一个更加稳定的系统，还是希望自己上去博弈一下，可能会破产，这不是我们能决定的，因为这个（想法）放在每个人脑子里面，它是自己决定的。所以说，未来的区块链一方面是自由的，它是控制不住的。还有一方面就是在这个混乱的过程中，你的确能够做一些事情是能让大量的人来认可的，因为只有那些对社会真正有价值的项目，才能获得巨大的市场价值，而其他的项目它可能只是昙花一现。但是有一些项目能保证社会福利之类的，可能会持久地有人过来跟他一起玩儿。所以这是未来放在每个人脑子里面的，一个控制不住的东西，我们是可以自己决定我们自己的发展方向的。（访谈对象：区块链技术研究者及创业者 B）

这种支持市场自发行为并反对政府调控的观点，自亚当·斯密开始就根植于经济自由主义的思潮中。比特币则在信息时代为人们对自由的追求赋予了一种全新的技术手段。从信任层面来看，比特币意味着人们能够通过"技术赋权"将"社会信任"这一核心社会资源从权威机构的支配性领域中解放出来。

> 我认为我们可以从对别人的信任中创造金钱是一件很棒的事,但比特币使我们可以对抗信任的垄断,在某种意义上它使信任"自由"了。所以我觉得比特币不是为了消除信任,而是解放信任。(访谈对象:大学比特币俱乐部主席 H)

因此,在自由主义者看来,比特币的价值及意义就在于它能够"解放信任"。德勤(Deloitte)在《华尔街日报》上发表的"区块链和信任的民主化"一文中也指出,随着加密货币及区块链技术的到来,那些作为社会信任"看守人"的"信任机构"(institutions of trust)虽然不会彻底消失,但必须要进行自我转型,才能适应这个区块链技术所创造的"美丽新世界"[1]。在这个意义上,比特币通过一种分布式信任模式,打破了传统权威机构对于货币体系及社会信任的垄断性支配,从而使社会信任的生产及维系成为一个社会成员能够自由参与的公共事务。也正是出于人们在信息时代对自由权利的向往及追求,才推动了比特币及这种分布式信任模式的诞生,并不断吸引着人们参与到由这种新型信任关系所创造的新型公共空间中。

三 世界主义:超越国界的普遍信任

> 我们正在创造一个所有人都可以进入的世界,这里没有任何源于种族、经济实力、军事力量,或出身的特权或偏见。[2]
> ——约翰·巴洛《赛博空间的独立宣言》

"世界主义"作为一种世界观及伦理观,有着非常古老的思想渊源,同时在每个时代都表现为一种十分超前的意识形态。这也是为什么德国著

---

[1] Deloitte, Blockchain and the Democratization of Trust, 2016.8.31, *Wall Street Journal* (http://deloitte.wsj.com/cio/2016/08/31/blockchain-and-the-democratization-of-trust/).

[2] John Perry Barlow, *A Declaration of the Independence of Cyberspace*, 1996.2.8, Electronic Frontier Foundation (https://www.eff.org/cyberspace-independence).

名社会学家乌尔里希·贝克（Ulrich Beck）认为，世界主义的概念既是"前民族"的，也是"后民族"的，并指出其核心在于突破"全球"与"地方""民族"与"国际"等二元模式的对立，并要求以一种新的一体化方式包容所有的差异性。① 比特币作为一种诞生于互联网的全球性数字货币，通过切断"货币"与"国家"的内在联系，自诞生起就被人们赋予了世界主义的文化意涵，而比特币的分布式信任模式，也在世界主义的意识形态中找到了一种全球性的道德基础。

根据《不列颠百科全书》的定义，"世界主义"（cosmopolitanism）的概念起源于古希腊的斯多葛学派，是为了消除"希腊人"和"野蛮人"之间的区隔所出现的思想观念，代表"一种一切人都共享一个共同的理性，并服从于一种理念"的哲学主张。② 比特币作为一种诞生于互联网的数字货币，可谓是这一古老观念在信息时代的全新体现。比特币基于密码学、数学及计算机等全球通用的科学理念，消除了不同国家之间的界限，从而构建了一个全球性货币体系。

托马斯·波格（Thomas Pogge）对于"世界主义"作为一种道德关怀的立场受到了广泛的认可，这种观点主要由以下三个元素构成：(1) "个体主义"（individualism），就是将"个人"视为道德关怀的终极单位，而不考虑其民族、国家或社会背景；(2) "普世性"（universality），指全世界所有个体的地位都是平等的且应相互尊重；(3) "普遍性"（generality）则意味着这种道德关怀是超越所有地域及文化边界而普遍有效的。③ 比特币的支持者们就时常宣扬这种道德世界主义的意识形态，正如"比特币布道者"安东诺普洛斯在一次演讲中指出：

> 比特币让我惊奇的，在于它主要是一个中立的平台，它不告诉你应该如何使用它，而只是简单的赋予个体权利。所以人们可以把各自的观点投射到比特币上，他们自己的政论，他们自己的世界观，他们

---

① ［德］乌尔里希·贝克、章国锋：《什么是世界主义？》，《马克思主义与现实》2008 年第 2 期，第 54—57 页。
② 《不列颠百科全书》国际中文版编辑部编译：《不列颠百科全书》（国际中文版），中国大百科全书出版社 2007 年版，第 531 页。
③ 蔡拓：《世界主义的新视角：从个体主义走向全球主义》，《世界经济与政治》2017 年第 9 期，第 15—36 页。

自己的志向，他们自己的宗教，有时还包括他们自己的教条。让我觉得最有吸引力的，就是人们可以通过这个中立的平台，然后在里面看到他们想看到的东西。①

贝克指出，世界主义的一个核心内涵，就是在寻求"一体化"的同时绝不以牺牲"差异性"为前提，而是认同、尊重差异性并寻求一种能够容纳所有"他性"的方式。② 作为一个基于分布式网络而运作的数字货币，比特币超越了传统货币体系中由民族、国家及文化等因素造成的差异性，同时也能够容纳这种差异性带来的多样性，从而实现了"多样化"和"一体化"的统一，并为全世界的交易者提供了一个看似"中立的平台"。

从社会治理模式来看，世界主义在发展进程中所面临的一个关键问题，就是如何能够形成一种对所有人都具有普遍约束力的规范体系，从而对社会成员形成有效的制约。在建立规范的过程中，世界主义反对任何基于"支配—从属"关系的垂直化等级制度，而是希望通过某种"普世规范"来实现，并对所有人都赋予同等对待和尊重。③ 这种思想观念也直接体现在比特币的治理模式中，那就是通过一个开源软件的"开放式代码"来约束人们的行为。在比特币系统中，所有人都可以通过下载比特币的开源软件来参与、监督并贡献自己的意见，并通过一个公开的对话过程来构建比特币的系统规则，取代了政府及金融机构通过等级制度及强力执行所维系的规范体系。在这个意义上，比特币意味着一种全球货币体系正在超越国家的控制权，由密码学及数学维系的"普世规范"推动着货币系统在信息时代的全球化。

西方世界的政府对于现在这个金融系统中的不公正根本就视而不见，我觉得人们已经受够了，所以我认为比特币所带来的变革是极为

---

① 引文由笔者译：Andreas Antonopoulos, *Andreas Antonopoulos At Bitcoin South*：*Money as A Content Type*, 2014.12.8, Brave new coin（https：//bravenewcoin.com/news/andreas-antonopoulos-at-bitcoinsouth-money-as-a-content-type/）。

② ［德］乌尔里希·贝克、章国锋：《什么是世界主义？》，《马克思主义与现实》2008年第2期，第54—57页。

③ 同上。

必要的。一种新的全球化正在形成，就是基于信息自由的全球化，我认为这种新的全球化一定会盛行。（访谈对象：区块链产业研究者 S）

在这个意义上，比特币所掀起的货币变革从根本上反映了一种信任变革。正是通过构建一种全新的社会信任模式，比特币满足了世界主义者对全人类一视同仁的道德关怀，及其对国家支配性等级制度的深切批判。我们可以从劳伦斯·莱斯格在 2016 年参加区块链研讨会时的演讲中，清晰地感受到这种新型信任模式与世界主义价值观的高度契合：

> 我们生活在一个被腐败破坏的世界中。在那些被腐败破坏的地方，我们需要的是一种可以消除对信任的需求的技术。这种基础设施（指区块链技术）的最大得益者是那些无法提供任何信任的人，那些由于他们所生活的环境，使他们无法通过提供必要的信任作为别人愿意与他们进行商业交易的条件。对"我们"来说，生活在富裕的国家里，这并不是一个严重的问题，因为我们拥有很多可以替代信任的技术，那些使一个人不需要信任"你"或"我"，也能够在我们希望时与我们进行交易的技术：法律技术，如那些规定当信用卡被偷其持有者只需要承担最多 50 美金损失的法律；信用卡包含的技术，使商家可以不需要信任某个人也能对另一头的付款抱有信心。对"他们"来说，对全世界的穷人来说，他们没有这些可以替代对信任的需求的技术，他们无法信任他们的银行、政府和货币，而且世界上的其他人也不信任他们。[①]

莱斯格认为，"全世界的穷人"同"我们"这些生活在富裕国家的人一样，都应该得到人们的关怀，并获得与别人进行交易的能力。然而，由于他们生活在"被腐败破坏"国家，导致他们无法满足别人对于信任的需求，与全世界建立一种普遍的信任关系。正是从这个角度出发，比特币的区块链被视为一种新型信任的"基础设施"，可以通过创造一种超越国家界限的"普遍信任"消除网络贸易对于"特殊信任"的需求，使全世

---

① 演讲内容由笔者译：Lawrence Lessig, Thinking Through Law and Code, Again—COALA's Blockchain Workshops, 2016.1.6, Youtube (https://m.youtube.com/watch? v = pcYJTIbhYF0).

界无法靠自身获得信任的贫苦人民，也能够参与到全球经济活动中。在这个意义上，世界主义基于"个人主义""普世性"及"普遍性"的价值观，为比特币的分布式信任提供了一种全球通用的道德基础。

第三节　比特币的社会共同体

> 伦理的宗教——尤其是基督新教的伦理的、禁欲的各教派——之伟大成就，即在于打断氏族的纽带。这些宗教建立起优越的信仰共同体，与伦理性的生活样式的共同体，而对立于血缘共同体，甚至，在很大的程度上与家庭相对立。从经济角度上来看，这意味着将商业信用的基础建立在个人（于其切实的职业工作上所证明）的伦理资质上。①
>
> ——马克斯·韦伯

在韦伯看来，新教伦理最突出的贡献，就在于打破传统社会共同体的束缚，通过在更广阔的领域中形成一种新的"信仰共同体"将商业活动所需的信任从血缘关系转移到"个人的伦理资质"的基础上，从而推动了现代资本主义活动的扩张。比特币作为一种去中心化的数字货币，其所包含的社会信任实际上也直接反映出一种新式社会共同体正在突破传统社会的地域性束缚，逐渐形成于数字信息所构建的网络空间中。

我们已经对于比特币及其分布式信任的文化环境，以及人们赋予它的意义系统进行了初步的分析，在这一节，我们将对比特币及其分布式信任背后的"网络共同体"及其成员构建认同的方式进行考察，从而理解这些形成于信息时代的自发性群体是如何有别于传统的科层制组织，"由下而上"地推动着全球社会经济系统在信息时代的转型及扩张。

一　基于"抗拒性认同"的"网络共同体"

> 正是在这些社会的后巷，即在另类的电子网络或者在共同体抗拒的基层网络，我才看到了一个由认同的力量在历史的战场所赢得的新

---

① ［德］马克斯·韦伯：《中国的宗教：儒教与道教》，康乐等译，广西师范大学出版社2010年版，第313页。

社会，开始崭露头角。①

——曼纽尔·卡斯特

"比特币"作为一种完全基于电子网络而运行的数字货币，不仅仅存在于虚拟的数字信息中，更需要一个开源社区及来自世界各地的行动者源源不断地参与到比特币系统的维护、改进及使用过程中，才有可能形成其现有的市场规模及社会影响力。而这些行动者之所以愿意参与到比特币所构建的生态系统中，不仅仅是出于利益动机，同时也源于一种认同的力量。因为基于理性计算的经济利益虽然可以让人们建立基于契约的交换关系，但只有基于认同才能为人们的社会行动赋予意义，并推动某种具有内聚力的共同体的形成及发展。比特币作为信息时代的一种革命性货币现象，及其所推动的信任革命，直接源于一种新型共同体的形成及其成员之间所产生的认同。

在基于互联网的数字空间中，传统意义上的"信任"及"认同"都难以找到维系自身的社会根基。正如卡斯特所指出的，网络社会若"要建立以信任为基础的亲密关系，则需要对认同重新定义，这种认同应具有充分的自主性，完全独立于支配性的制度与组织的网络逻辑"②。因此，我们需要考察比特币是如何在一个分布式网络中，通过一种反对既有支配性制度及组织的"抗拒性认同"，为一种"网络共同体"在信息时代的形成和发展奠定了基础，并滋生了一场信任革命。

卡斯特认为，"认同"是一种"社会行动者自我辨认和建构意义的过程"，③ 并提出了三种建构认同的方式：（1）"合法性认同"（legitimizing identity），是由既有的支配性制度所主导、扩展并加以合理化的社会认同；（2）"抗拒性认同"（resistance identity），是由那些反对社会主导性逻辑的行动者所推动的，即不同于合法性认同的经济、文化及政治的共同体逻辑所构建的社会认同；（3）"规划性认同"（project identity），则指的是社会行动者通过积极界定自身的社会地位并规划生活，意在通过认同的

---

① ［美］曼纽尔·卡斯特：《认同的力量》，曹荣湘译，社会科学文献出版社2006年版，第419页。

② 同上书，第10页。

③ ［美］曼纽尔·卡斯特：《网络社会的崛起》，夏铸九等译，社会科学文献出版社2001年版，第26页。

构建来重建整个社会。① 卡斯特指出,这三种认同类型在不同的社会条件下可能会进行相互转化。比如,信息时代所引发的社会变迁可能会导致人们对工业时代社会制度及组织"合法性认同"的崩塌,同时推动"抗拒性认同"的形成,而抗拒性认同的进一步发展,则有可能会导致"规划性认同"的出现。卡斯特认为,"抗拒性认同"是现代社会中"最重要的一种认同建构",因为是它导致了新型"共同体"的形成,并为推动社会变革提供了行动的意义及动力。②

在很大程度上,比特币及围绕其形成的网络共同体正是这种"抗拒性认同"的直接产物。当2008年的全球金融危机彻底击破了由国家货币及其金融系统所编织的社会安全网,就引发了围绕国家货币制度及政府银行等公共机构的"合法性危机",并直接威胁着由这些权威机构的支配性制度所构建的"合法性认同"。作为人类历史上第一个"去中心化数字货币",比特币从根本上体现了一种对国家货币制度及其权威机构的反抗。中本聪沿承了"密码朋克"反对国家集权统治的思想渊源,在比特币白皮书中直接对既有货币体系及其信任模式进行了批判。比特币的支持者们之所以愿意接受并使用这种不依赖于国家主权的去中心化数字货币,也意味着他们正在围绕这些新型货币构建一种新型认同及新型共同体。正如安东诺普洛斯指出的:

> 以太币没有同比特币竞争;比特币也没有同莱特币竞争。③ 它们都代表了我们在特定时间中,为了实现我们的目标而希望采用的交易形式及工具。这为我们提供了一个非常重要而强大的工具。在我们对于这些货币的选择中,我们同时选择了与某个社区结盟。接受(一种货币)意味的不仅仅是使用这种货币,同时也是将人们与同样选择接受这种货币的社区联结起来。当我决定接受比特币,意味着我相信它以2100万总量作为稳定价值来源的货币制度……我是在通过我的货币来选择我的政治倾向,并且通过这个选择将我与一个作出了同

---

① [美]曼纽尔·卡斯特:《认同的力量》,曹荣湘译,社会科学文献出版社2006年版,第5—8页。
② 同上书,第411—414页。
③ "以太币"和"莱特币"都是效仿比特币而诞生的去中心化数字货币,但是各自表达了与比特币不同的功能、理念及制度。

样选择的全球社区联系起来，即通过货币来表达这个选择。①

比特币及数字货币的兴起，意味着人们能够通过选择一种新的货币来加入一个新的社区，并遵循一种新的共同体原则。比特币的"文化环境"及其"意义系统"，实际上都是通过影响并形塑比特币的共同体原则，为其参与者提供了参与社会活动的方式和意义。

正如韦伯认为新教伦理背后的精神内涵，推动了一种超越氏族和血缘关系的共同体及普遍信任的诞生，比特币背后的意义体系及围绕其产生的"抗拒性认同"，也推动了一种超越国家边界的"网络共同体"的形成和发展。在这个人看不到人的网络共同体中，比特币系统将经济活动中的信任从特定对象身上转移到一个分布式网络中，从而使人们可以超越传统社会共同体的结构性限制，在信息时代的新型社会领域中实现交换及合作。

二 基于"分布式通信系统"的"分布式社区"

"共同体"和"社区"这两个概念在英语环境中常常是由同一个词来代表——"community"，因此也经常被混用。根据社会学家的统计，"community"这一概念在1971年时就有98个定义，到1981年更发展为140多种，并且其形式及内涵仍在不断地演变并扩充。② 在这里，我们将基于卡斯特的分析，将"共同体"视为基于一系列文化符码及价值观而形成的"文化共同体"，③ "社区"则更多地代表某种共同体成员之间的社会纽带及其组织形式。比特币正是通过使用现代信息及网络技术，成功地将分散于全球各地的社会行动者以一种全新的通信系统联结起来，通过在使用者之间建立一种新的沟通关系，推动了比特币"分布式社区"的形成和发展，同时为比特币的分布式信任及其网络共同体提供了成长所必需的土壤。

随着超越种族及地域的文化共同体不断出现，"社区"在其形式、

---

① 引文由笔者译：Andreas M. Antonopoulos，*The Internet of Money*，Merkle Bloom LLC，2016，p. 73.

② 李慧凤、蔡旭昶：《"共同体"概念的演变、应用与公民社会》，《学术月刊》2010年第6期，第19—25页。

③ [美]曼纽尔·卡斯特：《认同的力量》，曹荣湘译，社会科学文献出版社2006年版，第71页。

性质及其成员之间的互动方式上也都发生了极为深刻的转型。人们一般称其为"网络社区"（online community）或是"虚拟社区"（virtual community），而对这些社区的认识也随着信息科技的飞速发展而发生着转变。卡斯特在研究网络社区及其包含的社会互动新形式时，采用了巴里韦尔曼对于社区的定义——"社区是指个人之间纽带的网络，它提供了社交性、支撑、信息、归属感和社会认同"①。从这个定义出发，基于地域性的社会组织及交往模式已经不是"社区"的唯一基础，甚至不是主要基础。卡斯特指出，现代信息及网络技术的发展使人们日益能够通过新的沟通方式，以"选择性的社会关系模式取代领土束缚的人类互动形式"。②

网络传奇人物约翰·巴洛于1996年发表了《赛博空间的独立宣言》一文，并使"赛博空间"（cyberspace）成了一个广为流传的概念。巴洛描述了一种诞生于网络的新型社会交往形式，"我们目前正在创造一个空间，让全球民众可以有一种'新的'沟通关系：我希望能够与试图和我沟通的心灵完全互动"③。这种沟通及互动主要是建立在思想的交互上，而不是基于身体或物体的交互。1997年，一个名为克里斯汀·柯特次威（Christian Kirtchev）的网络极客发表了一篇被广为流传的《一个赛博朋克的宣言》（A Cyberpunk Manifesto），并描述了一种新型社区及其成员间的交往方式：

> 邻居几乎不认识我们，我们是那些奇怪的人，那些沉溺于他们的思想，日复一日地坐在电脑前，遍寻网络中的事物的人。我们一般不离开家，偶尔离开也是为了去附近的Radioshack④，去寻常的酒馆见我们仅有的几个朋友，见个客户，去一下后街的药店，或者只是散个步。我们没有太多朋友，只有几个会一起参加派对的。其他所有我们认识的人，我们都在网上认识，我们真正的朋友在那里，在线路的另

---

① [美] 曼纽尔·卡斯特：《网络星河：对互联网、商业和社会的反思》，郑波译，社会科学文献出版社2007年版，第139页。
② 同上书，第138页。
③ [美] 曼纽尔·卡斯特：《网络社会的崛起》，夏铸九等译，社会科学文献出版社2001年版，第442页。
④ Radioshack是美国的电子产品连锁商店。

一边。我们从我们最喜爱的 IRC 频道中认识，从新闻组中，或者在那些我们时常一起闲逛的网络系统中。①

"赛博朋克"无疑是一个较为特殊的人群。对于大多数人而言，并不会因为使用互联网就减少甚至放弃自己在物理空间中的社会活动。但是我们依然可以从这段描述中感受到一种信息时代特有的生活方式，即"网络"不仅仅为这些"赛博朋克"提供了一种沟通工具，更为它们塑造了一个能够夜以继日的生活于其中的"社区"。这些人能够以网络为媒介突破自身地理位置的局限，与那些可能从未谋面的"真正的朋友"建立起不同程度的社交纽带。这些网络社区在全球范围中的形成，意味着拥有全新组织手段及行动能力的新式群体正在诞生。

针对这种新型网络社区，控制论学者菲利普·哥帧尔（Phillip Gochenour）提出了"分布式社区"的概念，并指出这个概念的核心在于强调社区的形成不再基于任何特定的"场所"（真实的或是虚拟的），而是基于成员之间的"通讯"——"分散于"世界各地的行动者如何能够通过一种"分布式通信系统"来实现自发的甚至是具有随机性的互动及合作。② 实际上，比特币的开源社区集中体现了一种基于分布式通信而形成的分布式社区。在开源社区中，人们不仅仅可以借助一个分布式通信系统实现沟通和互动，还能够围绕一个共同目标实现协作。

> 开源社区本质是思想的交互。比如 Github③，上面有大量的人你可以去找，可以去聊。里面都是代码，有书，有一些技术文档什么的在那里列出来，比如描述这个系统怎么用，每个人都可以看到，可以分享出去，另外一个人也可以拿（你的系统）去测试，有问题的上来反馈，怎样去进一步开发，遇到了什么问题，都会全部列出来。合作对象可以是完全不确定的，你只要把自己的方向定好，你相信那

---

① 引文由笔者译：Christian A. Kirtchev, *A Cyberpunk Manifesto*, 1997.2.14, Neon Dystopia (https://www.neondystopia.com/cyberpunk-fashion-lifestyle/a-cyberpunk-manifesto-revised/) .

② Phillip H. Gochenour, "Distributed Communities and Nodal Subjects", *New Media & Society*, Vol. 8, No. 1, February 2006, pp. 33 - 51.

③ Github 是一个开源软件托管平台，目前已经有超过 900 万个开发者用户，系统没有中心服务器，而是基于一个分布式控制系统而运行的，并通过一种分布式的工作流程使开发者之间的协作变得更加灵活。

也是别人未来感兴趣的方向,就 OK 了,然后你把信息散布出去,然后去各个地方找人聊。你说我这个怎么样,他说好,那一起来干就完了,他说他有一个改进(方案),好,我把他的东西加进来,他也把我的改进(方案)加到他那边。你会发现有这么个地方,它承载了思想的交互和碰撞,它是一个分布式的社区。(访谈对象:区块链技术研究者及创业者 B)

这位被访者作为一个比特币开源社区的积极成员,向我们描述了一种全新的协作方式。在这个分布式社区中,人们的协作关系不再是基于特定的对象或稳固的社会纽带,而是通过一个分布式通信系统与散布于全球各地的陌生人形成一种基于特定目标的、流动的协作关系。分布式社区突破了传统社区的地域性及结构性局限,使人们不需要建立任何长期稳定的合作关系,就能够通过信息的交互在网络空间中实现思想的交流和碰撞,并在这个基础上确立合作的方向并推动社区的整体发展。正是在这种分布式社区的形成及发展中,其成员之间的信任关系也得以从传统的社会纽带中释放出来,并形成一种开放的、流动的、由全球社区成员共同构建并维系的分布式信任系统。

三 基于"网络经济"的"社会资本"

我们的就是你们的,你们的就是我们的。人人都可以没有限制地共享信息。[1]

——克里斯汀·柯特茨威《一个赛博朋克的宣言》

不同于工业时代的商品生产经济,信息时代社会经济发展的主要动力来源是信息的生产和交换。在这个意义上,人们基于认同围绕比特币形成的"网络共同体",及其通过一个分布式通信系统建立的"分布式社区",都意味着人们能够通过一系列全新的文化符码及沟通手段,推动社会资源在网络空间中的形成和流动。比特币背后的分布式信任,实际上表征了一

---

[1] Christian A. Kirtchev, *A Cyberpunk Manifesto*, 1997.2.14, Neon Dystopia (https: // www.neondystopia. com/cyberpunk-fashion-lifestyle/a-cyberpunk-manifesto-revised/)。

种信息时代新型社会资本的诞生。

凯文·凯利指出，数字技术的革命性发展所推动的是一场人类社会结构的巨变以及一种崭新经济形态的诞生，那就是"网络经济"。他在《新经济新规则：网络经济的十种策略》一书中宣称，"原子的辉煌年代已经过去，网络将是下一个世纪人类的信仰"①。虽然"网络"存在于各个时代的经济体中，然而只有基于数字技术的深入发展和普及，网络才能像现在这样渗透到人类生活的每一个角落，成为主导人类社会经济活动的核心概念。②

国际数据公司（IDC）在2016年发布的信息科技产业报告中指出，全球经济正在经历一场广泛且深刻的"数字化转型"。IDC的首席分析员弗兰克认为：

> 我们正处在一个转折点。在接下来的几年中，对大多数企业来说，数字化转型将不再是一个"项目""创新计划"或"特殊业务单位"的工作。它们会成为行业领导者的核心操作及运营方式。实际上，所有正在发展的企业，无论年龄或行业，就其领导者和员工的思维、工作方式而言，都会成为"数字原住民"。③

IDC预测到2017年年底，全球最大的2000家上市企业（G2000）中，其中超过三分之一的企业从信息产品获得的收益，将达到该企业从其余所有产品类别收益总和的两倍。到2020年，50%以上的G2000企业都需要将它们的主要商业模式转为基于数字化的产品、服务和经验上。同时，关键的数字化能力如"云技术""移动技术""人工智能""物联网""虚拟现实"等，都将成为衡量企业在"新经济"中关键竞争力的核心。

在由数字"0"和"1"组成的比特流不仅改变了信息的生产、传播和交互方式，同时也深刻改变着全球经济的生产、贸易和运作规则。"网络经济"的诞生，意味着一个网络中所包含的社会关系的质量和密集程

---

① ［美］凯文·凯利：《新经济新规则：网络经济的十种策略》，刘仲涛译，电子工业出版社2014年版，第1页。
② 同上书，第 ix 页。
③ 引文由笔者译：IDC, *IDC Future Scape: Worldwide IT Industry 2017 Predictions*, Framingham: IDC Future Scape, 2016, p. 2.

度，正在成为决定经济发展的关键要素，如何"增进联系"也已经取代了如何"提高生产力"，成了网络经济的基本原则之一。在凯文·凯利看来，现代通信技术从根本上都是"关系技术"，是"建立关系的中介"，而通信技术真正的影响"始于技术，成于信任"。[1]

组织管理学者阿德勒（Adler）在分析"知识经济"时也曾指出，随着以知识为基础的资产（knowledge-based assets）在现代经济中占据了越来越重要的位置，存在于层级制模式中的"权威机制"和市场模式中的"价格机制"，都不如社区模式中的"信任机制"更能够推动经济系统的有效运转及发展。这是因为，"知识"作为一种社会资源的特殊性在于它会"越用越多"，即当越多的人参与到知识的分享及交换中时，其总体价值反而会增加。然而，层级制模式将知识视为一种"稀有物品"并通过权限将其控制在少数人手中，市场模式则忽略了知识作为一种"公共物品"的性质，因此都不能够促进知识的有效传递及生产，只有当一个社区中的成员之间存在某种程度的"互信"，知识这种资源才能被人们高效地利用并传递，从而推动经济的繁荣发展。[2]

随着全球经济数字化转型的不断深入，如何将散布于全世界的陌生人通过"社区"和"信任"的社会协调机制联结起来，从而在这个人看不见人的数字世界中提高"社会资本"的质与量，成了决定人们能否"共享资源"并推动"网络经济"进一步发展的重要因素。正如安东诺普洛斯指出的，比特币的重要意义不仅仅是作为一种货币，更是一个"去中心化信任平台"——因为"当你拥有了一个可以为你提供中立性的信任网络，你就可以在它上面创建无数的应用，并且你不需要得到任何人的许可"。[3] 这种"不需要许可的创新"（permissionless innovation）正是比特币"分布式社区"及其"信任革命"所带来的一种全新的现象，即散布于全世界的社会行动者可以突破传统社会的地域共同体及集中式信任结构的束缚，并通过一种"由下而上"的方式为自发性及创新性活动提供了必要的社会资本，从而满足了网络经济的内在发展需求。

---

[1] ［美］凯文·凯利：《新经济新规则：网络经济的十种策略》，刘仲涛译，电子工业出版社 2014 年版，第 157 页。

[2] Paul S. Adler, "Market, Hierarchy, and Trust: The Knowledge Economy and the Future of Capitalism", *Organization Science*, Vol. 12, No. 2, 2001, pp. 215–234.

[3] Andreas M. Antonopoulos, *The Internet of Money*, Merkle Bloom LLC, 2016, p. 32.

很多公司都对区块链感兴趣,这种兴趣并不是由那些知名机构带动的,它是一种分布式的接纳过程。在这个过程中,并不是什么权威让这个系统变得可信,它是从实际使用这个系统的广大的参与者中获得信任。先是那些卡车司机和物流公司会开始使用这个技术,然后银行和其他的机构也会开始使用它,它是由下而上的,这会带来很多新的发展。(访谈对象:区块链产业研究者S)

这种源于社区和信任的"由下而上"的分布式协调机制之所以能够比集中式模式更有效,在于这个基于数字信息而存在的全球网络经济体,已经超越了任何传统权威机构能够管辖并控制的范围,是人类在信息时代开辟的一个全新的社会领域,并意味着全新的可能性及社会发展空间。

我们只能说比特币是信息社会的一个东西。进入信息社会不表示说工业社会就没了,进入工业社会也不表示农业社会就没了,你总得种粮食给我们吃嘛,还是有农业。最终,肯定是说这块是增长的东西,未来的增长是在这里,不是在工业社会那个里面。增长完了的比例,按照现在工业和农业的比例,应该也类似,从经济比例上它应该也会大于工业、物理空间这一块。(访谈对象:知名区块链基金创始人F)

作为一种基于互联网而存在的去中心化数字货币,比特币通过突破工业时代的社会组织及信任结构的限制,不断吸引着全世界的参与者加入一个新兴的全球网络经济体中。在这个意义上,人们对比特币的信任,在很大程度上来源于对社会经济发展趋势的判断及憧憬。这些支持者们认为比特币代表了信息时代社会经济发展的"未来"和"增长",从而使其获得了某种象征意义。

第四节 小结:从分布式信任到"数字进托邦"

比特币不仅仅代表了一种新型货币,更蕴含着其支持者对一种"新经济""新社会"乃至"新世界"的美好畅想。在这一章,我们从比特币的文化背景、意义系统及围绕其所形成的社会共同体,来考察了比特币是在什么样的文化土壤中生根发芽,并催化了一场信任革命。

在形成于信息时代的"技术变革"和"文化变革"的相互作用及推动过程中,一个崭新的"数字新大陆"正在诞生。如何在这个数字新大陆中构建一种新的道德价值观体系、意义框架、社会认同以及超越地域边界的社会共同体,都是网络社会所面临的新问题。比特币正是众多探索性活动中的一个典型案例,并通过构建一种全新的货币体系表达了人们对于一种"数字进托邦"的向往。在这里,人们相信科技能够改变世界,相信密码学技术能够改变社会权力结构,相信虚拟符号的客观价值,并相信只有匿名技术才能保障隐私。与此同时,人们视信息和智力为社会发展的根本动力,认为能够通过控制符号来实现社会财富的生产和分配。人们还希望能够通过信息科技的发展,在这个数字世界获得更多的权利及自由,构建一个没有边界、没有歧视、没有集权的大同世界。正是对既有社会制度及权利结构的不满,以及对一个数字进托邦的美好畅想,推动了比特币及其背后新型社会共同体的形成,并促进了网络空间中的一种分布式社区的发展。

通过考察比特币的文化形态,我们可以看出,比特币的诞生绝不是一个无中生有的过程,而是有其特殊的文化土壤。比特币所掀起的信任革命,直接吸取了这片土壤中所积聚的养分及能量。实际上,比特币作为一个价值上千亿美元的货币系统所吸引的社会资源及信任,几乎完全是建立在人们对于一个"美丽新世界"的憧憬中。人们在比特币及区块链所带来的信任革命中看到了各种新型应用场景及商业实践,相信这些新技术能够像互联网一样彻底改变我们所生活的这个世界,并构建一个信息时代的"全球信用社会"。

然而,理想与现实之间总是存在着巨大的差异,比特币的分布式信任也存在其自身难以克服的局限性。在下面的章节,我们将通过考察分布式信任的实践及其局限,来理解这种新型信任模式为我们带来的机遇与挑战。

第七章

分布式信任模式的实践与局限

在任何时代及社会形态中,信任作为"社会之内的最重要的综合力量之一"①,在制度、运行和文化系统的共同支撑下维系着社会成员之间的联结及互动。比特币的兴起,正代表了信息时代的一种分布式信任模式的诞生。这种新型信任模式意味着人们可以突破传统社会信任结构的限制,以一种全新的规模和方式组织人们在信息时代的社会经济活动。然而,所有的社会信任模式都有其自身的局限性,比特币的分布式系统在创造新型信任关系的同时,也会带来新的冲突及混乱。

在这一章,我们将首先考察分布式信任的作用及实践,并简要分析其潜在的应用场景。然后,我们将从制度、运行及文化层面来考察其局限性,从而理解这种新型信任模式从"概念"到"实践"的过程中所面临的机遇和挑战。

第一节 分布式信任模式的作用及实践

一 降低社会信任成本:"去中心自动化"

正如科斯在《企业的性质》一书中以"交易成本"的概念成功解释了影响现代企业制度结构及发展的关键因素一样②,"信任"作为人们展开交易的前提和基础,信任成本的下降也势必会重塑现代性制度以及人们的互动方式。比特币的兴起,代表了一种基于分布式通信系统的"分布

---

① [德]西美尔:《社会学:关于社会化形式的研究》,林荣远译,华夏出版社2002年版,第251页。

② 彭真善、宋德勇:《交易成本理论的现实意义》,《财经理论与实践》2006年,第15—18页。

式信任"正在逐渐被全球认可并接受。这种新型信任模式的最主要作用，就是降低互联网环境中信息交换所需要的信任成本。罗伯特·萨姆斯（Robert Sams）用"去中心自动化"（decentralized automation）①来总结比特币及其区块链技术的核心概念。"分布式信任"也正是在信息及网络技术不断发展的基础上，通过"去中心化"突破传统社会信任的规模和范围，并通过"自动化"减少社会系统运行过程中的人为风险，从而在全球性的网络空间中构建一种新型信任关系并降低信任的成本。

（一）"去中心化"：社会信任规模和范围的扩张

在传统的集中式信任模式中，陌生人之间的信任关系只能通过中心化机构来建立。因此，权威型机构通过其制度、运行及文化模式所能维系的信任规模和范围，直接决定并限制了社会信任所能达到的广度和深度。然而随着全球化和信息化的浪潮将全世界的陌生人联系到一起，传统机构由于自身的地域及结构性边界，难以在更广阔的数字世界中担任信任中介的职能，也导致社会信任关系只能被局限于这些中心化机构的控制范围内。

"分布式信任"模式正是通过全新的制度、运行及文化基础实现社会信任的"去中心化"，使人们不需要信任该系统内任何一个特定的人或机构，就可以相信整个系统所达成的共识是唯一、永久，且无法篡改的。这意味着人们不需要依赖可信的第三方，就可以在全球范围内通过一套统一的规则和标准，来处理网络环境中日益加剧的"缺乏完整信息"和"复杂性"等问题，使原本互不信任，且散落在世界各地的陌生人，可以直接通过一个分布式通信系统进行可靠的信息交换，并构建一种不局限于特定对象及地域的新型社会信任关系，在数字世界中以一种前所未有的方式扩大社会信任的规模和范围。

比特币通过一个"去中心化系统"取代原本以权威机构为核心的集中式信任模式，因此常常被称为一个"去信任"的系统。实际上，比特币并没有"取消"信任，只是通过一组全新的系统实现了信任的转移及重构，目的就是突破传统集中式信任模式的局限，以一种全球共享的、标准的，基于分布式网络而运行的信任机制，在数字世界中实现社会信任关系的扩张和延伸。

---

① 高航等：《区块链与新经济：数字货币2.0时代》，电子工业出版社2016年版，第23页。

(二)"自动化":减少社会系统中的人为风险

比特币分布式信任模式的另一个核心特征,就是在密码学原理上通过一系列基于"代码"和"算法"的技术手段构建一个在运行过程中不受任何特定人或机构干预及控制的"自动化系统",从而降低系统运行过程中由于操作失误及不当行为所造成的"人为风险",使各方行动者能够在信息不对称甚至是"匿名"的情况下,仍然能够信任整个系统的运作。

随着区块链及其相关技术的不断发展,人们也尝试通过更完备的编程语言开发更先进的自动化系统,其中一个热门概念就是"智能合约"(smart contract)。简单来说,智能合约就是"一套以数字形式定义的承诺",双方通过计算机代码事先规定了各自的权利和义务,一旦系统验证合约条件触发,就会自动执行合约内容。[①] 最简单的例子就是一台自动售货机,售货机本身就体现了一种商家对消费者的承诺,即只要消费者向系统投入与商品价格相对应的硬币,售货机就会自动执行,把商品弹出交给消费者。然而,称一台自动售货机为智能合约多少有一些勉强,因为它能够履行的承诺极为有限,并不是很"智能"。由于缺乏相应的数字系统和技术,真正能够应用于复杂经济交易场景的智能合约一直迟迟未能出现。但是,随着现代产业经济的信息化和智能化,使智能合约迈向现实的条件已经越来越成熟,区块链正是其中最重要的一个。

区块链的分布式数据库不仅为智能合约提供了一个全球性平台,同时可以保证只要录入区块链系统的合约,任何人都无法删除或修改,从而在合约执行过程中实现客观、公正。更重要的是,由于区块链可以储存并支配类似比特币等数字货币及数字资产,一旦系统从信息来源判定合约条件触发,就可以自动支付并确保交易的完成。智能合约等自动化技术将进一步推动分布式信任的实践及发展。这些基于分布式网络而运行的自动化系统通过减少人为判断及操作等因素,能够以更高效、更客观、更透明的方式降低数字化交易过程中的人为风险,从而大幅减少陌生人互动的信任成本。

如果像经济学家所指出的那样,全球运输成本的下降带来了第一次全

---

① 大数据战略重点实验室:《块数据3.0:秩序互联网与主权区块链》,中信出版社2017年版,第69页。

球化大潮,而信息交流成本的下降推动了第二次全球化大潮,[①] 那么分布式信任模式带来的信任成本的下降,则很有可能是推动新一轮全球化浪潮的关键因素。

二 分布式信任的应用场景

"分布式信任"意味着在一个基于互联网运行的数字化系统中,分散于各地且互不相识的成员不需要依赖任何特定的中心节点及层级制管理结构,也能够形成一种普遍的"联结及整合",并且对系统运行及其后果抱有"期待的信心"。需要强调的是,这种新型信任模式的诞生并不意味着它能够适用于所有的社会领域,或者所有传统的社会信任模式都将被其取代。相反,作为一种完全基于互联网和分布式通信系统而存在的信任模式,其技术基础、配套系统和应用场景都处在一个飞速发展的初期阶段,因而绝大部分应用还处于概念验证的阶段。

尽管如此,人们对于区块链技术作为一台"信任的机器"如何能够重塑现代社会已经彰显出了极为丰富的想象力。本书已经指出,区块链的"分布式账本"及其背后的"分布式信任"都是技术与各方社会力量相互形塑后产生的结果。如果区块链能够"生产"信任,也绝不仅仅是依靠技术手段就能够实现的,而是一整套制度、运行,以及文化系统综合作用的结果。

目前来看,这种不依赖于任何可信第三方的新型信任模式,最适合那些需要由多方参与记录、共享并验证数据,且系统成员之间自身难以建立信任关系的场景。这就意味着,"分布式信任"在那些有明确的沟通及互动需求,但是传统信任模式无法涉及的"新领域"(如物联网),或者是传统信任模式业已崩塌的"旧领域"(如金融领域),尤其具有发展的潜力。在这里,我们将从众多应用场景中抽取三个比较有代表性的案例,试图对分布式信任的应用场景进行一个初步分析。

(一) 金融系统

在很大程度上,金融领域作为现代经济领域中最"数字化",并且最广泛受到信任危机冲击的行业,首先成了比特币及其分布式信任的革命对

[①] Richard Baldwin, *The Great Convergence: Information Technology and the New Globalisation*, Cambridge: Harvard University Press, 2016.

象。其实不仅仅是比特币，各国政府、传统金融机构及创业公司都在探讨如何利用区块链技术来改善既有的金融系统，并在由国家背书的数字货币、电子支付、跨境汇款、众筹、保险、数字资产交易等众多领域开展了相关研究和实践。

美国存管信托与结算公司（DTCC）作为全世界最大、最领先的证券和清算机构，在其发布的《拥抱变革：发掘分布式账本改善交易后环境的潜力》这一报告中，对区块链如何能够改进目前金融系统运营方式的潜力进行了多方面探讨。报告指出，在过去几十年的发展历程中，由于金融领域的交易、结算、财产管理等体系都是在不同时间、基于不同原因而分别建立的，所以几乎没有什么统一的标准，导致系统在很多方面都极为复杂并且难以整合。拿财产管理来说，由于每个机构都独自管理一份账本，并且内容极不透明，所以在交易过程中需要花费大量精力和资源对系统中各种不同版本的信息进行比对和协调。这就好比大海中一座座孤岛，相互隔离，以至于没有人看得清海平面下真实的模样，因此总是存在"多种版本的事实"。[①] 与此同时，这个旧时代的金融系统也不足以应对新时代的"网络攻击"（cyberattack）等安全隐患。借助区块链技术，人们可以对于如何记录、储存及管理信息形成行业统一的规则和标准，从而建立一套安全、可靠、且全球共享的信息系统。这将大大减少已有金融系统的复杂性以及信息流通的阻力，在提升整个系统的安全性、透明度及运转效率的同时，增强并巩固着人们对金融系统的信任。

由此可见，DTCC认为区块链的分布式账本技术，能够通过建立一个标准化的共享信息平台、保障系统安全，并简化信息交换及管理的流程，从而推动系统中各个金融机构之间的"同步及协作"。这些都集中体现了传统金融系统在全球化及信息化的浪潮下所面临的挑战，及其为了"拥抱变革"而产生的内在需求，这也是为什么金融系统无疑是"分布式信任"的一个首要应用场景，并由此激发了人们对于一种新型的全球金融体系的无限遐想。

（二）存在性证明

分布式信任的另一个主要应用场景是"存在性证明"（proof of exist-

[①] DTCC, *Embracing Disruption: Tapping the Potential of Distributed Ledgers to Improve the Post-trade Landscape*, New York: DTCC, 2016.

ence)，即让人们相信"某个物品/事件，在过去的某个时刻存在过"。[①]在集中式信任模式中，身份认证、学历证书、土地登记、版权、专利、商品溯源等存在性证明，都是由某个权威机构作为可信的第三方来提供的。只有通过权威机构的背书，人们才能相信别人为了证明某事某物所提供的证据是真实可靠的，并且无法被轻易伪造或销毁。然而，这些权威机构由于自身各种地域性、技术性，以及结构性因素的限制，也就局限了它们在这个日益扩张的数字世界中提供存在性证明的能力。分布式信任模式的出现，则意味着人们能够突破这些权威机构的局限性，在更广泛的社会时空领域中为人们提供全世界普遍认可的存在性证明。

美国麻省理工学院媒体实验室（MIT Media Lab）的学习部主任菲利普·施密特（Philipp Schmidt）在2015年10月发表了《证书、信誉和区块链》一文，表明MIT将尝试使用比特币区块链来颁发"数字证书（digital certificate）"[②]。施密特指出，人们目前大多需要依靠第三方来助他们储存、管理并验证各类自己所获得的证书。这种模式不仅缓慢、复杂，且难以避免造假问题。十分讽刺的是，MIT的招生部院长居然在任职多年后才被揭露其持有假文凭。因此，施密特认为，一个基于比特币区块链的"开放的信誉平台"（an open platform for reputation），不仅能够在数字系统中防止造假，还可以让人们对自己的数字证书拥有更多的控制权，同时使其得以流通并获得人们的信任。2016年6月，MIT发布了该项目的第一版源代码，并解释了选择基于比特币区块链来构建这个系统的原因：

> 比特币是到目前为止经受过最多考验且最可靠的区块链；另外，矿工们相对强健的自我利益和投入到比特币的金融投资（以及比特币的相关公司）使其可能会存在的长久一些。[③]

"公证通"（Factom）也是一个基于比特币区块链而运作的构建存在

[①] 高航等：《区块链与新经济：数字货币2.0时代》，电子工业出版社2016年版，第185页。

[②] Philipp Schmidt, *Certificates, Reputation, and the Blockchain*, 2015.10.27, MIT Media Lab (https://medium.com/mit-media-lab/certificates-reputation-and-the-blockchain-aee03622426f).

[③] 引文由笔者译：MIT Media Lab, *What We Learned from Designing an Academic Certificates System on the Blockchain*, 2016.6.3, MIT Media Lab (https://medium.com/mit-media-lab/what-we-learned-from-designing-an-academic-certificates-system-on-the-blockchain-34ba5874f196).

性证明项目。它通过将所有的数据加密后形成具有独一无二特征的"数据指纹",并永久地储存在比特币区块链中,来建立人们对其数据发生时间及内容的信任。公证通这样描述自己的系统:

> 公证通也可以被理解为是一个不可撤销的发布系统,数据一经发布,便不可撤销。公证通的这个特征提供了一份准确的、可验证的且无法篡改的审计跟踪记录,消除了盲目信任。[1]

实际上,这些存在性证明项目都是基于比特币分布式信任模式的背书,才能在没有权威机构的网络世界中,实现全世界对其数据内容及发生顺序的普遍认可和信任。这意味着人们可以突破传统信任模式的局限,在这个充满了虚拟性、匿名性,以及流动性的网络世界中,信任一个陌生人所提供的存在性证明的确是真实可靠的。分布式信任这种能够跨越身份、地域,以及时间的间隔,来构建人们对某个数据"真实存在"的普遍信任的能力,其影响和意义都是难以估量的。

(三) 物联网

如果说金融系统和存在性证明都是某种由来已久的"旧领域",那么"物联网"(Internet of Things)无疑是一个人们尚未跨入的"新领域"。顾名思义,"物联网"就是把所有的"物品"通过信息交互与互联网连接起来[2]。就像一部"智能手机"(smart phone)可以实现人和人之间基于互联网的通信,物联网的出现,意味着现代通信技术正在突破人与人的通信,使大部分物品都能够作为一个"智能终端"(smart device)被连接到互联网中,从而实现人与人、人与物,甚至物与物之间的通信及联动。

在物联网中,物品可以通过信息传感设备实现智能化的识别和管理,并"自主地"决定其运行状态。比如一台自动售货机能够在缺货时自主地向供货商下订单,并用之前从客户那里收到的数字货币来支付,从而实现"自主运营"。物联网的发展意味着"自动化"将通过这些智能终端更广泛地渗透到人类的日常生活中。然而这其中存在的一个关键问题,就是

---

[1] 长铗、韩锋等:《区块链:从数字货币到信用社会》,中信出版社 2016 年版,第 161 页。
[2] 孙其博、刘杰、黎羴、范春晓、孙娟娟:《物联网:概念、架构与关键技术研究综述》,《北京邮电大学学报》2010 年第 3 期,第 1—9 页。

如何解决所有节点在信息交互过程中的信任问题。传统的物联网模式是通过一个集中式的数据中心对所有设备进行认证和授权，并负责收集及管理所有设备的信息，从而确保这些信息是真实可信的。但是当几十亿甚至上百亿的设备被同时连接到物联网中时，这种集中式信任模式将会变得非常脆弱，并且难以有效解决系统中的安全、隐私及可靠性等问题，因而成了阻碍物联网进一步发展的瓶颈。区块链技术的出现，被许多业内人士认为是实现物联网概念所缺少的"关键因素"。[①] 因为区块链技术可以不依靠任何特定的中心，就对物联网中所有智能终端所产生的信息，形成一个真实的、唯一的历史记录，并保证来自所有设备的信息都具有连续性，且无法被篡改。在这个基础上，无数的智能终端都可以基于一个分布式网络而运行，同时还能够确保它们之间的信息交互是真实可信的。

在某种意义上，基于一个可信的分布式信息管理系统，分布式信任可以将人与人之间的信任，延伸到人与物甚至是物与物之间的信任，[②] 并通过"去中心自动化"的方式减少物联网中的信任成本，为建立一个无所不在、无所不包的新式网络提供了一种新式架构。

第二节　分布式信任的局限性

本书的主要目的是考察人们为什么信任比特币这种与众不同的"三无货币"，并尝试理解这种新型货币背后的一种新型信任模式。然而，如果本书的目的是考察"人们为什么不信任比特币"，我们仍然可以从制度、运行和文化层面中找出这种不信任态度的结构性原因。正如卢曼所言，"不信任"并不只是"信任"的对立面，它同时还是信任"在功能上的等价物"，即不信任能够通过一种"消极的策略"来简化这个世界的复杂性[③]。信任促进社会成员之间的联结，不信任则通过阻碍联结来抵抗风

[①] Ahmed Banafa, *A Secure Model of IoT with Blockchain*, 2016.12.21, Open Mind（https://www.bbvaopenmind.com/en/technology/digital-world/a-secure-model-of-iot-with-blockchain/）.

[②] "物与物"的信任并不是指两个物体之间能够产生信任，而是当物体作为物联网的一部分，已经被纳入人类活动的社会系统中，并基于"自动化"而产生的"自主性活动"成为影响人类行为及社会关系的关键因素，因此物与物的"联通及互信"代表了信息时代社会信任关系的一种新型表现形式。

[③] ［德］尼克拉斯·卢曼：《信任：一个社会复杂性的简化机制》，瞿铁鹏、李强译，上海人民出版社2005年版，第95页。

险。然而实际上，一种适用于所有场景、所有对象及所有活动的"信任"或"不信任"都是不存在的，因为每种信任关系及信任模式都有其特定的前提条件及适用范围。在这一节，我们将从制度、运行及文化层面简要讨论分布式信任作为一种新型信任模式的局限性。

一 制度层面："分布式与集中式"制度的对抗及衔接问题

比特币作为一种信息时代特有的"去中心化数字货币"，仿佛存在于一个完全由数字信息构建的"数字世界"中。我们在第四章已经集中讨论了比特币是如何通过一系列基于分布式结构的制度创新，为人们在这个数字世界中构建社会信任提供了必要的制度基础。然而，比特币系统不可能完全脱离现实世界的物质基础及社会环境而独立运行。实际上，"数字世界"和"现实世界"的二分法在很大程度上是一种概念性的区分，而不是实质性的。在人们真实的社会生活中，这两个世界相互交融，难以划出一个清晰的界限。

> 互相映射的关系，这个肯定是有的，它一定是有接口的，数字世界不可能跟物理世界是完全脱离的。但是数字世界有自己的一套规则，两边会有衔接，至少目前来看是有互相抑制的关系。但你现实世界的法律体系最后也可以追溯到数字世界里的某些行为，这一定是有的。最终它们之间是一个什么连接，那还得看发展，没有人可以现在就清晰地描述说这之间会是一个什么关系。那你肯定啊，你把房子在区块链上份额化了，可是房产总归要有人确认它的主权吧，还有一个中国的房地产登记条例，因为你毕竟是有一个物理空间的东西嘛，是砖头堆起来的，但你完全映射到网上就变成一个数字化的东西，数字化之后意味着什么呢，如果人家信任你这个国家的线下的那套产权登记的法律体系，那你家这个房子登入区块链后就拥有了可以向全球任何人借钱的能力，因为你可以说我的房子直接变成某个代币，我愿意付多少利息，谁愿意借我钱，也许一个巴西的人就说我愿意借给你，但这个需要线下法律的配合，比如说巴西的法律可能没有英国人的法律好，（如果有）英国的产权保护、美国的产权保护可能人家就信了，巴西人把房子挂（到区块链）上来人家可能就不太信。（访谈对象：知名区块链基金创始人 F）

由此可见,"数字世界"实际上更多地指一种社会发展趋势,即随着现代数字技术的不断发展和普及,人类社会正在经历一次全球范围内的"数字化转型"。然而这并不意味着这些新型社会系统可以脱离物质世界而存在,就如"房产"不能摆脱物理世界的砖头、水泥和基于国家法律的产权登记体系,而完全以数字化的形式存在于区块链上一样。由于两个世界是相互依存的,数字世界中的制度体系也必须与现实世界中的制度体系实现某种程度的衔接及耦合,它们才能融合为一个整体,真正扩展人们的社会生活领域。然而,这往往不是一个风平浪静、一帆风顺的社会过程,而是充满了"新—旧"力量的冲突和抗衡。

> 这个阶段,区块链和(传统)金融体系的结合非常困难,没法对接的主要原因是,原来的这套系统它的资金流,是没法用区块链去做的,因为人民币没法去做区块链化,这只有由央行才有权利去做这个事情,如果你只是把区块链作为管理信息流的工具,那么对你(金融公司)来说没有意义,因为你面对的风险是金融风险,是资金带来的风险,那么这个系统没法完全对接。我们之前也跟很多银行探讨过这方面的问题,一方面是银行的系统过分复杂,它也很难有这个欲望和动力去改这个东西;另一方面区块链是一个未知的技术,他也不敢用这个东西。(访谈对象:区块链技术研究者及创业者 B)

由此可见,虽然区块链技术能够有效解决"信息流"的去中心化及整合问题,但由于"人民币"的货币制度与"比特币"的货币制度之间存在着根本的矛盾和冲突,因此这两种制度体系中的"资金流"是无法通过区块链技术来融通的。这也是为什么人民银行等五部委早在 2013 年就发布了《关于防范比特币风险的通知》,将比特币定义为一种"虚拟商品",并且禁止所有金融机构展开任何与比特币相关的业务。在目前这个以民族国家为核心而构建的国际体系中,国家之间的边界是需要被严格确立且维护的,而比特币的"分布式系统"作为一个完全开放的,尝试超越所有国家边界而运行的"新世界",也势必会在其生长过程中面对来自国家主权的压制力量。

公链（指比特币的公共区块链）是非许可链①，是任何人可以随便上的，而且公链是一个跨主权的链，（打个比方）工商银行在这上面是把这个东西卖给美国人还是委内瑞拉人啊？因为你（指政府）无法控制，如果是公链的话就没办法说只有你行、他不行，无法做这种事。你怎么可能把工商银行或国家银行的资产放在公链上随便流通呢？他敢放在公链上，说不定下飞机就被抓起来了。你把不应该卖给美国人的东西通过区块链卖给美国人一样要负责任的，你认为他敢冒这种法律风险吗？（访谈对象：知名区块链基金创始人F）

应该说，比特币虽然可以在自身的分布式系统中超越国家边界，从而实现某种完全基于代码运行的世界货币，然而它却不能消除现实世界中"美国人"和"委内瑞拉人"等各国人民之间由于历史、文化、政治的多方面因素综合作用而持续存在的差异。实际上，现代民族国家的国际格局就是基于这种差异而形成并巩固的。比特币这种"去中心化数字货币"，无疑是对民族国家及其集中式权力结构所提出的一种对抗和挑战。与此同时，政府虽然无法直接打压比特币本身，但是可以通过法律手段来压制在现实世界中使用比特币的具体行动者，只要一个人没办法通过数字技术实现完全且绝对的匿名，那么他就有可能要面临国家法律的制裁。

"分布式 vs. 集中式"这两种制度体系的根本性冲突，也直接限制着比特币及其分布式信任所涉及的范围及影响力。因为，如果分布式信任的制度架构不能与传统社会的集中式制度体系形成某种程度的衔接，那么它在很大程度上将被局限于一个完全由数字信息构建的"西部世界"，难以真正大规模地改造并重塑人们的现实生活。

老实说，比特币的生态系统其实不是很可信，我们需要把比特币的技术和围绕它形成的生态系统分开来看，对技术的信任非常高，生态系统，就不是很高了，它就是个西部世界。政府监管会有帮助吗？监管者甚至都不理解这个技术。各种创造性活动都在围绕这个生态系

---

① 所谓"公链"，就是类似比特币区块链这种基于开源软件而运行的"公共区块链"，即任何人都可以通过下载比特币软件而成为该系统中的一个节点，并享受与所有节点一样的权利，而不需要得到任何权威机构的授权或许可，因此也被称为"非许可链"。

统诞生,所以谨慎一些其实是好事。(访谈对象:大学比特币俱乐部主席 H)

比特币尝试利用密码学及计算机技术来构建一个开放的、基于分布式共识和自由竞争制度的分布式系统,并在数字世界中实现社会信任的去中心化。然而由于人们的社会生活领域作为一个整体,是难以被完全分割的,因此比特币的分布式信任模式也存在着不可避免的问题及局限性,那就是如何与现实世界的集中式制度体系进行对接。随着比特币及其生态系统的不断发展壮大,如何才能在这两种相互对抗的制度体系中实现一种平衡,也许只能通过社会各方行动者的持续斗争及协调过程来寻找答案。

二 运行层面:"信息与贸易"系统的耦合及成本问题

在第五章,我们已经考察了比特币系统是如何通过区块链的"分布式账本",解决了比特币信息流的安全性、真实性及流通性等问题,并通过一系列全新的运行机制建立了人们对于其作为一种去中心化数字货币的信任。然而,这种新型信任模式能否成为一种新型贸易活动的基础,也取决于它能否在系统运行的过程中确保信息流与真实贸易活动之间的多重耦合,并满足贸易运行的实际需求。

电子商务领域通常将"四流"——信息流、物流、资金流及商流视为是人们在互联网中实现数字化贸易的重要组成因素。其中,"商流"指的是人们进行买卖的交易过程,代表"所有权"在市场中的转移和流动。一般来说,商流既是其他三流产生的前提,也是三流运转后实现的结果。[①] 在某种意义上,电子商务模式的发展正是通过实现四流的"分离"及"重组",才能超越传统商务模式的局限在更广阔的时空范围中促进人们的社会经济活动。因此,分布式信任若要在信息时代扩展人们社会经济活动的广度和深度,也不仅仅需要确立人们对信息流的共识,还需要实现信息流与物流、资金流及商流之间的映射及耦合。

[①] 杨子健:《"四流"角度下电子商务与传统商务的异同分析》,《电子商务》2014 年第 14 期第 753 卷,第 53—54 页;伊鸣:《商流、物流、资金流、信息流》,《现代物流报》2006 年 11 月 16 日。

真实世界和区块链世界之间的映射其实是一个很复杂的问题，他需要依托新的技术。类似物联网这样的技术，更加关注安全这个问题。简单地讲，比如艺术品溯源，我在乎的是艺术品这幅画，与我区块链中代表这幅画的那串数字的两个状态之间的强耦合性，两者之间是不能崩裂掉的，是一对一的，这就有一个（信息和物质）强耦合问题，以及这个画本身状态不能更换的一个问题，这样的话这两个世界才能对得上。真实世界其实没有那么容易对接，因为它的信息量更大，区块链只是处理那么点信息，真实世界这么大量的一个海量的信息。其他公司也想做这块工作，但是没有意识到这一点那它一定会完蛋的，因为真实世界的复杂度是完全超出这些系统的处理能力的。（访谈对象：区块链技术研究者及创业者 B）

比特币作为一种数字货币的安全性、真实性和流通性，是通过将货币系统数字化后在信息流层面实现的。因此，比特币背后的分布式信任也是建立在人们对于一个"分布式信息系统"的信任之上。但是若要将人们对于一个信息系统的信任，延伸到人们对于一个基于物流而运转的贸易系统的信任，就必须确保"信息流"和"物流"之间的强耦合关系。但是，以目前的技术手段来看，这仍然是一个极为复杂且困难的工作。同理，如何在一个全新的分布式系统中实现"信息流"与"资金流"和"商流"的对接，也是一个难以完全靠技术手段解决的社会问题。

比如 IBM、微软都希望在联盟链这个场景里面做一些工作。它实际上是发布一个秩序，然后让联盟链包括上下游成员能够加入进来，共同认可这套规则。首先在这个阶段，资金流是没法通过这种方式处理的，最多只能是划拨、对账，实际上区块链解决的是一个信息流的问题，就是说在这个多机构的系统里，它实现了一个按照合约自动地（对交易信息）进行处理，然后你再根据这个（交易信息）在"链外"或者"线下"去做这么一个实际的交割。那么你这边就得想好，首先，你这家机构如果要去做这件事情的话，你推的这套规则要能推得动，它们（成员机构）得能愿意接受。这里确实可以做到信息的公开透明，也可能可以做到比较复杂的权限控制或者隐私保护的一系列的东西。但是现在这个阶段哪怕是像大摩（指摩根士丹利）等这

些机构，在这一块的研究依然只是刚刚开始，还是没法符合比较复杂的商业场景。（访谈对象：区块链技术研究者及创业者B）

若要在不同的利益主体之间实现"资金流"的对接，以及"商流"即所有权的转移，不仅仅需要人们在区块链上对一套交易规则达成共识，还需要在"链外"或"线下"实现资金及所有权的真实交割过程，这就需要一系列社会系统（如法律体系和公共机构）的配合才能够实现。在这个意义上，这些基于区块链技术的分布式系统可以在信息流的层面解决不同利益主体之间的信任问题，但却难以确保他们在资金流、物流，以及商流的运转过程中实现互信，也因此局限了分布式信任所能达到的广度和深度。

除了与现实世界的对接问题，分布式系统在自身运转的过程中如何权衡"安全"与"性能"的问题上，也有其不能忽视的局限性。

在一个系统里，如果说当大家都平权的时候，你发现啊，如果参与者越多，安全性就越高，但信息同步的时间就越慢。一个区块链如果参与者越多，我这里面每一次信息的变更、传输、反馈要通知到至少三分之一的人，那我这个人的基数越大，其实就拉低了整个网络的服务性能。所以区块链并不是高频的，正好相反，它是一个非常昂贵的低频的系统。像比特币每秒大概能处理7笔，以太坊可能是几百笔，其实交易频次越高，在一定程度上都会牺牲它的安全，除非你有革新的技术。像支付宝（等集中式系统）现在可能是10万笔每秒，实际上它（分布式系统）现在是完全没办法应用于目前的商业场景的。（访谈对象：金融科技公司首席数据官G）

由此可见，比特币这类分布式系统所带来的"去中心化"，对于社会生产过程中的"相对成本结构"而言也是一把双刃剑。与集中式模式相比，分布式模式虽然能够以公开、平等、透明的运作方式降低系统的信任成本，但由于它需要系统成员集体参与维护系统安全，就势必会牺牲效率从而增加系统的运行成本。当然，随着技术的不断进步，相对成本结构仍会继续发生变化，但由于社会系统的发展需求是无限的，所以仍然会不可避免地遇到局限其持续扩张的瓶颈。在这个意义上，"分布式信任"作为诞生于信息时代的一种崭新的社会信任模式，也无法完全消除人们在联结及整合的过程中围绕"效率"与"公平"而产生的古老冲突。

三 文化层面："精英与大众"文化的区隔及不平等问题

我们已经从比特币的文化环境、意义框架，以及基于抗拒性认同而形成的社会共同体考察了比特币分布式信任的文化土壤。比特币的诞生，直接继承了以"密码朋克"为代表的反主流群体的文化基因，并将其"个人化"及"去中心化"的理念渗透到了人们对于比特币的信任中。在这个意义上，比特币的道德理想，是以技术的手段构建一个人人平等、自主，且超越国家边界的"数字进托邦"。然而随着比特币及其生态系统的不断发展，新的文化矛盾及不平等问题日益显露出来，并在这个以"信息技术"为核心的角斗场中催生了新的精英阶层及中心化问题。

（信息技术）目前这个阶段是一个飞速变化的时候，永远是跑得最快的人一路往前跑跑跑，它跑一下发现左右两边又长出两个新的方向，跑得越快这样的分支越多，后面的人只能一点点跟。就像一棵树一样，它要生长它停不下来。它也会不稳定，因为跑得最快的永远是那几个人，那几个人的想法决定了整个系统的发展方向。就像现在资金的情况也是一样的，现在这个资金权力的系统也是跑着跑着就剩下几个人了。（技术）那个系统也是一样，但因为它是有代码可见的，人家是可以有一个认可的过程的，他可以写代码把这个认可的过程写出来，所以相对客观一点。（访谈对象：区块链技术研究者及创业者B）

当比特币试图通过密码学及信息技术打破传统权威机构对于货币及信任系统的垄断，实际上就是希望使"技术"摆脱法律和资本的控制，成为人们对抗权力精英及其集权统治的一种新型武器。然而在这场"公开竞争"中，由于人们在资源禀赋、社会—经济条件、人生经历和机遇等重要层面都具有极大的差异，所以仍然会逐渐形成少数人的胜利，而大多数人只能跟从。拿比特币的开源软件来说，虽然是由一个上万个网络节点构成的开源社区在共同维系并监督，但真正推动系统发展的话语权及影响力绝不是平均分配的，而是集中在少数"科技精英"手中。实际上，在比特币的生态系统中,早已出现了能够集中大量优势资源及技术能力的机构和团体,并不断围绕自身构筑着新的"中心"。[①] 而对于那些完全不懂技术的大多数普通人而言,根本就不具备参与这场"公开竞争"的资格。正如吉登斯所指出的,人们对于"象征符号"和"专家系统"的信任,是现代社会得以"跨越延伸时—空来提供预期的'保障'"[②]。在很大程度上,比特币只是将人们对于"法币"作为象征标志和"法律精英"作为专家系统的信任,转移到了"比特币"及"科技精英"身上。同时意味着在这个基于信息及网络技术而构建的"新世界"中,新的权力精英及新的利益阶层也在逐渐形成。

> 资本主义其实就是从海上贸易发展起来的,以前海上贸易的时候,商人先发展起来,国家制度法规啊才慢慢健全起来。现在这个东西其实差不多的,(程序员)就是一群海盗,他们先发展起来了,然后形成了相关的利益阶级,相关的派系,完了之后他们再反馈政治各方面的一个变革。你看现在是一个律师的资产阶级,律师在社会里实际上是一个相对比较有优势的阶级,而且他们把这个社会的规则架得越来越复杂,最后对他们自己都非常有利,未来会转换成一个程序员的资产阶级。现在很多美国总统都是律师,未来得是程序员。因为社会架构都是用程序定义出来的,最终所达到的效果都是以程序为中心的。整个系统的稳定性取决于软件和算法的稳定性,假设程序不稳定,整个系统都会乱。(社会系统的)最优解变成了一个完全抽象的东西,必须要通过代码来实现。(访谈对象:区块链技术研究者及创业者 B)

这位被访者认为,"程序员"将取代"律师"成为信息时代的精英及领导阶层,因为他相信在互联网所开辟的新型贸易体系中,管理信息的"程序"和"代码"将成为维持社会稳定及推动全球经济发展的核心组织因素,而不是各国的法律体系。虽然这种将技术视为法律"替代品"的

---

① 比特币领域的权威型机构如:比特币基金会、比特币核心开发团队、比特币大型交易所等。

② [英]安东尼·吉登斯:《现代性的后果》,田禾译,译林出版社 2011 年版,第 25 页。

观念，忽视了各国法律体系本身的动态发展及其对技术的形塑等问题，但是，精通信息及网络技术的"科技精英"无疑是信息时代的一个优势团体，因为他们能够更有效地利用并控制"数据"和"算法"等核心社会资源。

欧盟在 2016 年的报告中指出，"数字素养"（digital competence）是决定人们能否在这个日益数字化的世界中，有效参与社会经济活动并从中获益的关键因素。所谓"数字素养"，是指人们获取、理解及创造数字资源、利用数字技术进行沟通与合作、保护数字财产和隐私，以及在数字环境内解决问题的能力。[①]"数字鸿沟"（digital divide）则被经合组织定义为"处于不同社会经济水平的个人、家庭、企业和地区之间在接触信息通信技术，以及利用互联网进行各种活动的机会差距"[②]。随着数字信息日益成了现代社会的核心组织因素，科技精英与社会大众在数字素养上的巨大差异，以及不同地区和国家之间整体技术水平的结构性差异，都导致了全球数字鸿沟不断加剧，并在这场愈演愈烈的"数字化"竞赛中创造着全新的社会矛盾及不平等问题。

拿比特币来说，其最初诞生的一个根本目的，就是打破由国家、银行等权威机构所控制的"信息黑箱"，并通过一种公开、透明、去中心化的方式构建一个分布式信息系统，借此解决"权力精英"和"社会大众"之间长期存在的"信息不对称"问题。理论上而言，比特币系统的所有信息，从系统源代码、运行状态，到历史上的每一笔交易，都是完全对外开放的，因此所有人都可以检验并获取这个分布式系统中的数据和信息。然而实际上，真正能够看懂这些数据并将有价值的信息提取出来的人，依旧只有那些熟悉计算机及密码学语言的专业人士。在某种意义上，比特币系统中的"信息不对称"问题比传统货币体系更为严重。因为传统货币体系的信息不对称，是由权威机构所控制的"信息黑箱"造成的，而权威机构通常都会在层级制的基础上施行明确的"权限管理"，因此是一种

[①] Riina Vuorikari, Yves Punie, Carretero Gomez Stephanie and V Lieve Van den Brande, *DigComp 2.0: The Digital Competence Framework for Citizens*, Luxembourg: Publication Office of the European Union, 2016, EU Science Hub: The European Commission's science and knowledge service (https://ec.europa.eu/jrc/en/digcomp/digital-competence-framework).

[②] OECD, "*Understanding the Digital Divide*", OECD Digital Economy Papers, Paris: OECD Publishing, 2001.

被"制度化"的信息不对称。相比之下,比特币系统由于其"公开透明"的制度原则,为人们描绘了一幅能够彻底消除信息不对称的美好图景,实际上却通过高深的"技术壁垒"制造了新的信息不对称问题,并且这种信息不对称只能依靠人们自身的判断力及大众监督来鉴别,而没有任何强制性的监管和保障。

布迪厄在《区隔:品味判断的社会批判》一书中,就通过"阶级符号化"和"符号暴力"的概念批判了一种基于"符号"而产生的文化区隔,及基于这种区隔而形成的社会等级和权利结构。在这个意义上,"比特币"试图以一种全新的"符号编码体系"取代国家法币,并消除法币体系背后的区隔及不平等问题。实际上,比特币却在一种全新的文化基础上创造着新的"区隔",并将由于人们"数字素养"的差异而导致社会权利再度集中化的问题。正如鲍曼在分析全球化的内在矛盾时所指出的,"由于技术因素而导致的时间/空间距离的消失并没有使人类状况向单一化发展,反而使之趋向两极分化。它把一些人从地域束缚中解放出来,使某些社区生成的意义延伸到疆界以外——而同时它剥夺了继续限制另外一些人的领土的意义和赋予同一性的能力"[1]。在比特币的文化土壤中,新的符号及意义体系赋予了那些精通信息技术的专业人士前所未有的自由和权利。对于这些能够在数字世界中畅游无阻的技术精英而言,物质及国家边界都已不复存在,他们能够利用普通人根本无法理解的技术手段,创造一个全新的世界。然而对于大部分普通人而言,却只能跟随技术精英的脚步,在他们所创造的世界及其所倡导的文化中重构生活的内容和意义。

在这个意义上,比特币的分布式信任及其"去中心化"理念,是针对传统社会精英阶层及其信任模式而存在的相对概念。比特币通过一个基于密码学及信息技术而构建的分布式系统,取代了人们对于传统金融体系中的权威机构及权力精英的信任,然而这个分布式系统若要发挥其经济—社会功能,则必须建立在人们对"技术专家"这个"特殊群体"的信任之上。因此,新技术的到来并不能消除精英与大众之间的文化区隔及不平等问题,而是会在新的符号及文化的基础上,通过一种新的社会等级和权利结构,创造着新的区隔方式和新的中心。

---

[1] [英]齐格蒙特·鲍曼:《全球化:人类的后果》,郭国良等译,商务印书馆2015年版,第17页。

第三节　小结：分布式信任的历史机遇与挑战

这一章，我们简要讨论了分布式信任在社会实践过程中的作用及一些潜在应用场景，并分析了其在制度、运行及文化层面的局限性。需要强调的是，社会信任作为一种受到众多个体及社会因素影响的多维度社会事实，不可能被任何一种特定的信任模式所涵盖。分布式信任的出现也无法完全实现社会信任的"去中心自动化"。

首先，"去中心化"并不是指某种静态的绝对目标，而是人们为了适应崭新的社会时空环境而推动的一个动态发展过程。应该说，对于社会信任系统而言，纯粹的"去中心化"既不现实，也不是有益的。因为在人类生活的大部分社会领域中，基于某个具体对象的人际信任和制度信任依然发挥着主要的"简化复杂性"的社会功能，过度"分散"反而会导致系统复杂性及不确定性的增加。其次，完全依靠技术手段来简化社会复杂性，从而全面实现社会信任的"自动化"也是不现实的。因为，技术所能解决的大多是人们在事前能够明确指出并尝试避免的问题，但在大多数情况下，实践过程中出现的不确定性及复杂性并不是全都可以事先预知或限定的，而是会随着人为及环境等因素的变化而变化。如何处理这些比人们预先想象中更为复杂的社会情况，就必须依靠比自动化技术更为灵活的手段来建立并维护信任。

实际上，无论是分布式信任的社会作用还是其局限性，都远不限于我们在这里所讨论的范围。这种新型信任模式在信息时代为人类社会带来的机遇和挑战，甚至可能是我们目前根本无法认识到的。本书的目的，也不是为了明确地刻画出某种信任模式的优缺点，而是希望指出现代社会信任关系中日益突出的"反思性"及"矛盾性"，即人们对外部世界的信任总是在"质疑"和"确信"的反思过程中不断崩塌并重建的。正如吉登斯所言，"这种矛盾心理居于所有信任关系——无论是对抽象体系还是对个人的信任关系——的核心"[1]。因为在这个飞速发展的信息时代，已经没有任何社会信任模式能够为人们提供一种牢不可破的社会安全感和稳定期

---

[1] [英]安东尼·吉登斯：《现代性的后果》，田禾译，译林出版社2011年版，第78页。

待,而是由信息的洪流将一切事物和社会关系置于一种持续地变化过程中。随着人类社会在信息时代的征途上越走越远,分布式信任将以一种全新的方式建立社会的"联结及整合",并在各种新—旧力量的矛盾及冲突中,揭示人们在数字世界中所必须面对的挑战和机遇。

第八章

结论与展望

第一节 分布式信任模式的影响及意义

一 分布式的力量：从技术到信任

> 蜂群意识，经济体行为，超级电脑的思维，以及我的生命都分布在众多更小的单元上……我们所能发现的最有趣的奇迹——生命、智力、进化，全都根植于大型分布式系统中。[①]
>
> ——凯文·凯利

自从互联网的诞生，信息及网络技术发展的一个核心趋势就是"去中心化"。人们越来越相信，那些在工业时代无比辉煌的、高耸的、金字塔式的层级制机构，将会像远古的恐龙一样被新时代所淘汰。取而代之的，将会是那些灵活的、扁平的、网络化的分布式系统。正如弗里德曼在《世界是平的》一书中所言，"全球化1.0版本的主要动力是国家，2.0版本的主要动力是公司，那么3.0版本的动力来自于个人"，而"能够让个人自由参与全球竞争的不是马力，也不是硬件，而是软件和网络"[②]。

在这个由"比特流"构建的网络空间中，所有事物都在快速的形成和转变之中，意味着基于"点对点"通信及网络技术的分布式架构，比

[①] [美]凯文·凯利：《失控：全人类的最终命运和结局》，张行舟等译，电子工业出版社2016年版，第723页。

[②] [美]托马斯·弗里德曼：《世界是平的：21世纪简史》，何帆等译，湖南科学技术出版社2008年版，第9页。

僵化的层级制结构更有利于生产并传递"信息"这一核心社会资源,并充分激发每个参与者的探索精神和创造力。就像卡斯特所指出的,为了适应网络社会的快速变迁,"水平式公司"已经取代"垂直的官僚系统"成为推动网络社会经济发展的主要组织模式,因为"为了使网络弹性的效益能够内化,公司本身必须变成一个网络,并且让内部结构的每个元素活跃起来"。① 由此可见,随着信息技术革命在全球范围内推动了人类社会的数字化转型,分布式的力量已经成了推动社会前进的主要动力模式。

比特币作为人类历史上第一个"去中心化数字货币",其背后信任革命和现代科技目前的发展趋势是一致的,那就是旨在通过"分布式"取代"集中式",从而以一种由下至上的组织方式推动个体行动者参与到信息技术所开辟的"新大陆"中。比特币的分布式信任,正是在信息技术革命的基础上,通过全新的制度、运行及文化体系,建立并维系了人们对于一种基于分布式架构的"象征符号"及"专家系统"的认可及期待,从而使散布于世界各地的陌生人能够跨越更广泛的时空及社会维度,在全球范围内构建一种信息时代特有的社会信任系统。在这个意义上,只有当分布式的力量能够走出技术领域,并在社会信任的土壤中生根发芽,才能真正简化这个未知世界中的不确定性和复杂性,进而推动一个新型社会经济系统在信息时代的形成和扩张。

二 信息时代的"数字化生存共同体"

> 只有他人有意成为他自身,我才能成为我自身,除非他自由我才能自由,除非我确信他才能确信我自己。②
> ——卡尔·雅斯贝尔斯

卡尔·雅斯贝尔斯(Karl Jaspers)作为一位存在主义哲学家,认为人只能够在"交往内存在"——"存在"即意味着自我与他人共同存在,

---

① [美]曼纽尔·卡斯特:《网络社会的崛起》,夏铸九等译,社会科学文献出版社2001年版,第202页。
② 向玉乔等:《雅斯贝尔斯的交往理论探析》,《云梦学刊》2010年第31卷第3期,第75—78页。

并通过主体间的交往而形成一个"生存共同体"。[①] 在任何时代，任何环境中，人都是一种社会性存在，都渴望生活在共同体中，而社会成员之间某种普遍存在的信任关系，是所有共同体得以持续的基础。就像鲍曼在剖析这种"捉摸不透的共同体"时所言，"谁不希望生活在一个我们可以信任、他人的所言所行我们又可以依赖的友好的、心地善良的人群中呢？"[②] 虽然一个共同体在人群特征、规模、范围、形成方式、社会及文化结构等重要层面，都会随着社会的发展和变迁而转变，但"信任"仍然是所有共同体都需要解决的根本问题。

随着信息技术革命不断颠覆着人类社会的沟通及交往方式，势必会同时改变共同体的性质及存在方式。在这个由数字信息解构并重构的世界中，"社会信任"也必须建立在全新的社会基础及条件上，才能在成员之间形成一种必要的"联结及整合"，并为人们在数字世界中的社会交往提供一种"期待的信心"。正是这种由社会成员之间的普遍信任所构成的稳定期待，使人们能够在数字世界之中形成一种全新的联结，从而超越个体并组成一个相互依赖的"数字化生存共同体"。

比特币的兴起及其所推动的信任革命，正揭示了人类这种"相互依赖关系"在全球范围内的扩张，以及一种新型"数字化生存共同体"的诞生。这种新型共同体的存在基础不再是由特定的血缘和地缘所维系的人际关系及区域性社会系统，而是基于人类自身的技术创新而构建的一套全球性的制度、运行及文化体系。在这个意义上，"数字化生存共同体"代表了一种不依附于特定的自然及物质基础，而是由"人为构建"的共同体形式。在这个新型共同体中，社会成员之间的联结及整合不再由既定的、被动的、稳定的信任关系所维系，而是必须通过人为手段来积极创造的"社会工程"，并在永不停止的反思过程中持续推动社会信任模式的变迁。

在这个意义上，比特币这类"去中心化数字货币"的出现，代表了人们在一个快速变化且不断失去平衡的全球性数字环境中，积极利用新的手段和条件来构建一个"数字化生存共同体"的尝试和努力。这种新型

---

① 梦海：《交往是人类大同之路——论雅斯贝尔斯的交往理论》，《求是学刊》1998 年第 5 期，第 40—43 页。

② ［英］齐格蒙特·鲍曼：《共同体》，欧阳景根译，江苏人民出版社 2003 年版，第 4 页。

共同体的出现并不意味着其他传统的共同体将会消失，而是预示着人们有可能在更广泛的社会时空中，根据自身的意愿来选择如何与他人建立联系，并随着环境的转变"自主地"参与到不同类型的社会共同体中。

第二节　社会信任系统的多维度发展

> 话说天下大势，分久必合，合久必分。[①]
>
> ——《三国演义》

本书以比特币的兴起为例，剖析了"分布式的力量"是如何从技术领域蔓延到社会的制度、运行及文化层面，并通过一场信任革命推动了分布式信任模式的诞生和发展。比特币尝试通过一种分布式模式取代传统的可信第三方，实际上集中体现了诺贝尔经济学奖获得者詹姆斯·托宾（James Tobin）所强调的风险分散原则，即"不要把你所有的鸡蛋都放在一个篮子里"[②]。从这个角度来看，分布式信任所遵循的基本原则，就是"不要把你所有的信任都赋予同一个对象"。

随着全球化和信息化的浪潮将人类社会推入一个系统危机不断爆发的动荡时期，工业时代的集中式信任模式日益彰显出其风险高度集中的问题。这些权威机构通过制造并掌控信息黑箱，使现代社会的核心资源日益集中在少数机构手中，导致系统复杂性、不确定性及社会不平等种种弊端的加剧，动摇着人们对这些中心化机构的信任基础，同时限制着全球社会经济活动在信息时代的融合与发展。比特币则旨在通过一种不依赖于任何中心的分布式信息及网络技术，推动社会信任的"去中心自动化"，从而将系统风险分散化并降低网络信息交换所需的信任成本。就像近年来的"共享经济"模式一再向我们展示的那样，当互联网技术配合新型企业制度大幅降低了个体之间进行资源交换的组织成本，就能够通过一种分布式的社会经济模式激发出庞大的经济效益。我们同样能够想象，当分布式信任模式能够降低个体之间进行信息交换的信任成本，使人们不需要通过某

[①] 罗贯中：《三国演义》，吉林出版集团有限责任公司2012年版。

[②] Willem H Buiter, *James Tobin: an Appreciation of His Contribution to Economics* [online], 2003, London: LSE Research Online（http://eprints.lse.ac.uk/archive/00000847）。

个特定的权威性机构，就能与全世界范围内互联网所及的任何陌生人达成交易所必需的信任关系，势必意味着全新的社会互动方式及可能性。

然而，任何事物都是在对立与统一的矛盾和张力中不断成长并发展的。数字世界的诞生，并不意味着物理世界的消亡；分布式信任的诞生，也不意味着集中式信任就会被取代。人类社会生活领域作为一个整体，其成员之间的信任关系是需要从众多层面，由众多方式综合形成并维系的。无论是通过理性认知还是感性经验、技术手段还是人为判断、分布式还是集中式，都不存在绝对的方法和目标，也没有任何一种信任模式可以适用于所有的社会场景，而是需要在社会的动态发展过程中相互协调、相互补充、相互制约。在数字世界中基于信息及网络技术而形成的分布式信任，也需要和传统地域性社会中的信任模式实现有机结合，才能真正从整体上降低人们在社会经济交换中的信任成本。

信任是人类社会个体与群体关系的核心，是社会交往的"润滑油"。无疑，现代科学技术及社会时空环境的变化也必然会催生新的社会信任模式。在这个以数字信息作为社会核心组织资源的信息时代，分布式信任的出现，意味着人们能够突破传统社会信任结构的束缚，通过全新的制度、运行及文化系统"联结"无数被时空分离的陌生人，并在这个日益数字化、多元化及全球化的世界中构建一种普遍适用的社会信任关系。正是在这个意义上，这场由信息技术变革所引发的信任革命，势必也会继续推动人类社会组织及互动方式的变革。因为，当我们能够通过自身的力量来"创造"新的信任时，就意味着我们能够通过自主的联合来"创造"新的社会。

随着现代信息及网络技术的影响力日益渗透到人类社会经济生活的方方面面，如何善用技术这种瞬息万变、无所不至的力量，通过自主创新在"分"与"合"之间推动现代社会在信息时代的发展和进步，是每一个现代人在参与社会生活的过程中都无法回避的责任、机遇和挑战。

第三节 研究的贡献及不足

本书围绕比特币的兴起，对信息时代的社会信任革命展开了一次探索性研究，主要贡献表现为以下三个方面。

第一，从货币社会学及信任理论的视角分析了比特币这一极具前沿性的社会经济现象。本书指出，比特币技术变革及货币变革背后的信任革命，才是其最具根本性的变革。从信任角度考察比特币的兴起，阐明了货币作为一种社会信任的本质，揭示了现代科学技术是如何通过重塑信息时代的社会信任模式，推动了货币形态及社会经济系统的发展和变迁。

第二，将现代科学技术对社会信任的影响嵌入于"制度—运行—文化"的社会学分析框架，并围绕比特币的信任革命展开了系统性的分析。本书强调，对于比特币信任问题的考察不能局限于技术层面，而是必须从制度创新、运行模式及文化土壤的结构性因素出发，将比特币的信任革命视为一种多维度的社会事实来研究。在这个分析框架的基础上，本书超越了纯技术的解释视角，考察了比特币系统是如何通过一种信息时代的社会结构性变革重塑了人们的认知、行为，及信念等因素，从而解释了人们对比特币的信任何以可能的形成机制与过程。

第三，指出比特币及其新型信任模式，如何揭示了现代社会在信息时代所面临的全新的机遇和挑战。当人类社会日益可以通过自主创新的技术手段来重塑这个世界，也就必须通过新的信任模式来重塑社会自身。比特币的兴起，意味着人们正在通过一种新的联结及整合方式，推动现代社会在信息时代作为一个整体的扩张。

作为一次对社会前沿问题的探索性研究，研究的不足之处主要有以下三个方面。

首先，比特币作为一个横跨科技、金融、政治、社会及文化领域的前沿现象，其本身的专业性、新颖性和复杂性都对研究者自身的能力提出了较高的要求。笔者的学术背景主要集中在社会学和经济学，社会经验主要集中在金融业，深入理解比特币的技术细节对笔者而言是一个十分艰巨的挑战。尤其当比特币及区块链技术都处在一个飞速发展的阶段，因此本书的观点也直接受限于笔者对于该领域技术发展的认识和理解。

其次，由于社会学对于比特币这一新兴现象的研究仍然十分匮乏，所以缺少系统性的理论基础和实证资料。笔者只能基于自己在过去四年间积累的知识、经验及材料，围绕社会信任的制度、运行及文化基础形成一个初步的分析框架。然而，由于信任问题是一个极为复杂多面的社会现象，因此本书对于比特币信任革命的分析远不能反映其全貌，而仅仅是对这一重大问题的探索性研究。

最后，社会信任是一个动态发展的社会过程。随着社会时空的不断变化及数字货币的持续发展,新的社会风险及混乱也会不断被制造出来,从而持续影响并改变其背后的社会信任模式。数字货币的信任及风险问题是一个相辅相成的、动态发展的,需要社会学研究者们不断追踪并挖掘的社会课题。本书旨在揭示比特币背后一种新型信任模式的起源及社会基础,而未对其如何在更广泛的人群及社会场景中形成和发展做更为细致且深入的考察。

比特币就好比信息时代的一片新大陆,充斥着无数的新问题和新事物等着社会学者们去探索和发现。对于比特币所揭示的信任革命而言,本书就像是在一片鲜有人至的森林里踏出的一条小径,许多重要的问题和答案仍然隐藏在迷雾中,需要更多无畏的研究者通过更多的努力来发现。

参考文献

一 中文著作

大数据战略重点实验室：《块数据3.0：秩序互联网与主权区块链》，中信出版社2017年版。

长铗、韩锋：《区块链：从数字货币到信用社会》，中信出版社2016年版。

费孝通：《乡土中国》，生活·读书·新知三联书店1985年版。

高航、俞学劢、王毛路：《区块链与新经济：数字货币2.0时代》，电子工业出版社2016年版。

高迎：《P2P网络中的信任管理》，清华大学出版社2013年版。

孔祥毅：《百年金融制度变迁与金融协调》，中国社会科学出版社2002年版。

马化腾等：《数字经济：中国创新增长新动能》，中信出版社2017年版。

彭和平：《制度学概论》，国家行政学院出版社2015年版。

杨榴红：《韦伯的理解社会学》，载贾春增《外国社会学史》，中国人民大学出版社2008年版。

郑也夫：《信任论》，中信出版社2015年版。

中国人民银行、工业和信息化部、银监会、证监会、保监会：《关于防范比特币风险的通知》，2013年。

二 中文期刊

蔡拓：《世界主义的新视角：从个体主义走向全球主义》，《世界经济与政治》2017 年第 9 期。

董才生：《西方经济社会学关于信任的研究述略》，《社会科学辑刊》2006 年第 3 期。

郭彬、于飞、陈劲：《区块链技术与信任世界的构建》，《企业管理》2016 年第 11 期。

胡百精、李由君：《互联网与信任重构》，《当代传播》2015 年第 4 期。

贾丽平：《比特币的理论、实践与影响》，《国际金融研究》2013 年 12 月。

李慧凤、蔡旭昶：《"共同体"概念的演变、应用与公民社会》，《学术月刊》2010 年第 42 期第 6 卷。

李英东：《马克思韦伯的货币理论评述》，《当代经济》2016 年 3 月第 7 卷。

林小驰、胡叶倩雯：《关于区块链技术的研究综述》，《投融资与交易》2016 年第 45 卷。

刘友红：《人在电脑网络社会里的"虚拟"生存：实践范畴的再思考》，《哲学动态》2000 年第 1 期。

刘志丹：《哈贝马斯理想的言语情境理论：阐释与批判》，《内蒙古大学学报（哲学社会科学版）》2014 年第 46 期第 3 卷。

刘志丹：《哈贝马斯真理共识论》，《广西社会科学》2012 年第 8 期。

罗家德、孙瑜：《自组织运作过程中的能人现象》，《中国社会科学》2013 年第 10 期。

马国旺：《后凯恩斯信用货币理论述评》，《当代经济研究》2006 年第 2 期。

梅琼林：《克劳德·香农的信息论方法及其对传播学的贡献》，《九江学院学报》2007 年第 6 期。

梦海：《交往是人类大同之路 —— 论雅斯贝尔斯的交往理论》，《求是学刊》1998 年第 5 期。

彭真善、宋德勇：《交易成本理论的现实意义》，《财经理论与实践》2006 年第 4 期。

秦谊：《区块链重塑信任》，《新经济》2016 年 7 月。

孙其博、刘杰、黎羴、范春晓、孙娟娟：《物联网：概念、架构与关键技术研究综述》，《北京邮电大学学报》2010 年第 3 期。

王发明、朱美娟：《国内区块链研究热点的文献计量分析》，《情报杂志》2017年12月第36卷第12期。

王璐：《经济思想史中的货币理论及其争论》，《经济评论》2007年第5期。

韦森：《货币、货币哲学与货币数量论货》，《中国社会科学》2004年第4期。

向玉乔、陈君丽：《雅斯贝尔斯的交往理论探析》，《云梦学刊》2010年第31期。

杨子健：《"四流"角度下电子商务与传统商务的异同分析》，《电子商务》2014年第14期第753卷。

伊鸣：《商流、物流、资金流、信息流》，《现代物流报》2006年11月16日。

于博：《区块链技术创造共享经济模式新变革》，《理论探讨》2017年第2期。

张海东、杨隽：《转型期的社会关系资本化倾向》，《吉林大学社会科学学报》2000年。

张康之、向玉琼：《网络空间中的政策问题建构》，《中国社会科学》2015年第2期。

中国经济增长与宏观稳定课题组：《资本化扩张与赶超型经济的技术进步》，《经济研究》2010年第5期。

周霞、欧阳彬：《货币的社会意义——经典社会学家的货币理念及其现代价值》，《齐齐哈尔大学学报》2008年。

朱彤：《网络效应经济理论：文献回顾与评论》，《教学与研究》2003年7月10日第12期。

三 中文论文

肖葛根：《网络背景下符号风险的形成和治理——基于比特币现象的研究》，硕士学位论文，吉林大学，2015年。

朱南松：《现代化进程中的货币功能——一项历史唯物主义的考察》，博士学位论文，复旦大学，2007年。

四　中译著作

［美］阿尔文德·纳拉亚南等：《区块链：技术驱动金融》，林华等译，中信出版社 2016 年版。

［美］埃里克·史蒂文·雷蒙德：《大教堂与集市》，卫剑钒译，机械工业出版社 2014 年版。

［法］埃米尔·迪尔凯姆：《社会学方法的准则》，狄玉明译，商务印书馆 2009 年版。

［英］安东尼·吉登斯：《民族—国家与暴力》，胡宗泽等译，三联书店 1998 年版。

［英］安东尼·吉登斯：《超越左与右：激进政治的未来》，李惠斌等译，社会科学文献出版社 2009 年版。

［英］安东尼·吉登斯：《现代性的后果》，田禾译，译林出版社 2011 年版。

［英］安东尼·吉登斯：《资本主义与现代社会理论》，郭忠华、潘华凌译，上海译文出版社 2013 年版。

［英］安东尼·吉登斯：《社会的构成：结构化理论大纲》，李康、李猛译，中国人民大学出版社 2016 年版。

［英］安东尼·吉登斯：《现代性与自我认同》，夏璐译，中国人民大学出版社 2016 年版。

［美］伯纳德·巴伯：《信任：信任的逻辑和局限》，牟斌等译，福建人民出版社 1989 年版。

《不列颠百科全书》国际中文版编辑部编译：《不列颠百科全书（国际中文版）》，中国大百科全书出版社 2007 年版。

［美］查尔斯·李德皮特等：《网络协同》，欧阳武等译，知识产权出版社 2011 年版。

［美］丹尼尔·贝尔：《后工业社会的来临——对社会预测的一项探索》，商务印书馆 1984 年版。

［美］道格拉斯·诺斯：《制度、制度变迁与经济绩效》，杭行译，上海人民出版社 2014 年版。

［美］弗朗西斯·福山：《信任：社会美德与创造经济繁荣》，彭志华译，

海南出版社 2001 年版。

[美] 弗雷德·特纳：《数字乌托邦》，张行舟等译，电子工业出版社 2013 年版。

[英] 弗里德里希·冯·哈耶克：《货币的非国家化》，姚中秋译，新星出版社 2007 年版。

[德] 格奥尔格·西梅尔：《货币哲学》，于沛沛等译，中国社会科学出版社 2007 年版。

[德] 黑格尔：《哲学史讲演录（第二卷）》，贺麟等译，商务印书馆 1959 年版。

[英] 霍布斯：《利维坦》，黎思复等译，商务印书馆 2009 年版。

[美] 凯文·凯利：《科技想要什么》，熊祥译，中信出版社 2011 年版。

[美] 凯文·凯利：《未来趋势是去中心化》，《商周刊》2014 年，第 76—78 页。

[美] 凯文·凯利：《新经济新规则：网络经济的十种策略》，刘仲涛译，电子工业出版社 2014 年版。

[美] 凯文·凯利：《必然》，周峰等译，电子工业出版社 2016 年版。

[美] 凯文·凯利：《失控：全人类的最终命运和结局》，张行舟等译，电子工业出版社 2016 年版。

[美] 克莱·舍基：《人人时代：无组织的组织力量》，胡泳等译，浙江人民出版社 2015 年版。

[德] 莱布尼茨、[英] 克拉克：《莱布尼茨与克拉克论战书信集》，陈修斋译，商务印书馆 2009 年版。

[美] 劳伦斯·莱斯格：《代码 2.0：网络空间中的法律》，李旭等译，清华大学出版社 2009 年版。

[英] 罗伯特·帕特南：《使民主运转起来：现代意大利的公民传统》，王列等译，中国人民大学出版社 2015 年版。

[美] 罗纳德·H. 科斯：《企业的性质》，奥利弗·E. 威廉姆森、西德尼·G. 温特《企业的性质》，商务印书馆 2009 年版。

[美] 马克·格兰诺维特、[瑞典] 理查德·斯威德伯格：《经济生活中的社会学》，瞿铁鹏、姜志辉译，上海人民出版社 2014 年版。

[德] 马克思：《资本论（第二版）》卷三，中共中央马克思恩格斯列宁斯大林著作编译局译，人民出版社 2004 年版。

［德］马克斯·韦伯：《新教伦理与资本主义精神》，于晓等译，生活·读书·新知三联书店1987年版。

［德］马克斯·韦伯：《经济与社会》，阎克文译，人民出版社2010年版。

［德］马克斯·韦伯：《社会学的基本概念：经济行动与社会团体》，康乐译，广西师范大学出版社2010年版。

［德］马克斯·韦伯：《中国的宗教：儒教与道教》，康乐等译，广西师范大学出版社2010年版。

［加］马歇尔·麦克卢汉：《理解媒介：论人的延伸》，何道宽译，译林出版社2011年版。

［美］曼纽尔·卡斯特：《网络社会的崛起》，夏铸九等译，社会科学文献出版社2001年版。

［美］曼纽尔·卡斯特：《认同的力量》，曹荣湘译，社会科学文献出版社2006年版。

［美］曼纽尔·卡斯特：《网络星河：对互联网、商业和社会的反思》，社会科学文献出版社2007年版。

［法］孟德斯鸠：《论法的精神》，许明龙译，商务印书馆2009年版。

［美］尼古拉斯·尼葛洛庞帝，《数字化生存》，胡泳等译，电子工业出版社2017年版。

［德］尼克拉斯·卢曼：《信任：一个社会复杂性的简化机制》，瞿铁鹏、李强译，上海人民出版社2005年版。

［美］诺伯特·维纳：《人有人的用处：控制论与社会》，陈步译，北京大学出版社2010年版。

［法］皮埃尔·布迪厄：《资本的类型》，载［美］马克·格兰诺维特、［瑞典］理查德·斯威德伯格《经济生活中的社会学》，上海人民出版社2014年版。

［英］齐格蒙特·鲍曼：《共同体》，欧阳景根译，江苏人民出版社2003年版。

［英］齐格蒙特·鲍曼：《被围困的社会》，郇建立译，江苏人民出版社2005年版。

［英］齐格蒙特·鲍曼：《全球化：人类的后果》，郭国良等译，商务印书馆2015年版。

［法］让·鲍德里亚：《消费社会》，刘成富等译，南京大学出版社2008

年版。

［美］史蒂夫·迈克康奈尔：《代码大全2》，金戈等译，电子工业出版社2006年版。

［加］唐·塔普斯科特、［加］亚力克斯·塔普斯科特：《区块链革命：比特币底层技术如何改变货币、商业和世界》，凯尔等译，中信出版社2016年版。

［法］涂尔干：《社会分工论》，渠东译，生活·读书·新知三联书店2000年版。

［美］托马斯·弗里德曼：《世界是平的：21世纪简史》，何帆等译，湖南科学技术出版社2008年版。

［德］乌尔里希·贝克：《什么是世界主义？》，《马克思主义与现实》2008年版。

［德］西美尔：《社会学：关于社会化形式的研究》，林荣远译，华夏出版社2002年版。

［英］亚当·库珀：《社会科学百科全书》，上海译文出版社1989年版，第495页。

［英］亚当·斯密，《国民财富的性质和原因的研究》，郭大力等译，商务印书馆2009年版。

［德］尤尔根·哈贝马斯：《交往行为理论》，曹卫东译，上海人民出版社2004年版。

［德］尤尔根·哈贝马斯：《对话伦理学与真理的问题》，沈清楷译，中国人民大学出版社2005年版。

［德］尤尔根·哈贝马斯：《合法化危机》，刘北成等译，人民出版社2009年版。

［美］约瑟夫·熊彼特：《经济分析史（第一卷）》，朱泱等译，商务印书馆1996年版。

五　网络文献

李银河：《中国为什么会出现信任危机》，2013年1月24日（http://blog.sina.com.cn/s/blog_473d53360102etus.html）。

李彦宏：《李彦宏"推销"人工智能：百度是技术信仰者》，2015年12

月 18 日，搜狐财经（http：//business. sohu. com/20151218/n431724957. shtml）。

中国国信网：《二十国集团数字经济发展与合作倡议》，2016 年 9 月 29 日，中共中央网络安全和信息化领导小组办公室（http：//www. cac. gov. cn/2016 - 09/29/c_ 1119648520. htm）。

姚前：《央行数字货币研究所所长姚前：数字货币的发展与监管》，2017 年 6 月 2 日，雷锋网（https：//www. leiphone. com/news/201706/KdlqpqQvGBCqBJE0. html）。

六　外文文献

Ahmed Banafa, *A Secure Model of IoT with Blockchain*, 2016. 12. 21, OpenMind（https：//www. bbvaopenmind. com/en/technology/digital-world/a-secure-model- of-iot-with-blockchain/）.

Alejandro Portes, "Social Capital：Its Origins and Applications in Modern Sociology", *Annual Review of Sociology* 24, 1998.

Andreas Antonopoulos, *Andreas Antonopoulos At BitcoinSouth：Money as A Content Type*, 2014. 12. 8, Brave new coin（https：//bravenewcoin. com/news/andreas-antonopoulos-at-bitcoinsouth-money-as-a-content-type/）.

Andreas Antonopoulos, *Bitcoin Cryptocurrency, Crash Course with Andreas Antonopoulos*, 2015. 4. 22, Youtube（https：//www. youtube. com/watch？v = GdOi5al8tAU）.

Andreas Antonopoulos, *Bitcoin security model：trust by computation—A shift from trusting people to trusting math*, 2014. 2. 20, O'Reilly Radar（http：//radar. oreilly. com/2014/02/bitcoin-security-model-trust-by-computation. html）.

Andreas Antonopoulos, *Los Angeles Bitcoin Meetup*, 2014. 1. 9, Youtube（https：//m. youtube. com/watch？t = 249s&v = bTPQKyAq-DM）.

Andreas Antonopoulos, *The Internet of Money*, 2016, Merkle Bloom LLC.

Andrew Leyshon and Nigel Thrift, *Money/Space*, London：Routledge, 1997.

Anthony Giddens, *The Consequences of Modernity*, Stanford：Stanford University Press, 1990.

Barbara A. Misztal, *Trust in Modern Societies*, Cambridge：Blackwell Publishers Inc. , 1988.

Bill Maurer, Taylor C. Nelms and Lana Swartz, " 'When Perhaps the Real Problem is Money Itself!' : the Practical Materiality of Bitcoin", *Social Semiotics*, Vol. 23, No. 2, 2013.

Blockchain. info, Transactions per day, 2017. 12. 16, Blockchain (http: // blockchain. info) .

Bonnie M. Muirand Neville Moray, "Trust in Automation. Part 2. Experimental Studies of Trust and Human Intervention in a Process Control Simulation", *Ergonomics*, Vol. 39, No. 3, 1996.

Brett Scott, Peer-to-Peer Review: The State of Academic Bitcoin Research 2015, 2016. 1. 12, The Heretic's Guide to Global Finance: Hacking the Future of Money (http: //suitpossum. blogspot. co. uk/2016/01/bitcoin-research – 2015. html? m = 1) .

Bruce G. Carruthers and Wendy Nelson Espeland, "Accounting for Rationality: Double-Entry Bookkeeping and the Rhetoric of Economic Rationality", *American Journal of Sociology*, Vol. 97, No. 1, July 1991.

Bryan S. Turner, "Simmel, Rationalisation and the Sociology of Money", *Sociological Review*, Vol. 34, No. 1, 1986.

Byron Reeves and Clifford Nass, *The Media Equation: How People Treat Computers, Television, and the New Media Like Real People and Places*, Stanford: Cambridge University Press, 1996.

C. Ellison, *SPKI Requirements. Request for Comments* 2692, Internet Engineering Task Force, 1999. 9.

Caitlin Lustig and Bonnie Nardi, *Algorithmic Authority: The Case of Bitcoin*, 2015 48th Hawaii International Conference on System Sciences, Kauai, Jan 2015.

Carl Menger, *On the Origin of Money*, Auburn: Ludwig Von Mises Institute, 2009.

Charles A. E. Goodhart, "The Two Concepts of Money: Implications for the Analysis of Optimal Currency Areas", *European Journal of Political Economy*, Vol. 14, No. 3, 1998.

Chris Lucas, "Self-Organization: Self-Organization and Human Robots", *In-*

ternational Journal of Advanced Robotic Systems, Vol. 2, No. 1, 2005.

Christian A. Kirtchev, *A Cyberpunk Manifesto*, 1997. 2. 14, Neon Dystopia (https: //www. neondystopia. com/cyberpunk-fashion-lifestyle/a-cyberpunk-manifesto-revised/) .

Clay Shirky, *A Speculative Post on the Idea of Algorithmic Authority*, 2009. 11. 15 (www. shirky. com/weblog/2009/11/a-speculative-post-on-the-idea-of-algorithmic-authority/) .

CoinDance, 2017. 12. 16, Coin Dance. Bitcoin Nodes Summary (https: // coin. dance/nodes) .

Corina Sas and Irni Eliana Khairuddin, *Design for Trust: An Exploration of the Challenges and Opportunities of Bitcoin Users*, Proceedings of the 2017 CHI Conference on Human Factors in Computing Systems, Denver, 2017.

Corina Sas andIrni Eliana Khairuddin, *Exploring Trust in Bitcoin Technology: A Framework for HCI Research*, Proceedings OZCHI Conference 2015, Mebourne, December 2015.

Cristiano Castelfranchi and Rino Falcone, *Trust Theory: A Socio-Cognitive and Computational Model*, John Wiley & Sons, Ltd. , 2010.

Cynthia L. Corritore, Beverly Kracher and Susan Wiedenbeck, "On-line Trust: Concepts, Evolving Themes, a Model", *Human-Computer Studies*, Vol. 58, No. 6, June 2003.

Deloitte, Blockchain and the Democratization of Trust, 2016. 8. 31, Wall Street Journal (http: //deloitte. wsj. com/cio/2016/08/31/blockchain-and-the-democratization-of-trust/) .

Deloitte, Tech Trends 2017: The Kinetic Enterprise, Deloitte University Press, 2017.

Donna L. Hoffman, Thomas P. Novak and Marcos Peralta, "Building Consumer Trust Online", *Communications of the ACM*, Vol. 42, No. 4, April 1999.

DTCC, *Embracing Disruption: Tapping the Potential of Distributed Ledgers to Improve the Post-trade Landscape*, New York: DTCC, 2016.

Edelman, 2017 *Executive Summary: Edelman Trust Barometer*, Edelman Inc. .

Emily Gilbert and Eric Helleiner, *Nation-States and Money: the Past, Present and Future of National Currencies*, Routledge, 1999.

Eric Helleiner, *The Making of National Money: Territorial Currencies in Historic Perspective*, Ithaca: Cornell University, 2003.

Eric Hughes, *A Cypherpunk's Manifesto*, 1993. 3. 9, Satoshi Nakamoto Institute (http://nakamotoinstitute.org/static/docs/cypherpunk-manifesto.txt).

FATF, *Virtual Currencies: Key Definitions and Potential AML/CFT Risks*, Paris: Financial Action Task Force, 2014.

Feng Hong, Tijiang Shan, Zengdong Liu and Zhongwen Guo, *ISI: Integration of Search and Incentive Strategy in P2P Systems*, 2011 International Conference on Internet Technology and Applications, Wuhan, Aug 2011.

Gabriele Camera, Marco Casari and Maria Bigoni, "Money and Trust among Strangers", *PNAS*, Vol. 110, No. 37, September 10, 2013.

Geoffrey Ingham, "Money is a Social Relation", *Reveiw of Social Economy*, Vol. 54, No. 4, 1996.

Geoffrey Ingham, "On the Underdevelopment of the Sociology of Money", *Acta Sociologica*, Vol. 41, No. 1, 1998.

Georg Friedrich Knapp, *The State Theory of Money*, London: Macmillan, 1924.

Georg Simmel, *The Philosophy of Money*, London: Routledge, 2004.

Henrik Karlstrøm, "Do Libertarians Dream of Electric Coins? The Material and Social Embeddedness of Bitcoin", *Distinktion: Journal of Social Theory*, Vol. 15, No. 1, 2014.

IDC, *IDC Future Scape: Worldwide IT Industry 2017 Predictions*, Framingham: IDC FutureScape, 2016.

J. David Lewis and Andrew Weigert, "Trust as a Social Reality", *Social Forces*, Vol. 63, No. 4, June 1985.

James S. Coleman, *Foundations of Social Theory*, Cambridge: Harvard University Press, 1990.

John D. Lee and Katrina A. See, "Trust in Automation: Designing for Appropriate Reliance", *Human Factors*, Vol. 46, No. 1, 2004.

John D. Lee and Neville Moray (1992), "Trust, Control Strategies and Allocation of Function in Human-machine Systems", *Ergonomics*, Vol. 35, No. 10, 1992.

John Ioannidis and Angelos D. Keromytis, "Distributed Trust", *The Practical Handbook of Internet Computing*, CRC Press, 2004.

John Naughton, *A Brief History of the Future: the Oringins of the Internet*, London: Weidenfeld & Nicolson, 1999.

John Perry Barlow, *A Declaration of the Independence of Cyberspace*, 1996. 2. 8, Electronic Frontier Foundation (https://www.eff.org/cyberspace-independence).

Kenneth Rapoza, *The Easiest Way to Invest in Blockchain Technologies*, 2018. 2. 1, Forbes (https://www.forbes.com/sites/kenrapoza/2018/02/01/the-easiest-way-to-invest-in-blockchain-technologies/amp/).

Kevin Anthony Hoff and Masooda Bashir, "Trust in Automation: Integrating Empirical Evidence on Factors That Influence Trust", *Human Factors*, Vol. 57, No. 3, May 2015.

Kevin Werbach, *Trustless Trust*, August 2016, SSRN (http://ssrn.com/abstract = 2844409).

Lawrence Lessig, "Code is Law: on Liberty in Cyberspace", *Harvard Magazine*, January-Februay, 2000.

Lawrence Lessig, *Thinking Through Law and Code*, Again-COALA's Blockchain Workshops, 2016. 1. 6, Youtube (https://m.youtube.com/watch?v = pcYJTIbhYF0).

Leslie Lamport, Robert Shostak and Marshall Pease, "The Byzantine Generals Problem", *ACM Transactions on Programming Languages and Systems*, Vol. 4, No. 3, 1982.

Lynne G. Zucker, "Production of Trust: Institutional Sources of Economic Structure, 1840 to 1920", *Research in Organizational Behavior*, Vol. 8, 1986.

M. Blaze, J. Feigenbaum and J. Lacy, *Decentralized trust management*, Proceedings 1996 IEEE Symposium on Security and Privacy Security and Privacy, Oakland, May 1996.

Mac History, 1984 *Apple's Macintosh Commercial*, 2012. 2. 1, Youtube (https://www.youtube.com/watch?v = VtvjbmoDx-I).

Manuel Castells, "Information Technology and Global Capitalism", *On the*

Edge：Living with Global Capitalism，2001．

Marc Andreessen，*Why Bitcoin Matters*，2014. 1. 21，The New York Times（https：//dealbook. nytimes. com/2014/01/21/why-bitcoin-matters/）．

Mathieu Deflem，"The Sociology of the Sociology of Money"，*Journal of Classical Sociology*，Vol. 3，No. 1，March 2003．

Michael McLeay，Amar Radia and Ryland Thomas，"Money in the modern economy：an introduction"，*Bank of England Quarterly Bulletin* Q1，2014．

MIT Media Lab，*What We Learned from Designing an Academic Certificates System on the Blockchain*，2016. 6. 3，MIT Media Lab（https：//medium. com/mit-media-lab/what-we-learned-from-designing-an-academic-certificates-system-on-the-blockchain-34ba5874f196）．

Nigel Dodd，"The social life of Bitcoin"，*Theory，Culture & Society*，2017. 2．

Nigel Dodd，*The Social Life of Money*，Princeton：Princeton University Press，2014．

Niklas Luhmann，"Familiarity，Confidence，Trust：Problems and Alternatives"，*Trust：Making and Breaking Cooperative Relations*，Oxford：University of Oxford，2000．

OECD，"Trust and Public Policy：How Better Governance Can Help Rebuild Public Trust"，*OECD Public Governance Reviews*，Paris：OECD Public Governance Reviews，2017．

OECD，"Understanding the Digital Divide"，*OECD Digital Economy Papers*，Paris：OECD Publishing，2001．

Ole Bjerg，"How is Bitcoin Money?" *Theory，Culture & Society*，Vol. 33，No. 1，2016．

Paul Baran，*On Distributed Communications*，Santa Monica：RAND Corporation，1964．

Paul S. Adler，"Market，Hierarchy，and Trust：The Knowledge Economy and the Future of Capitalism"，*Organization Science*，Vol. 12，No. 2，2001．

Paulina Borsook，*How Anarchy Works*，1995. 10. 1，WIRED（https：//www. wired. com/1995/10/ietf/）．

Philip Grierson，"The Origins of Money"，*Research in Economic Anthropology*，1，1978．

Philipp Schmidt, *Certificates, Reputation, and the Blockchain*, 2015. 10. 27, MIT Media Lab (https://medium.com/mit-media-lab/certificates-reputation-and-the-blockchain-aee03622426f).

Phillip H. Gochenour, "Distributed Communities and Nodal Subjects", *New Media & Society*, Vol. 8, No. 1, February 2006.

Power Compare, *Bitcoin Mining Now Consuming More Electricity Than 159 Countries Including Ireland & Most Countries In Africa*, 2017. 11. 20 (https://powercompare.co.uk/bitcoin/).

Pravin Barton, *Bitcoin and the Politics of Distributed Trust*, Senior Thesis, Swarthmore College, 2015. 5. 11.

Richard Baldwin, *The Great Convergence: Information Technology and the New Globalisation*, Cambridge: Harvard University Press, 2016.

Richard Stallman, *Why Open Source Misses the Point of Free Software*, 2007, GNU Operating System (https://www.gnu.org/philosophy/open-source-misses-the-point.en.html).

Richard Swedberg, "Major Traditions of Economic Sociology", *Annual Review of Sociology*, Vol. 17, 1991.

Riina Vuorikari, Yves Punie, Carretero Gomez Stephanie and V Lieve Van den Brande, DigComp 2.0: The Digital Competence Framework for Citizens, Luxembourg: Publication Office of the European Union, 2016, EU Science Hub: The European Commission's science and knowledge service (https://ec.europa.eu/jrc/en/digcomp/digital-competence-framework).

Rob Blasetti, *Brace Yourself For The Bitcoin Hard Fork*, 2017. 3. 22, Decentralize Today (https://decentralize.today/brace-yourself-for-the-bitcoin-hard-fork-5c42e61e596c).

Robert C. Solomon and Fernando Flores, *Building Trust: In Business, Politics, Relationships, and Life*, New York: Oxford University Press, 2001.

Roger C. Mayer, James H. Davis and F. David Schoorman, "An Integrative Model of Organizational Trust", *The Academy of Management Review*, Vol. 20, No. 3, July 1995.

Sally Herbert Frankel, *Two Philosophies of Money: The Conflict of Trust and Authority*, New York: St. Martin's Press, 1978.

Satoshi Nakamoto, *Bitcoin Open Source Implementation of P2P Currency*, 2009（http://satoshi.nakamotoinstitute.org/posts/p2pfoundation/1/）.

Satoshi Nakamoto, *Bitcoin: A Peer-to-peer Electronic Cash System*, 2008（https://bitcoin.org/bitcoin.pdf）.

Shoshana Zuboff, *In the Age of Smart Machines: The Future of Work Technology and Power*, New York: Basic Books, 1988.

Stephan Lewandowsky, Michael Mundy and Gerard P. A. Tan, "The Dynamics of Trust: Comparing Humans to Automation", *Journal of Experimental Psychology: Applied*, Vol. 6, No. 2, 2000.

Stewart Brand, *We Owe It All to the Hippies*, 1995.3.1, Time（http://content.time.com/time/magazine/article/0,9171,982602,00.html）.

Talcott Parsons, *Sociology Theory and Modern Society*, New York: Free Press, 1967.

The Economist, *The Promise of the Blockchain: The Trust Machine*, 2015.10.31, The Economist（http://www.economist.com/news/leaders/21677198-technology-behind-bitcoin-could-transform-how-economy-works-trust-machine?fsrc=scn%2Fgn_ec%2Fthe_trust_machine）.

The Economist, *The World's Most Valuable Resource is No Longer Oil, but Data*, 2017.5.6, The Economist（http://www.economist.com/news/leaders/21721656-data-economy-demands-new-approach-antitrust-rules-worlds-most-valuable-resource）.

Timothy C. May, *The Crypto Anarchist Manifesto*, 1992.11.22（http://www.activism.net/cypherpunk/crypto-anarchy.html）.

Viviana A. Zelizer, "The Social Meaning of Money: 'Special Monies'", *American Journal of Sociology*, Vol. 95, No. 2, 1989.

Walter W. Powell, "Neither Market nor Hierachy: Network Forms of Organization", *Research in Organizational Behavior*, Vol. 12, 1990.

Wayne E. Baker and Jason B. Jimerson, "The Sociology of Money", *American Behavioral Scientist*, Vol. 35, No. 6, July 1992.

Wayne E. Baker, "What is Money? A Social Structural Perspective", *Intercorporate Relations: The Structural Analysis of Business*, Cambridge: Cambridge University Press, 1987.

Wei Dai, B-money, 1998, Weidai. com (http: //www. weidai. com/bmoney. txt).

Wesley C. Mitchell, *The Backward Art of Spending Money: and Other Essays*, New York: A. M. Kelley, 1950.

Willem H. Buiter, *James Tobin: an Appreciation of His Contribution to Economics [online]*, 2003, London: LSE Reearch Online (http: //eprints. lse. ac. uk/archive/00000847).

World Economic Forum, *The Future of Financial Infrastructure: An Ambitious Look at How Blockchain Can Reshape Financial Services*, 2016, World Economic Forum.

索 引

B

比特币　1—2,29,31,34—36,40—44,63—65,81,83—85,92,145

比特币白皮书　7,34—36,139,162

C

创造性破坏　150

存在性证明　175—177

D

代码　42—44,75—83,95,123—124,173

单一事实来源　102—104

点对点　34,69,83,191

电子货币　35,63,88,99

F

法定货币　2,29—30,75

泛化交往媒介　13,20—21,127—128

分布式　72,83—85,112—114,119,127,179—182,191—192

分布式共识　67,85—91,100,103—104

分布式社区　163—168

分布式通信系统　4,69—71,163—166

分布式信任　5,68—73,146,163,172—178,191—195

分布式账本　37,65—67,84,93,105,175,182

分叉　114—117

风险　19—21,59—62,96,98—100,173,194,197

符号编码体系　143—144,151,188

G

工作量证明　43,88—91,103

公链　181

共识算法　87

H

货币社会学　46—48

货币制度　46—49

J

集中式信任　5,53—62,100,194

加密货币　63,138—139,146

加密无政府主义　138—139

进托邦　125、169—170、185

K

开放协议　81,112—117

开放源代码运动　79—80,153

索引

抗拒性认同　161—163
科技精英　185—187

L

联结及整合　13、73、123、131、174、185、190、193

M

密码朋克　137—141、145—147、153、162、185

N

匿名性　63、145—149、173

P

普遍信任　4、14、21、98、156—159、193

Q

区块链　2—3、36—45、65—67、78—85、89—91、101—107、114—117、123、156、159、173—178、180—184
去中心化数字货币　1、3—5、16、30、62—65、79、138、162、179、181、192
去中心自动化　171—173、189、194

R

人格信任　13—14、20
人机交互　15、44、109

S

赛博朋克　164—166
山寨币　107
商品货币　2、27—29
社会复杂性　12—13、19—20、59、62、189
社会信任　11—25、32、48—51、55、156、171—172、194—195
社会性存在　14—16、193
社会资本　22、166—168
首次代币发行（ICO）　2、129
数字鸿沟　187
数字化转型　167—168、180、192
数字经济　117、128—131
数字世界　4、71、75—77、85、117、121、179—180、188、195
数字素养　187—188
双重支付问题　35、88—89
算法　76—77、86—88、91、114、173、187、

T

脱域　24、53、59

W

挖矿　29、41、64、90—93、104
外部世界的共识　17、19、49、75—78、85
网络共同体　160—166
网络空间　75—76、79—82、127—130、141、166、191
网络效应　105—108，

X

系统信任　13—14、20—21、59—62、127
相对成本结构　58、184
象征符号　24—25、50、102、127—128、186、192
信任的机器　33、36—40、67
信任革命　1、3—4、25、48—52、62—73、159—170、192—197
信任危机　53、59—62
信息安全　43、98—102
信息技术革命　56—59、134、152、

192—193
信息流 84,98,180—184
信息主义精神 150—152
信用货币 28,30—31
虚拟货币 2,142

Z

秩序 27,32,54—55,120—124

智能合约 173
中本聪 34—36,63,81—84,135,139,146,153,162
专家系统 24—25,73,186,192
自动化 15,45,108—112,171—173,189
自我赋权 154
自由软件运动 153—154
自组织 112—117

后　记

　　2013年4月初，我在中央电视台的一个新闻节目中第一次听说了比特币。当时比特币的价格在两周内翻了一番，达到了每枚100美金。作为一种"无中生有"的虚拟货币，这个消息顿时点燃了全球主流媒体。《财富》杂志将其比喻为一种类似大富翁游戏里的"Funny money"（滑稽的货币）①，奇怪的是，这种"滑稽的货币"居然能够兑换成货真价实的美金，流入真实的世界。

　　当时我正在寻找博士论文的选题，比特币这个看似"离经叛道"的新型货币，就像一个天赐之物，与我的个人经历形成了某种契合。我本科及硕士都是经济学专业，后来进入外资银行工作，成为国际金融特许分析师，在职业发展的道路上可谓顺理成章。然而，内心却一直渴望另一种生活，渴望在金融的数字游戏之外寻找真实的生活。2012年，我决定辞职，回到学校攻读社会学这个全新的领域，这在旁人看来似乎也是一次"离经叛道"。这时，比特币的出现犹如一记惊雷激起了我强烈的好奇，让我能够以反思一切的眼光重新看待这个熟悉又陌生的世界。

　　早期的主流媒体热衷于将比特币比喻为一个信息时代的郁金香泡沫，抑或是一场基于网络游戏的庞氏骗局，不可能长久。然而作为博士论文的研究对象，意味着我要在这个选题上投入至少三年的时间，如果比特币只是昙花一现，就会成为一个非常边缘化的现象并被迅速忘记，这无疑是一个巨大的风险。但是直觉告诉我，不管比特币能够存活多久，这种诞生于互联网的、虚拟的、陌生的、仿佛是无中生有的数字货币，正在通过一种

---

① Nin-HaiTseng, "*Funny money*" *has officially entered the real world*, 2013.3.26, Fortune (https://fortune.com/2013/03/25/funny-money-has-officially-entered-the-real-world/).

前所未有的方式获得人们的信任,从而表征了人类历史上一次"信任革命"。在这个意义上,比特币的研究价值已经远远超出了它能否作为一种称职的货币而持续存在的问题。

事实是,比特币不但没有消失,居然在几年内达到了两万美金的高价;不仅自己活了下来,还催生了一个市值上千亿美金的数字货币生态系统,并且引领了全世界政府和机构对数字货币及区块链技术的高度关注。在这五年的研究过程中,我仿佛亲身参与了一个新世界的兴起,见证了不同社会群体对于数字货币态度的变迁。起初,当人们得知我的研究方向,总会投来异样的目光。还记得 2013 年远赴波士顿郊区参加一个技术极客聚会,被访者对我的好奇几乎超过了我对比特币的好奇,他们奇怪居然会有中国的社会学博士,愿意将比特币这个密码学领域的小众问题作为一个正式的社会学课题来研究。然而到了 2016 年,只要坐在北京的咖啡厅,就可以听到人们在谈论数字货币和区块链,连我丝毫不懂技术的姨妈们都开始关心比特币。全球范围内各种产业峰会陆续出现,比特币的受众也从小范围的技术爱好者迅速扩展到了金融投资等大众领域,各国政府和主流机构的关注度也与日俱增。2019 年,脸书(Facebook)宣布进军数字货币领域,中国政府宣布把区块链技术作为自主创新的国家发展战略。到我写这篇后记时,中国人民银行的数字货币都要出台了[①]。

比特币及去中心化数字货币的兴起让我意识到,我们正生活在一个人类社会发展的关键时期,信息化和全球化的脚步如此之快,使人们往往来不及定神就被卷入了社会变迁的漩涡。作为一名社会学研究者,我为能够在六年的博士生涯中见证并思考这个充满变革的时代而感到幸运。因此,这本书得以出版,不仅记录了一种新型货币的兴起,更记录了一个好奇的年轻人对世界的追问和成长。一路走来,我收获了太多人的关怀、鼓励和指导,在这里我要深深地感谢他们。

我首先要感谢我的导师李路路教授。承蒙师恩六载,我从李老师身上收获的不只是治学之道,更是人生智慧。从论文最初的选题、立意到后来的分析、论证等各个阶段,李老师在赋予我充分自由的同时,不断引导我要透过森罗万象来探寻事物的本质。当我迷失于纷繁复杂的现象而陷入混

[①] 孙璐璐:《央行数字货币:法币光环加持下的货币体系新纪元》,2020 年 4 月 23 日,证券时报网(https://new.qq.com/omn/20200516/20200516A0GZ3X00.html)。

沌时，李老师总能以他的睿智、博学、缜密和豁达帮助我理清思路，使我在困顿中发现新的希望和勇气。

我还要特别感谢《社会学研究》编辑部的杨典老师对我的悉心指导和帮助。杨老师以开阔的视野、广博的学识和对新事物的探索精神为这本书提出了许多宝贵的建议，使我受益匪浅。我也要由衷地感谢中证信用的王晓荷监事长，多年来为我提供了许多宝贵的资料及访谈渠道，并在生活的众多细节中关爱我、支持我。还要感谢陪伴我在北京、波士顿、纽约及温哥华度过人生每一个阶段的挚友们，你们是我风雨同行的伙伴，让我始终相信并热爱生活。

最后，我最需要感谢的是我的父母和家人。你们是我力量的源泉，是我人生旅途上的灯塔，也是港湾。你们让我有勇气、有能力并有自由去发现自我及这个变幻莫测的世界。唯有前行，才能不辜负你们所赋予我的一切。

王　薇

2020 年 5 月 20 日

于北京